কাহিনী... যা বাঁচতে শেখায়

এমন এক আশীর্বাদ... যা জীবন করে তোলে সহজ

জলি আংকেল

জে. পি. এস. জলি

প্রকাশক : ডায়মণ্ড বুক্স (প্রা.) লিমিটেড
X - 30, ওখলা ইণ্ডাস্ট্রিয়াল এরিয়া, ফেজ - II
নূতন দিল্লী - 110 020
ফোন : 011 - 40712200
ই-মেল : sales@dpb.in
ওয়েবসাইট : www.diamondbooks.in

KAHANIYAN JO JEENA SIKHAYEN (BENGALI)
Edited by : J. P. S. JOLLY

ভূমিকা

বর্তমান যুগের মানুষ বিজ্ঞানের সহায়তায় সকল জিনিষের হিসাব-কিতাব করতে শিখে নিয়েছে। আজকালকার ছোট বাচ্চারাও এটা জানে যে, পৃথিবী থেকে আকাশের দূরত্ব কত... সমুদ্র কতটা গভীর... সূর্য আর চন্দ্র আমাদের থেকে কতটা দূরত্বে অবস্থিত! কিন্তু হিসাব-কিতাব দ্বারা আজ পর্যন্ত কোন মনুষ্য এটা শিখতে পারেনি যে, পারস্পরিক প্রেম আর সম্পর্ককে কি ভাবে বাড়িয়ে তোলা যেতে পারে। তবে ভালো হিসাব রাখা কোন ব্যক্তি এতটা অবশ্যই জানেন যে, জীবনের সাথে যুক্ত যে কোন সমস্যারই সমাধান খুঁজে বার করা যেতে পারে। এই জিনিষটাকে কখনোই অস্বীকার করা চলে না যে, আমাদের জীবনে সমস্যা আর দুঃখের আসা-যাওয়া লেগেই থাকে... কিন্তু আমরা যদি এসবে ভয় পাই, তাহলে আমাদের জীবনের সমস্যা আরও বেড়ে উঠবে। এসবের মোকাবিলা করার জন্য আমাদের নিজেদের ভেতরে সাহস আর ক্ষমতা লাগাতার বাড়িয়ে চলা উচিত।

সফল জীবন কাটানোর জন্য এটা জরুরী হয় যে, আমরা ধন-দৌলতের ব্যাপারে সর্বদা নিজেদের থেকে নীচের লোকেদের দেখে জীবন কাটাব। যেসব ব্যক্তি সৎ পথে জীবন কাটিয়ে আমাদের থেকে আগে রয়েছেন... তাঁদের দেখে আমাদের নিজেদের কর্মকে সামনের দিকে এগিয়ে নিয়ে চলার প্রচেস্টা করতে হবে। মনের মধ্যে সর্বদা উঁচু চিন্তাধারা পোষণ করার সাথে-সাথে ইতিবাচক প্রচেস্টা চালালেও জীবনকে সহজ করে তুলতে অনেক সহায়তা প্রাপ্ত হয়। আপনারাও যদি নিজেদের জীবনে বিশেষ কিছু করতে চান... তাহলে মেহেন্দী পাতার মত হয়ে উঠুন, যে নিজেকে পিষে ফেলেও অন্যদের জীবনে খুশীর রং ভরে দেয়। যেদিন আপনাদের হৃদয়ে এমন ভাবনার সৃষ্টি হয়ে পড়বে... সেদিন আপনারা সর্বশ্রেষ্ঠ জীবন কাটানোর আর্ট শিখে যাবেন। এবার আপনারা হয়তো এমনটা চিন্তা করছেন যে, এই সব জিনিষের জন্য প্রেরণা কোথা থেকে প্রাপ্ত হবে? জীবনকে খুশীতে ভরে তোলার জন্য আপনাদের প্রেরণার জন্য অপেক্ষা করলে চলবে না... সেটা আপনাদের নিজেদেরই খুঁজে নিতে হবে। আপনারা যদি সত্যি-সত্যি নিজেদের জীবনে এই সব কিছু হাসিল করতে চান... তাহলে একটা কথা সর্বদা মাথায় রাখবেন যে, কেবলমাত্র কিছু পবিত্র শব্দ পড়ে নিলে বা উচ্চারণ করলে আমাদের

কল্যাণ হতে পারে না। এর সম্পূর্ণ লাভ ওঠানোর জন্য আমাদের এই সব জিনিষকে ব্যবহারিক রূপে উপযোগ করতে হবে।

আমি নিজের ব্যক্তিগত অভিজ্ঞতার ভিত্তিতে এই পুস্তকের মাধ্যমে জীবনের সেই সব পক্ষকে প্রকাশ করার চেষ্টা করেছি... যেগুলো দ্বারা প্রতিটি ব্যক্তি নিজের জীবনের ওপরে নিজের দখলকে আরও মজবুত করে তুলতে পারে। এই সব কাহিনী লেখার সাথে-সাথে আমি এই নিস্কর্ষে এসে পৌঁছেছি যে, পরিস্থিতি যেমনই হোক্ না কেন... আপনারা যদি পরিস্থিতি অনুসারে নিজেদের পরিবর্তিত করা শিখে নেন, তাহলে আপনাদের কাছে জীবন অত্যন্ত সহজ লাগতে লাগে। এর আগেও আমার অন্য সব পুস্তক পড়ার জন্য আর সেগুলোর প্রশংসা করার জন্য আমি আপনাদের সকলকে আন্তরিক ধন্যবাদ জানাচ্ছি। আমি আবার একবার এমন আশা রাখছি যে, আপনাদের আমার এই সব সহজ-সরল, কিন্তু আশাপূর্ণ চিন্তাধারার কাহিনীগুলোও অবশ্যই পছন্দ হবে। এই পুস্তকের সাথে সম্পর্কিত আপনাদের চিন্তাধারা, প্রতিক্রিয়া এবং বিশেষ করে কোন প্রকারের ভুল-ক্রটির ওপরে আপনাদের অমূল্য পরামর্শকে আমি সর্বদা উম্মুক্ত হৃদয়ে স্বাগত জানাব।

– জলি আঙ্কল

15 / 16 - 5, কম্যুনিটি সেন্টার
নারায়ণা (ফেজ - 1), নূতন দিল্লী - 110 028
ফোন ঃ 011 - 65453115, ফ্যাক্স ঃ 011 - 45418073
E-Mail: jollyuncle@gmail.com
Web: www.jollyuncle.com

লেখক পরিচিতি

অসংখ্য গুণমুগ্ধ পাঠকদের হৃদয় জয় করে নেওয়া জলি আঙ্কলের বাস্তবিক নাম হচ্ছে জে. পি. এস. জলি। ওনার জন্ম মীরাট, উত্তর প্রদেশে হয়েছিল। কাহিনীর মাধ্যমে উনি সমাজকে আরও সুন্দর করে তুলে এক নতুন দিশা প্রদান করার সফর শুরু করেছেন। উনি নিজের প্রতিটি কাহিনী এমন ভাবে লেখেন যে, সেগুলো পড়ে পাঠকেরা নতুন কিছু চিন্তা করার সুযোগ প্রাপ্ত করেন। সব থেকে বড় কথা হচ্ছে এটা যে, ওনার প্রতিটি কাহিনীই সময়ের দাবী অনুসারে হওয়া সত্ত্বেও আগের থেকে আলাদা হয়। এমন কাহিনী একমাত্র সেই ব্যক্তিই লিখতে পারেন... যিনি এই প্রকারের পরিস্থিতিকে খু-উ-ব কাছ থেকে অনুভব করেছেন। পাঠকগণ ওনার অত্যন্ত সহজ ভাষায় লেখা, মনোরঞ্জক উদাহরণে ভরপুর অত্যন্ত উপযোগী কাহিনীগুলোকে আন্তরিক ভাবে পছন্দ করেন এবং এমনটা চান যে, এই সব কাহিনী যেন কোনদিনও শেষ না হয়। যে ব্যক্তি ওনার দ্বারা লেখা এই সব কাহিনী পড়ে সেগুলোর কিছুটা অংশও নিজের জীবনে গ্রহণ করেন... তিনি এক দিকে যেমন ভালো শিক্ষা প্রাপ্ত করেন, অন্য দিকে তাঁর জীবন খুশীতে পরিপূর্ণ হয়ে ওঠে। নিজের কলমের জোরে উনি এই সমাজের প্রতিটি সমুদায়ের মধ্যে পারস্পরিক প্রেম আর ভ্রাতৃত্ব বোধের পরিবেশ তৈরী করার কাজে লেগে রয়েছেন। ডাঃ মহীপ সিং-য়ের মত মহান লেখকও এমনটা মানেন যে, জলি আঙ্কল মুন্শী প্রেমচন্দের মত হিন্দী সাহিত্যের স্তম্ভ হিসেবে পরিচিত লেখকদের পরম্পরাকে এগিয়ে নিয়ে চলেছেন। এজন্যই হয়তো ওনার প্রশংসকেরা ওনার কলম থেকে বার হওয়া প্রতিটি নতুন পুস্তকের জন্য অধীর আগ্রহে অপেক্ষা করে থাকেন। ওনার কাহিনীর ব্যাপারে যদি এমনটা বলা হয় যে, সেগুলো প্রতিটি ব্যক্তির জীবনকে সহজ-সরল করে তোলার আশীর্বাদ স্বরূপ... তাহলে এতটুকু মিথ্যা কথা বলা হবে না।

শুভ কামনা

আজ আমরা সকলেই এটা জানি যে, ভালো পুস্তক ব্যক্তির চিন্তাধারাকে ওপরের দিকে তুলে ধরার সাথে-সাথে জীবনকে গভীরতা পর্যন্ত জানারও সুযোগ প্রদান করে। 'কাহিনী... যা বাঁচতে শেখায়' এমন এক পুস্তক, যা যে কোন ব্যক্তির চিন্তা করার আর অনুভব করার ঢং-কে পরিবর্তিত করতে পারে। এই পুস্তকে লেখক নিজের কলমের মাধ্যমে পারিবারিক আর সামাজিক জীবনের প্রতিটি ক্ষেত্রকে স্পর্শ করে রচনাত্মক আর ইতিবাচক দৃষ্টিকোণ ব্যক্ত করেছেন... যেটা সকল শ্রেণীর পাঠকদের জন্য লাভদায়ক প্রমাণিত হবে। এই পুস্তকে মোট 59-টি কাহিনী সংকলিত করা হয়েছে। সেগুলোর মধ্যে যে কোন একটি কাহিনী পড়লে আপনাদের মনের মধ্যে পুরো পুস্তক পড়ার ইচ্ছা জাগ্রত হবে। এমনিতে পাঠকবৃন্দের অভিজ্ঞতা এটাই বলে যে, জলি আঙ্কলের লেখা কাহিনী কেবলমাত্র বর্তমান সময়ের জন্যই নয়... বরং আগামী ভবিষ্যতের জন্যও সমান রূপে উপযোগী হয়।

দক্ষিণ দিল্লী লোকসভা কেন্দ্রের সাংসদ শ্রী মহাবল মিশ্রা, জলি আঙ্কল দ্বারা লিখিত পুস্তক 'কাহিনী... যা পথ দেখায়'-য়ের বিমোচন করার সাথে-সাথে ওনাকে প্রেরণাদায়ক কাহিনী লেখার জন্য 'ত্রিবেণী রত্ন' পুরস্কারে সম্মানিত করছেন।

বিশেষ কৃতজ্ঞতা

আমি সর্বপ্রথমে পরম পিতা পরমাত্মার উদ্দেশ্যে ধন্যবাদ জ্ঞাপন করতে চাই... যিনি আমার মত তুচ্ছ এক মনুষ্যকে কলমের এই গুণ প্রদান করেছেন যে, আমি সমাজের জন্য কিছু রচনাত্মক কাজ করতে পারি। যে লেখকের ওপরে ঈশ্বরের কৃপা বর্ষিত হয়, সেই লেখক নিজের কলমের জোরে সমাজের প্রতিটি শ্রেণীর লোকেদের তাঁদের চিন্তাধারা আর বিচারধারার শক্তির সাথে পরিচিত করিয়ে তাঁদের জীবনকে উন্নত করে তুলতে ভরপুর সহায়তা করতে পারেন।

আমি, শ্রী প্রমোদ শর্মা (যিনি দীর্ঘ সময় ধরে আমার পথ প্রদর্শন করে আসছেন)-কে ওনার বহুমূল্য পরামর্শের জন্য আন্তরিক ধন্যবাদ জানাতে চাই। উনি জ্ঞানের সাথে-সাথে নিজের অমূল্য সময় দিয়ে আমাকে এক সফল লেখক হয়ে উঠতে সহযোগ প্রদান করেছেন।

এর সাথে-সাথে আমি নিজের ভাই-য়ের থেকেও অনেক বেশী শ্রী গুলশন মৈন্দিরত্তা-র প্রতি কৃতজ্ঞতা প্রকট করতে চাই... যাঁর সহযোগ ছাড়া হয়তো আমি কোনদিনও সমাজকে এত কাহিনী আর পুস্তক উপহার দিতে পারতাম না।

বিষয় সূচী

01

খুশীর মরশুম

ছজ্জু রামের বন্ধু ওকে বলল – "লোকেরা এমনটা বলে থাকে যে, পতি আর ঘুড়ির মধ্যে বিশেষ পার্থক্য হয় না। কিন্তু আমার মাথায় এটা ঢুকছে না যে, পতি আর ঘুড়ির মধ্যে কিসের মিল থাকতে পারে? তোমার কি মনে হয়, এমনটা কি সম্ভব হতে পারে?" ছজ্জু রাম নিজের বন্ধুকে বলল – "এমন কথা যে-ই বলে থাকুক না কেন... সে একেবারে সত্যি কথাই বলেছে।" ছজ্জু রাম নিজের বন্ধুকে বুঝিয়ে বলল – "আরে ভাই! পতি আর ঘুড়ির মধ্যে মিল এজন্য রয়েছে যে, একজন পত্নীর গোলাম হয় আর অন্যজন সুতোর। দুজনেই নিজেদের ইচ্ছামতন কোন কাজই করতে পারে না।" এত মজাদার উত্তর শুনে ছজ্জু রামের বন্ধু হেসে গড়িয়ে পড়ল... কিন্তু পরের মুহূর্তেই ছজ্জু রামের পত্নী নিজের গুরু-গম্ভীর কণ্ঠস্বরে বলে উঠল – "সকাল থেকে কত বার বলেছি যে, আজ সকালে তোমাকে আমাদের দুই মেয়ের শ্বশুর বাড়ীতে করবা চৌথের উপবাসের সামগ্রী পৌঁছে দিতে যেতে হবে আর তুমি এখানে বসে-বসে ফালতু আড্ডা মারছ?" পত্নীর গর্জন এতটাই প্রভাবশালী ছিল যে, ছজ্জু রাম পরের মুহূর্তেই নিজের দুই মেয়ের জন্য উপহার আর মিষ্টির প্যাকেট তুলে নিয়ে বাড়ী থেকে রওনা হয়ে পড়ল।

ছজ্জু রামের বড় মেয়ের বিবাহ এক কৃষক পরিবারে হয়েছিল আর ছোট মেয়ের বিবাহ এক কুমোর পরিবারে হয়েছিল। ছজ্জু রাম প্রথমে নিজের বড় মেয়ের শ্বশুরবাড়ী গেল। কুশল-সংবাদ বিনিময় করার পরে ছজ্জু রামের বড় মেয়ে নিজের বাবাকে বলল – "এই বছর আমাদের পুরো পরিবার ভালো ফসল উৎপাদন করার জন্য প্রচণ্ড মেহনত করেছে। এবার আমাদের সবার একটাই প্রার্থনা – হে ভগবান! এই বছরে ভালো বৃষ্টি যেন হয়। এক বার ভালো বৃষ্টি হলে আমরা প্রচুর টাকা-পয়সা কামাতে পারব।" ছজ্জু রামের বড় মেয়ে নিজের বাবাকে ভালো বৃষ্টি হওয়ার জন্য ঈশ্বরের কাছে প্রার্থনা জানাতে বলল। এর কিছুক্ষন পরে ছজ্জু রাম নিজের ছোট মেয়ে শ্বশুরবাড়ী পৌঁছল। নিজের বাবাকে দেখেই ছজ্জু রামের ছোট মেয়ে তাকে সেই জায়গায় নিয়ে গেল... যেখানে ওর পুরো পরিবার প্রচুর মাটির বাসন বানিয়ে রেখেছিল। সেই সব বাসন নিজের বাবাকে দেখিয়ে ছোট মেয়ে নিজের বাবাকে বলল

– "বাবা! তুমিও ঈশ্বরের কাছে প্রার্থনা জানাও যে, এই বছরে যেন বৃষ্টি না হয়। বৃষ্টি হলে আমরা একেবারে বর্বাদ হয়ে পড়ব। আমাদের তৈরী এই সব বাসন নষ্ট হয়ে পড়বে।" ছোট মেয়ের কথা শুনে ছজ্জু রাম অত্যন্ত দ্বিধায় পড়ে গেল। ওর মাথায় এটা ঢুকছিল না যে, ও নিজের কোন্ মেয়ের জন্য ঈশ্বরের কাছে প্রার্থনা জানাবে! এই সব চিন্তা করতে-করতে ও নিজের বাড়ী ফিরে এল।

নিজের পতিকে এমন দুঃখী দেখে ছজ্জু রামের পত্নী কারণ জানতে চাইল। সব কথা শোনার পরে ছজ্জু রামের পত্নী বলল – "এতে এত ঘাবড়ে ওঠার কি আছে ? এতটা তো তুমিও জানো যে, সব ব্যক্তিরই জীবনে সমস্যা থাকে... কিন্তু আমাদের নিজেদের ওপরে এই বিশ্বাস রাখা উচিত যে, প্রতিটি সমস্যারই কোন-না-কোন সমাধানও থাকে।" ছজ্জু রাম বলল – "আমি যদি বড় মেয়ের জন্য প্রার্থনা জানাই, তাহলে ছোট মেয়ের ক্ষতি হবে আর ছোট মেয়ের জন্য জন্য প্রার্থনা জানাকে বড় মেয়ের পরিবার বর্বাদ হয়ে পড়বে।" ছজ্জু রামের পত্নী বলল – "আমি তো তোমাকে বুদ্ধিমান বলে মনে করতাম... কিন্তু তুমি তো এই ছোট্ট ব্যাপারেই ঘাবড়ে উঠেছ। একটা কথা সর্বদা মাথায় রাখবে যে, সমস্যা আর চিন্তা কখনো এক সমান হয় না। সেসব কখনো সারা জীবনের জন্য হয়, তো কখনো কয়েক মুহূর্তের জন্য। তোমার এই সমস্যাও কয়েক মুহূর্তের সমস্যা।" নিজের পত্নীকে এতটা আত্মবিশ্বাসী দেখে ছজ্জু রাম বলল – "ঠিক আছে। এবার তাহলে তুমিই বলো যে, আমার কি করা উচিত ?" ওর পত্নী বলল – "তোমাকে কিছুই করতে হবে না। তুমি শুধু ফোনে আমার সাথে আমাদের দুই মেয়ের কথা বলিয়ে দাও।"

ছজ্জু রামের পত্নী প্রথমে বড় মেয়ের সাথে কথা বলল আর তাকে ছজ্জু রামের চিন্তার ব্যাপারে জানাল। এই শুনে বড় মেয়েও চিন্তায় ডুবে গেল। ছজ্জু রামের পত্নী মেয়েকে বলল – "কোন সমস্যা নিয়ে বেশী চিন্তা করলে সেটার সমাধান বার হয় না।" বড় মেয়ের বিশ্বাস অর্জন করে ছজ্জু রামের পত্নী ওকে বলল – "তুমি আমাকে কথা দাও যে, এই বছর ভালো বৃষ্টি হলে তোমাদের ফসল ভালো হওয়ার পরে মুনাফার অর্দ্ধেক অংশ নিজের ছোট বোনকে দেবে।" এই কথা ছজ্জু রামের পত্নী নিজের ছোট মেয়েকেও বলল আর তার থেকেও এই প্রতিশ্রুতি আদায় করে নিল যে, এই বছর যদি বৃষ্টি না হয় আর তাদের তৈরী মাটির বাসন যদি ভালো দামে বিক্রী হয়... তাহলে সেই মুনাফার অর্দ্ধেক অংশ ও নিজের বড় দিদিকে দেবে। দুই বোনই নিজেদের মায়ের এই পরামর্শ সানন্দে স্বীকার করে নিল। ছজ্জু রাম নিজের পত্নীর এই অদ্ভূত প্রতিভা দেখে আশ্চর্যচকিত হয়ে উঠল। ছজ্জু রামের পত্নী বলল – "আমি কোন চমৎকার মোটেই করিনি। সমস্যা যেমনই হোক্ না কেন... এক সাথে বসে শলা-পরামর্শ করলে সকল সমস্যারই সমাধান খুঁজে পাওয়া যায়।" জলি আজ্কলও এমনটা স্বীকার করেন যে, যে ভাবে একটা প্রদীপ হাজার প্রদীপকে আলো প্রদান করতে পারে... কিন্তু তাতে প্রদীপের জীবন কমে আসে না। ঠিক সেই ভাবে মিলে-মিশে ভাগ করে নিলে খুশীও কমে না... বরং সেটা প্রতিটি মরশুমকেই খুশীর মরশুম করে তোলে।

■■■

সত্যিকারের খুশী দ্বারা খুশী প্রাপ্ত করা ব্যক্তি মালামাল হয়ে ওঠে... কিন্তু খুশী প্রদানকারী ব্যক্তির কোন অভাব হয় না!

02

পূজার ফুল

মা বড়ই আদরের সাথে নিজের ছেলে আমনের ঘুম ভাঙিয়ে তাকে তার জন্মদিনের অভিনন্দন জানিয়ে বললেন – "এবার তাড়াতাড়ি উঠে পড়ো। দেখো, সূর্য উঠে পড়েছে।" আমন মা-কে বলল – "মা! তুমি এটা জানো যে, সূর্য আমার থেকে আগে উঠে পড়ে... কিন্তু তুমি হয়তো এটা জানো না যে, সূর্য ঘুমোয়ও আমার থেকে অনেক আগে।" "বাবা আমন! আজ বাড়ীতে তোমার জন্মদিন উপলক্ষে পূজার আয়োজন করা হয়েছে। তুমি তাড়াতাড়ি উঠে স্নান করে আমাকে পূজার ফুল এনে দাও।" আমন মায়ের সাথে ঠাট্টা করে বলল – "মা! তোমার কোন্ পূজার ফুল চাই? পূজা বেদীর, না কি পূজা ভট্টের?" মা কিছুটা রাগের গলায় বলে উঠলেন – "সব সময় ঠাট্টা আমার ভালো লাগে না। তুমি সামনের পার্ক থেকে কিছু ভালো ফুল এনে দাও। কিন্তু একটা জিনিষ মাথায় রাখবে – কলোনীর প্রধান যেন দেখতে না পান।" "মা! উনি যদি দেখেও ফেলেন... তাতেও বা আমাদের কি আসে-যায়? এই পার্ক ওনার একার সম্পত্তি তো নয়।"

মা নিজের ছেলেকে বোঝালেন – "কথা সেটা নয়। আসলে পার্কের দেখাশোনা, রক্ষণাবেক্ষন উনিই করেন। উনি প্রতিটি গাছকে নিজের সন্তানের মত সামলে রাখেন। এজন্য কাউকে গাছের ফুল ছিঁড়তে দেখলে ওনার খুব কষ্ট হয়।" "তাহলে উনি পার্কে বসে থাকলে আমি ফুল ছিঁড়ব কি করে?" আমন প্রশ্ন করল। মা বললেন – "তুমি ওনাকে কোন একটা অজুহাতে পার্কের বাইরে পাঠিয়ে দিও।" এর কিছুক্ষন পরে যখন আমন ফুল ছেঁড়ার জন্য পার্কে পৌঁছল... তখন ও দেখতে পেল যে, কলোনীর প্রধান সামনের বেঞ্চে বসে রয়েছেন। আমন চালাকি দেখিয়ে বলল – "জ্যেঠু! আপনাকে আপনার বাড়ী থেকে ডাকছে।" প্রধান তখুনি নিজের বাড়ীর দিকে রওনা হয়ে পড়লেন আর আমন প্রচুর ভালো-ভালো ফুল ছিঁড়ে নিজের থলে ভরে নিল। ও বাড়ী আসতে এত সুগন্ধিত ফুল দেখে ওর মা অত্যন্ত খুশী হয়ে উঠলেন। আমনের দৃষ্টি সামনেই রাখা লাড্ডুর থালার ওপরে পড়তেই ও ঝট্ করে একটা লাড্ডু তুলে নিল। ওর মা বললেন – "এ কী করছ? এসব তো পূজার প্রসাদ। তুমি পূজার প্রসাদ এঁটো করে দিলে ভগবান রেগে উঠবেন।" আমন প্রশ্ন করল –"কিন্তু ভগবান কি করে জানতে পারবেন যে, আমি পূজার থালা থেকে একটা লাড্ডু খেয়ে নিয়েছি?" ওর মা ওকে

বোঝালেন – "ভগবান আমাদের দ্বারা করা সব কাজই দেখতে পান।"

এর কিছুক্ষন পরে আমনদের বাড়ীতে ওর জন্মদিনের পূজা শুরু হয়ে পড়ল। পুরো পরিবার পূজায় শামিল হয়ে পড়ল... কিন্তু আমন উদাস হয়ে নিজের কামরায় গিয়ে বসে পড়ল। অনেক করে ডাকা সত্ত্বেও ও পূজায় শামিল হল না। যখন পূজা শেষ হয়ে পড়ল... তখন পূজারী আমনকে ওর উদাসীর কারণ জানতে চাইলেন। আমন বলল – "এমন পূজা করে কি লাভ... যে পূজা করার জন্য আমাদের সমাজের সাথে-সাথে ভগবানকেও ধোঁকা দিতে হয়? এক দিকে তো আমার মা এমনটা বলেন যে, ভগবান সর্বদা আমাদের সাথে থাকেন আর আমাদের প্রতিটি ভালো-মন্দ কাজের ওপরে দৃষ্টি রাখেন। অন্য দিকে উনি আমাকে মিথ্যা কথা বলার জন্য আর চুরি করার জন্য বলেন। আজ আমরা যে ফুল চুরি করে এনে ভগবানের চরণে অর্পণ করেছি... তার বিনিময়ে কি ভগবান আমাদের আশীর্বাদ দেবেন?" পূজারী বললেন – "আজ পর্যন্ত আমি সবাইকে জ্ঞান-ধ্যানের ব্যাপারে বুঝিয়ে এসেছি... কিন্তু আজ এই ছোট্ট বাচ্চাটার কথা শুনে আমার চোখ খুলে গেছে। আমি কথা দিচ্ছি যে, আজ থেকে আমি আমার প্রতিটি প্রবচনে ভক্তদের এই ব্যাপারে অবশ্যই বোঝাব যে, আমরা যদি গাছ লাগাতে না পারি... তাহলে গাছের ফুল ছেঁড়ারও আমাদের কোন অধিকার নেই।"

আমনের কথায় প্রভাবিত হয়ে উঠে জলি আঙ্কলও এমন প্রতিজ্ঞা করছেন যে, আজকের পরে উনি যখনই ঈশ্বরের চরণে কোন ফুল অর্পণ করবেন... সেই ফুল উনি নিজের পরিশ্রম দ্বারা লাগানো বাগান থেকে নিয়ে আসবেন অথবা সৎ পথে উপার্জন করা পয়সা দিয়ে কিনে আনবেন। কারণ এটা অত্যন্ত সত্য যে, ভগবান চুরির কোন জিনিষ কখনো গ্রহণ করেন না... তা সেটা পূজার ফুল হলেও।

■■■

যে ব্যক্তি ফুলকে বর্বাদ করে... সেই ব্যক্তি কখনোই কোন বাগানের মালী হতে পারে না!

03

বন্ধুত্বের হাত

গরমের কারণে যেমন-যেমন জলের চাহিদা বাড়তে লাগল... শান্তি নগরের পাশের গ্রামের জমিদার শান্তি নগরের লোকেদের জল বন্ধ করে দিল। কোন ভাবে লোকেরা 2 - 3 দিন তো জল ছাড়াই কাটিয়ে দিল... কিন্তু এবার তারা এক ফোঁটা জলের জন্য অস্হির হয়ে উঠল। শান্তি নগরে বসবাসকারী কোন লোকেরই এতটা সাহস ছিল না যে, সে জমিদারের বিরুদ্ধে আওয়াজ ওঠাতে পারে। শান্তি নগরের সবাই মিলে জলের সমস্যার ব্যাপারে নিজেদের গুরু জী-র সাথে আলোচনা করল। গুরু জী বললেন – "কিছুদিন আগেও তো তোমাদের মধ্যে ভালো সম্পর্ক ছিল... হঠাৎ করে কি হয়ে পড়ল ?" শান্তি নগরের প্রধান বললেন – "আমরা তো সর্বদাই আপনার দ্বারা দেখানো পথেই চলে এসেছি... কিন্তু জমিদার আর ওনার গ্রামের লোকেরা সব সময় লড়াই-ঝগড়া করার অজুহাত খুঁজে বেড়াতে থাকে।" গুরু জী ওদের সবাইকে সাহস জুগিয়ে বললেন – "ঠিক আছে... আমি এই ব্যাপারে জমিদারের সাথে কথা বলব।"

শান্তি নগরের লোকরা বলল – "গুরু জী ! আপনি ওখানে গেলে কোন লাভই হবে না... কারণ আমাদের দুই গ্রামের লোকেদেরই হাতের রেখা অপূর্ণ। আমাদের গ্রামের বয়স্ক ব্যক্তিরা এমনটা বলতেন যে, যেসব ব্যক্তিদের হাতের রেখা অপূর্ণ হয়... তাদের মধ্যে কোনদিনও বন্ধুত্ব হয় না।" গুরু জী বললেন – "ভালো বন্ধু বানানোর জন্য কেবল হাতই যথেষ্ট হয়... হাতের রেখার কোন প্রয়োজন পড়ে না। যখন সত্যিকারের হৃদয় দিয়ে কারও সাথে বন্ধুত্ব করা হয়... তখন সেই বন্ধুত্বের মধ্যে এতটা আলো থাকে যে, সেই আলোয় চার পাশের ঘন অন্ধকারও দূর হয়ে পড়ে।" এক দুষ্টু যুবক বলে উঠল – "গুরুজী ! আপনি এক বার আমাদের জমিদারের সাথে বন্ধুত্ব করিয়ে দিন... আমি আমাদের বাড়ীর বাল্ব খুলে সেই হোল্ডারে জমিদারকে লাগিয়ে দেব।" গুরু জী সেই যুবককে শান্ত করে বললেন – "নিজেকে সর্বদা নিজের মস্তিস্ক দ্বারা আর অন্যদের হৃদয় দ্বারা সামলাতে শেখো। সমস্যা আর চিন্তা তো আমাদের জীবনের এক অংশ হয় আর এই জীবন আসতে-যেতে থাকে।"

শান্তি নগরের নিবাসীরা গুরু জী-কে বলল – "গুরু জী ! আপনার ওখানে একা যাওয়াটা ঠিক হবে না। ওরা প্রচণ্ড ঝগড়ুটে আর রাগী প্রকৃতির।" গুরু জী জবাব দিলেন

– "ওরা যদি রাগ করে... তাহলে আমি এটা ধরে নেব যে, ওরা অত্যন্ত ভালো লোক। ওরা কেবল রাগ দেখিয়েছে, আমার গায়ে হাত তোলেনি।" "কিন্তু ওরা যদি সত্যি-সত্যি আপনার গায়ে হাত তোলে... তখন আপনি কি করবেন?" গুরু জী বললেন – "তাহলে আমি এটা ধরে নেব যে, ওরা কত দয়ালু। ওরা কেবল হাত দিয়ে আমাকে মেরেছে... লাঠি-ডাণ্ডা দিয়ে মারেনি।" "কিন্তু গুরু জী! ওরা যদি সত্যি-সত্যি লাঠি-ডাণ্ডা দিয়ে আপনাকে মারে... তখন আপনি কি করবেন?" এবার গুরু জী-কে বলতে হল – "তখন আমি এমনটা ভাবব যে, ওরা কেবল লাঠি-ডাণ্ডা দিয়ে আমাকে মেরেছে... আমার প্রাণ তো নিয়ে নেয়নি।" এবার কিছু লোক ঘাবড়ে উঠে বলল – "গুরু জী! ওরা এতটাই সাংঘাতিক যে, ওরা আপনার প্রাণও নিয়ে নিতে পারে।" এবার গুরু জী মুচকি হেসে উঠে বললেন – "তাহলে তো আমি এই দুঃখে ভরা জীবন থেকে মুক্তিই পেয়ে যাব।"

এতটা শুনেই শান্তি নগরের নিবাসীরা নিজেদের গুরু জী-র পায়ের তলায় লুটিয়ে পড়ে বলতে লাগল – "গুরু জী! আপনার মত মহান লোকেদের সহ্যশীলতার জোরেই শত্রুদের রাগকে শান্ত করা যেতে পারে।" গুরু জী শান্তি নগরের সকল নিবাসীদের এটা বোঝালেন – "ভালো উপদেশের প্রভাব ঝগড়ুটে ব্যক্তির ওপরে ঠিক সেই ভাবে পড়ে... যেমনটা গরম করা জল কিছুক্ষন পরে ঠাণ্ডা হয়ে পড়ে। তোমরা একটা কথা সর্বদা মনে রাখবে যে, লোহা যত গরমই হোক্ না কেন... হাতুড়ি তো ঠাণ্ডা থেকেই নিজের কাজ করতে পারে। এজন্য এটা কোনদিনও ভুলে যেও না যে, প্রতিবেশীর সাথে বন্ধুত্ব করার জন্য যে মূল্যই দিতে হোক্ না কেন... সেটা কমই হয়। কারণ মহাপুরুষেরা এমনটা মনে করতেন যে, কেবলমাত্র সমঝোতার মধ্যেই বুদ্ধিমত্তা লুকিয়ে থাকে।" গুরু জী-র জ্ঞান আর অভিজ্ঞতা থেকে প্রেরণা গ্রহণ করে জলি আঙ্কল এটা জানাতে পেরে গর্বিত অনুভব করছেন যে, ভালো সমাজের কল্পনা করা ভালো কথা... কিন্তু তার থেকেও ভালো এটা হয় যে, ভালো সমাজের নির্মাণ করার জন্য সবার প্রতি বন্ধুত্বের হাত বাড়িয়ে ধরা হোক্।

■■■

বন্ধুর জন্য প্রাণ দেওয়া ততটা মুশ্কিল হয় না... যতটা মুশ্কিল হয় এমন বন্ধু খুঁজে বার করা, যার জন্য প্রাণ দেওয়া যেতে পারে!

04

প্রতিভা

এক কোম্পানী শহরের অত্যন্ত সুন্দর মলগুলোয় নিজেদের নতুন ডিজাইনে তৈরী মডার্ন শো-রুমে দেশ-বিদেশে প্রস্তুত মূল্যবান উৎপাদন বিক্রী করার জন্য সেল্সম্যানের চাকরীর জন্য সংবাদপত্রে বিজ্ঞাপন দিল। অনেক লোকেদের সাথে-সাথে পাশের এক গ্রামের বাসিন্দা শিক্ষিত, কিন্তু সরল-সাধাসিধে এক যুবকও সেই চাকরীর জন্য আবেদন জানাল। ইন্টারভিউ নেওয়ার সময় কোম্পানীর এক বড় অফিসার যুবকের চাল-ঢাল দেখে ম্যানেজারকে বকুনি লাগিয়ে বললেন – "আপনি এ কেমন-কেমন লোকেদের ইন্টারভিউ-য়ের জন্য ডেকে পাঠিয়েছেন ?" ইন্টারভিউ শুরু হতেই সেই যুবকের কথা বলার ভঙ্গী আর পোশাক-পরিচ্ছদ দেখে সেই অফিসার এটা স্থির করে নিলেন যে, সেই যুবককে কোন ভাবেই এই চাকরীতে রাখা যেতে পারে না। এর ফলস্বরূপ সেই যুবককে চাকরীর জন্য অযোগ্য ঘোষিত করে দেওয়া হল।

যুবক কিছুটা সাহস করে তাকে অযোগ্য ঘোষিত করার কারণ জানতে চাইলে সেই অফিসার বললেন – "এই চাকরীর জন্য আবশ্যক লেখাপড়া তোমার ঠিকই আছে... কিন্তু তোমার কথা বলার ভঙ্গী আর তোমার পোশাক-পরিচ্ছদ একেবারে গাঁইয়াদের মত। এজন্য আমরা তোমাকে নিজেদের এত বড় শো-রুমে কাজ করার জন্য রাখতে পারছি না।" জবাবে সেই যুবক বলল – "আপনি আমাকে একটা সুযোগ তো দিয়ে দেখুন। আমি এক মাসের ভেতরেই আপনাদের শো-রুমে রাখা উৎপাদনের বিক্রী কয়েক গুণ বাড়িয়ে তুলব। আর আমি যদি এমনটা করতে না পারি... তাহলে আপনারা আমাকে একটা পয়সাও সালারী দেবেন না।" সেখানে উপস্থিত সকলের যুবকের এমন আত্মবিশ্বাস দেখে এমনটা মনে হল যে, ওকে একটা সুযোগ দেওয়া যেতে পারে। সেই যুবককে কয়েক দিনের জন্য চাকরীতে রেখে নেওয়া হল।

পরের দিন থেকেই সেই যুবক প্রাণপন মেহনত করে নিজের কাজ বুঝে নেওয়া শুরু করে দিল। শো-রুমে আসা কোন খরিদ্দারকেই ও খালি হাতে ফিরে যেতে দিত না। নিজের সরল-সাধাসিধে আর মধুর ভাষা দ্বারা ও সবার মন জয় করে নিত। ওর কথাবার্তায় প্রভাবিত হয়ে লোকেরা মন থেকে না চাওয়া সত্ত্বেও ওকে 'না' বলতে পারত না। দেখতে-দেখতে ও নিজের প্রতিশ্রুতি অনুসারে শো-রুমের বিক্রী কয়েক গুণ বাড়িয়ে তুলল। ধীরে-ধীরে এই খবর শো-রুমের মালিক পর্যন্ত গিয়ে পৌঁছলে

তিনি সেই যুবকের সাথে দেখা করার আর তার কাজ করার পদ্ধতি জানার ইচ্ছা প্রকাশ করলেন।

পরের দিন শো-রুমের মালিক শো-রুমের এক কোনায় দাঁড়িয়ে সেই যুবকের কাজ দেখতে লাগলেন। সেই সময় সেই যুবক এক খরিদ্দারকে পিকনিকের জিনিষ নিয়ে যাওয়া এক বড় বাস্কেট 400 টাকায় বিক্রী করছিল এর পরে সেই যুবক সেই খরিদ্দারকে প্রচুর খাওয়া-দাওয়ার সামগ্রীও 500 - 600 টাকায় বিক্রী করল। তারপর ও নিজের সেই খরিদ্দারকে জুতো সেকশনে নিয়ে গেল। সেখানে ও এক জোড়া দারুণ জুতোও 800 টাকায় বিক্রী করল। এর পরে এক দারুণ টুপী আর চশমাও 700 টাকায় বিক্রী করল। এই সব দেখে শো-রুমের মালিক অত্যন্ত খুশী হয়ে উঠলেন আর উনি বললেন – "ঐ ব্যক্তি তো কেবল একটা বাস্কেট কেনার জন্য আমাদের শো-রুমে এসেছিলেন... কিন্তু তুমি ওনাকে এত কিছু জিনিষ বিক্রী করলে!" সেই যুবক বলল – "আসলে উনি কেবল একটা ব্রেড আর কিছু ডিম কিনতে এসেছিলেন। কিন্তু উনি যখন আমার থেকে অমলেট বানানোর পদ্ধতি জানতে চাইলেন... তখন আমি এটা বুঝতে পেরে যাই যে, ওনার পত্নী নিশ্চয়ই বাপের বাড়ী গেছেন আর উনি বাড়ীতে একেবারে একা! আমি তখন ওনাকে বাড়ীতে একা-একা বসে না থেকে 2 - 3 দিনের জন্য কোথাও পিকনিকে যেতে আর মৌজ-মস্তি করার জন্য বলি। আমি ওনাকে এটাও জানাই যে, এমন সুযোগ জীবনে কখনো-কখনোই পাওয়া যায়। ব্যস্... আমি এর পরে ওনাকে পিকনিকের জন্য আবশ্যক সব জরুরী জিনিষ বিক্রী করি।"

এমন পরিস্হিতিতে জলি আঙ্কল ঠিকই বলেন যে, কারও পোশাক-পরিচ্ছদ দেখে তাকে অস্বীকার করার আগে তার গুণেরও পরীক্ষা করে নেওয়া উচিত। কে জানে, কার মধ্যে কি প্রতিভা লুকিয়ে রয়েছে!

■■■

নিজের মুখ খোলার আগে নিজের মস্তিষ্ক খুলুন!

05

কর্ম

যেদিন থেকে রেখা আন্টীর ছেলে কানাডা থেকে ফিরে এসেছে... উনি প্রতি দিন সন্ধ্যায় নিজের ছেলেকে বেড়াতে নিয়ে যাওয়ার সাথে-সাথে কোন নতুন রেস্তোঁরায় খাবারও খাওয়ান। বিদেশে বসবাসকারী ছেলের সাথে উনি যখনই ফোনে কথা বলতেন... তখনই উনি ছেলের মুখে একটাই অভিযোগ শুনতে পেতেন যে, ওনার ছেলে সেখানে ঘরের খাবারের মত খাবার পায় না। আজ যখন ওনারা দুজন ঘুরতে বেরোলেন... তখন ওনারা এটা দেখতে পেলেন যে, ওনাদের গাড়ীটা অত্যন্ত নোংরা হয়ে রয়েছে। ছেলে বলল – "মা! আমাকে কোন কাপড় দাও... গাড়ী পরিস্কার করতে হবে।" মা জবাব দিলেন – "ওখানে দরজার পেছনে একটা নোংরা কাপড় রয়েছে... নিয়ে নাও!" ছেলে বলল – "মা! এই তোমার এক অদ্ভূত অভ্যাস। আমি যখনই তোমার থেকে কিছু পরিস্কার করার জন্য কাপড় চাই, তখনই তুমি নোংরা কাপড় নিয়ে নিতে বলো। আচ্ছা মা, নোংরা কাপড় দিয়ে কোন জিনিষ কি ভাবে পরিস্কার হবে? উল্টে সেটা তো আরও বেশী নোংরা হয়ে পড়বে।"

রেখা আন্টী হেসে উঠে বললেন – "কিন্তু আমাদের এখানে তো এটাই অভ্যাস। তুমি এক কাজ করো। এখন তুমি গাড়ী এমনিই চালিয়ে নাও... কারণ এখন তুমি গাড়ী পরিস্কার করতে বসলে তোমার জামা-কাপড় নোংরা হয়ে পড়বে।" এই বলে মা সাফাই কর্মচারীর উদ্দেশ্যে দোষারোপ করার সাথে-সাথে তার উদ্দেশ্যে গালি-গালাজও করতে লাগলেন। উনি সাফাই কর্মচারীর উদ্দেশ্যে ভালো-মন্দ বলে এটাও বললেন – "আজ তিন দিন হল, ও আগে থেকে কিছু না জানিয়ে ছুটী নিয়ে বাড়ী বসে রয়েছে। সারা ঘরে আবর্জনার স্তুপ জমা হয়ে পড়েছে... বাথরুম থেকে দুর্গন্ধ বার হতে লেগেছে। কিন্তু ছোট জাতের ঐ লোকটার এসবে কি আসে-যায়? ওর তো কেবল প্রতি মাসের এক তারিখে টাকা পাওয়া নিয়ে কথা।" ছেলে প্রশ্ন করল – "মা! তুমি ঐ সাফাই কর্মচারীকে মাসে কত টাকা দাও?" "আর বলো না। আজকাল ওর মাথা খারাপ হয়ে গেছে। আবর্জনা নিয়ে যাওয়ার জন্য আর বাথরুম পরিস্কার করার জন্য আমি ওকে মাসে 100 টাকা করে দিই আর গাড়ী পরিস্কার করার জন্য আলাদা করে 100 টাকা দিই।"

ছেলেকে চুপ করে থাকতে দেখে মা বললেন – "তুমি চিন্তা কোর না। কাল ও এলে ওর ব্যবস্হা আমি করছি।" ছেলে বলল – "মা! আমি এই ব্যাপারে রেগে নেই যে, আমাদের গাড়ী পরিস্কার হয়নি। আমার তো উল্টে এটা ভেবে খারাপ লাগছে যে, যে লোকটা সারা মাস আমাদের পুরো বাড়ী সাফাই করে... তার নিজের জীবন জানোয়ারদের থেকেও খারাপ। অন্যদের পরিস্কার-পরিচ্ছন্ন জীবন প্রদান করা লোকেদের সর্বদা বেশ কিছু রোগের মধ্যে বেঁচে থাকতে হয়। মা! তুমি ওকে যত টাকা প্রতি মাসে দাও... তার থেকে অনেক বেশী টাকার খাবার তো আমরা প্রায়ই হোটেলে ফেলে দিয়ে আসি।" রেখা আন্টী নিজের ছেলেকে বললেন – "আরে! তুমি এদের চেনো না। এরা প্রচণ্ড বেইমান প্রকৃতির লোক হয়। এদের সাথে একটু হেসে কথা বললেই এরা মাথায় চড়ে বসার চেস্টা করতে থাকে।"

ছেলে মাকে বলল – "নিজের পরিবার চালানোর জন্য সবাই টাকা-পয়সা উপার্জন করে। বড়লোকেরা একে-অপরের অধিকার ছিনিয়ে নিয়ে বেইমানী আর ধোঁকাবাজী করতে থাকে... কিন্তু তাদের ব্যাপারে কেউ কিছুই বলে না। আমাদের এই সাফাই কর্মচারী নিজের বৌ-বাচ্চার মুখে খাবার তুলে দেওয়ার জন্য না জানি কত বাড়ীর আবর্জনা ঘাঁটে। আর কোন কারণে ও যদি 2 - 3 দিন না আসে... তাহলে আমাদের বাড়ী আর পুরো কলোনীতে দুর্গন্ধ ছড়িয়ে পড়ে। প্রতিদানে তাকে নিজেদের কাছে আসতে দেওয়া তো দূরের কথা... আমরা তার সাথে ভালো ভাবে কথা পর্যন্ত বলি না। মা! তুমি তো এক স্কুলের প্রিন্সিপাল। তোমাকে দেখেই তো স্কুলের টীচার আর বাচ্চারা শিখবে। তুমি অন্ততঃ লোকেদের সাথে এমন ব্যবহার কোর না। তোমার এমন চিন্তাধারা আমার কাছে ঠিক কোন অপরাধের মত লাগছে।"

"আমাদের কানাডায় কেউ যত ধনীই হোক্ না কেন... তাকে নিজের বাড়ীর সব কাজ নিজের হাতেই করতে হয়। তুমি এই শুনে অবাক হয়ে উঠবে যে, সেখানে সাফাই কর্মচারীদেরও অন্যদের মতই সম্মান দেওয়া হয় আর তাদের বেতনও অন্যদের থেকে বেশী হয়। মা! আমি তো জোর দিয়ে এমনটা বলতে পারি যে, ভগবান যখন আমাদের প্রত্যেককে এক সমান ভাবে সৃষ্টি করেছেন... তখন কর্মের ভিত্তিতে কাউকে ছোট-বড় বলার কোন অধিকার আমাদের নেই। কোন ব্যক্তির জাত কেবলমাত্র এজন্য ছোট হতে পারে না... কেন না তিনি সাফাই কর্মচারীর কাজ করেন।" মা ছেলের উদ্দেশ্যে বললেন – "আমি জানি, তোমার সব জিনিষকে তিল থেকে তাল করতে বড়ই মজা আসে।" কিন্তু রেখা আন্টী যা-ই বলুন না কেন... জলি আঙ্কল ওনার ছেলের ভাবনাকে সানন্দে স্বীকার করে নিয়ে এমনটা বলছেন – "কর্ম দ্বারা কোন ব্যক্তি ছোট বা বড় হন না। এজন্য কর্ম করতে লজ্জা করা উচিত নয়... তা ব্যক্তি যে পেশার সাথেই যুক্ত থাকুন না কেন।"

■■■

আপনার কর্ম যেমনই হোক্ না কেন... সেটার প্রভাব সর্বদা ইতিবাচক হওয়া উচিত!

06

ঈশ্বরের ইচ্ছা

চন্দুলাল যখন মন্দিরের সামনে দিয়ে যাচ্ছিল... সেই সময় ও দেখতে পেল যে, আজ মন্দিরে ভক্তদের প্রচুর ভীড় লেগে রয়েছে। ও এক মুহূর্ত থেমে এমনটা ভাবল যে, আজ ভগবান স্বয়ং ওর কাজ সহজ করে দিয়েছেন। আজ লোকেদের পকেট মারার জন্য ওকে বাস আড্ডায় গিয়ে লোকেদের ধাক্কা খেতে হবে না। এই ভেবে চন্দু মন্দিরের ভেতরে ঢুকে পড়ল। ভেতরে ঢুকে ও দেখল যে, মন্দিরের হলঘরে পূজারী জী প্রবচন করছেন আর অন্য দিকে প্রচুর ভক্তদের ভীড় জমা হয়ে রয়েছে... কারণ সেখানে প্রসাদ আর লঙ্গর বিলি করা হচ্ছিল। এত লোকেদের ভীড় দেখেই হাত সাফাইয়ে চতুর চন্দু মনে-মনে অত্যন্ত খুশী হয়ে উঠল। ও নিজের মনেই বিড়বিড় করে উঠল – "মনে হচ্ছে আজ ভগবানও এমনটা চান যে, আমি আজকের ধান্ধা এই মন্দির থেকেই শুরু করি।" চন্দু কয়েক মিনিটের মধ্যে বেশ কিছু লোকেদের পকেটের ওপরে দৃষ্টি বুলিয়ে নিয়ে নিজের শিকারের সন্ধান করে নিল।

ও এটা দেখল যে, এক ব্যক্তি ভগবানের চরণে লুটিয়ে পড়ে বিড়বিড় করছে – "হে ভগবান! যবে থেকে আমার বিয়ে হয়েছে... এটা দিনও আমি শান্তিতে কাটাতে পারিনি। আমি না তো দিনের বেলায় শান্তিতে কাজকর্ম করতে পারি... না পারি রাতে শান্তিতে ঘুমোতে। আমি এই জীবনে অত্যন্ত দুঃখী হয়ে উঠেছি। আপনি আমাকে যত শীঘ্র সম্ভব নিজের কাছে ডেকে নিন। আমি আর একটা দিনও বেঁচে থাকতে চাই না... আপনি আমাকে যত শীঘ্র সম্ভব নিজের কাছে ডেকে নিন।" সেই ব্যক্তির পাশেই দাঁড়িয়ে থাকা ওর পত্নী বলল – "হে ভগবান! আপনি আমার স্বামীর কথা একেবারে শুনবেন না। আপনি ওর আগে আমাকে এই পৃথিবী থেকে উঠিয়ে নিন... কারণ আমি ওর থেকে অনেক বেশী দুঃখী।" পত্নীর প্রার্থনা শুনে সেই ব্যক্তি ঝট্ করে ভগবানের সামনে হাত জোড় করে বলল – "ভগবান! আপনি আমার প্রার্থনা খারিজ করে দিন আর আমার পত্নীর প্রার্থনা স্বীকার করে নিন। আমি তো আপনারই... আপনি আমাকে যখন ডাকবেন, আমি তখনই আপনার কাছে চলে যাব।"

পরের মুহূর্তেই ভীড়ের লাভ উঠিয়ে চন্দু সেখানে দাঁড়িয়ে থাকা লোকেদের কিছুটা ঠেলাঠেলি করে, নিজের পত্নীর সাথে তর্ক করতে থাকা সেই ব্যক্তির পকেট থেকে তার পার্স মেরে দিল। সেখান থেকে দ্রুত পালানোর জন্য আর উপস্থিত লোকেদের

মধ্যে আতংক সৃষ্টি করার জন্য সে সেই ব্যক্তির পত্নীকে ধাক্কা মেরে মাটিতে ফেলে দিল। সেই মহিলা মাটিতে পড়ে যাওয়ার কারণে প্রচণ্ড আহত হয়ে উঠলেন। কাছেই দাঁড়িয়ে থাকা এক ভদ্রলোক সেই মহিলাকে তুলে ধরে বললেন – "আপনি ঘাবড়াবেন না। ঈশ্বর আপনার সাথে রয়েছেন।" সেই মহিলা যন্ত্রণায় কাতরাতে-কাতরাতে বলল – "আপনি ঠিকই বলেছেন... নয়তো এতটা জোরে আমাকে কে ধাক্কা দেবে!" অনেক চালাকি করা সত্ত্বেও চন্দু মন্দিরে লোকেদের হাতে পকেট মারার অভিযোগে ধরা পড়ে গেল।

পরের দিন পুলিশ চন্দুকে আদালতে পেশ করল। জজ সাহেবের সামনে আসতেই চন্দু এটা দেখতে পেল যে, উনিই হচেছন সেই ভদ্রলোক... যিনি আগের দিন মন্দিরে মাটিতে পড়ে যাওয়া সেই মহিলার সহায়তা করছিলেন। উনি তো অত্যন্ত ধার্মিক প্রবৃত্তির ব্যক্তি আর ভগবানের প্রতি অনার অটুট আস্থা রয়েছে। এই চিন্তা করে চন্দু জজ সাহেবকে বলল – " হুজুর! এই পকেট মারার কাজ আমি করিনি... এটা তো ভগবান আমাকে দিয়ে করিয়েছেন। হয়তো ভগবানের এমন ইচছা ছিল যে, আমি সেই মন্দিরে গিয়ে এই কাজটা করি... নয়তো আমার পক্ষে এত বড় অপরাধ করার সাহস হত কি করে? এজন্য এই অপরাধে আমার কোন দোষ নেই। আপনার যা শাস্তি দেওয়ার, আপনি সেটা ভগবানকে দিন।"

আদালতে উপস্থিত সবাই এটা জানত যে, জজ সাহেবের ভগবানের প্রতি অটুট বিশ্বাস রয়েছে আর এই পকেটমার ওনার সেই দুর্বলতার লাভ ওঠাতে চাইছে। এই পকেটমার যেভাবে জজ সাহেবকে ভগবানের নাম নিয়ে দ্বিধায় ফেলে দিয়েছে... তাতে জজ সাহেব এই পকেটমারকে কোন শাস্তি দিতে পারবেন বলে মনে হচেছ না। সমস্ত সাক্ষ্য-প্রমাণ শোনার পরে জজ সাহেব সেই পকেটমারকে বললেন – "আমি এটা মানছি যে, তুমি স্ব-ইচছায় এই অপরাধ করোনি... বরং ভগবানই তোমাকে জোর করে মন্দিরে নিয়ে গিয়েছিলেন আর উনিই তোমাকে লোকেদের পকেট মারার জন্য বাধ্য করেছিলেন। কিন্তু আমার অসহায়তা হচেছ এটা যে, এবার ভগবান এটা চান যে, আমি তোমাকে এই অপরাধের জন্য শাস্তিস্বরূপ দু বছরের জন্য জেলে পাঠাই।" জজ সাহেবের এই আশ্চর্যজনক ফয়সালার পরে আদালতে উপস্থিত সবাই ওনার প্রশংসা করতে লাগল। জজ সাহেবের এমন নির্ণয় দেখে জলি আঙ্কল ভগবানের চরণে বিনতি করছেন – "হে ঈশ্বর! আমরা যদি সেই কাজটা করতে না পারি, যেটা আপনি চান... তাহলে আমাদের এতটা বুদ্ধি অবশ্যই দিন, যাতে আমরা সেই কাজটাও না করি... যেটা করার পেছনে আপনার ইচছা না থাকে!"

■■■

গ্রহণ করার জন্য হাজার গুণও কম পড়ে... কিন্তু ত্যাগ করার জন্য একটা দোষও যথেষ্ট হয়!

07

অদ্ভূত চমৎকার

এক রাজা নিজের মন্ত্রীর সাথে রাজ্যের জনতার দুঃখ-কষ্ট জানার জন্য বেরিয়ে পড়লেন। কিছু দূর যাওয়ার পরে উনি দেখতে পেলেন যে, এক রাখাল বালক নিজের ভেড়াদের জল পান করাতে নদীর ধারে নিয়ে এসেছে। রাজা তাকে প্রশ্ন করলেন – "তোমার এই সব ভেড়ারা প্রতি দিন কতটা দুধ দেয় ?" রাখাল বালক উল্টে রাজাকে প্রশ্ন করল – "আপনি ঠিক কোন্ রং-য়ের ভেড়ার ব্যাপারে জানতে চাইছেন ? সাদা, না কালো ?" "ঠিক আছে... তুমি সাদা রং-য়েরই বলো।" রাখাল বালক বলল – "আজ্ঞে... এরা মোটামুটি দু কিলোর মত দুধ দেয়।" এবার রাজা প্রশ্ন করলেন – "আর এই কালো রং-য়ের ভেড়ারা কত দুধ দেয় ?" রাখাল বালক উত্তর দিল – "আজ্ঞে, এরাও মোটামুটি ততটাই দুধ দেয়।" রাজা পরের প্রশ্ন করলেন – "এই সব ভেড়ার থেকে কতটা উল পাওয়া যায় ?" রাখাল বালক আবার প্রশ্ন করল – "আপনি ঠিক কোন্ রং-য়ের ভেড়ার ব্যাপারে জানতে চাইছেন ? সাদা, না কালো ?" রাজা বললেন – "তুমি সাদা রং-য়েরই বলো।" রাখাল বালক বলল – "আজ্ঞে... এরা মোটামুটি দুই থেকে তিন কিলোর মত উল দেয়।" রাজা প্রশ্ন করলেন – "আর এই কালো রং-য়ের ভেড়ারা কত উল দেয় ?" "আজ্ঞে, এরাও মোটামুটি ততটাই উল দেয়।"

রাখাল বালকের এমন উত্তরে রাজা অসন্তুষ্ট হয়ে বললেন – "যদি দুটোই একই রকমের দুধ আর উল দেয়... তাহলে তুমি আমাকে বোকা কেন বানাচ্ছ ?" রাখাল বালক বলল – "আসলে কালো রং-য়ের ভেড়াগুলো আমার বাবার।" এবার মন্ত্রীমশায় রেগে উঠে বললেন – "আর সাদা রং-য়ের ভেড়াগুলো তাহলে কার ?" রাখাল বালক বলল – "আজ্ঞে, ওগুলোও আমার বাবারই।" ওর মুখে এমন উত্তর শুনে মন্ত্রীমশায় পাগলের মত হয়ে উঠলেন। রাজা নিজের মন্ত্রীকে শান্ত করে রাখাল বালকের উদ্দেশ্যে বললেন – "তাহলে তুমি সরাসরি উত্তর না দিয়ে এত গল্প শোনাচ্ছিলে কেন ?" এবার রাখাল বালক হাত জোড় করে বলল – "আজ্ঞে, আমি সকাল থেকে সন্ধ্যা পর্যন্ত এই জঙ্গলে এই সব ভেড়াগুলোর সাথে থাকি। বেশ কয়েক দিন পর্যন্ত কথা বলার মত কারো দেখা পাই না। আজ অনেক দিন পরে আপনাদের সাথে দেখা হল... তাই আপনাদের সাথে কিছুক্ষন কথা বলে মন হাল্কা করে নিতে ইচ্ছা হল।" রাজা মুচকি হেসে বললেন – "তুমি বড়ই মজার মানুষ।"

এই ফাঁকে রাজা নদীর শুদ্ধ নির্মল জল দেখলে ওনার নদীর জলে স্নান করতে ইচ্ছা হল। উনি নিজের পোশাক এক পাশে খুলে রেখে হাতে করে জল নিয়ে নিজের শরীরের ওপরে ঢালতে লাগলেন। রাজাকে এই ভাবে স্নান করতে দেখে রাখাল বালক নিজের ঝোলা থেকে একটা ছোট্ট ঘটি বার করে অত্যন্ত বিনম্রতার সাথে রাজার দিকে এগিয়ে ধরে বলল – "আপনি এটা দিয়ে স্নান করে নিন।" ঘটি দেখেই মন্ত্রীমশায় প্রচণ্ড রেগে উঠে বললেন – "তুতি ছোট জাতের লোক। তোমার রাজা মশায়কে ঘটি দেওয়ার এত বড় সাহস হল কি করে?"

রাখাল বালক বলল – "কিন্তু এই ঘটিটা তো পেতলের আর কোন ধাতুর কোন জাত বা ধর্ম হয় না। এমনিতেও এই ঘটি দেওয়ার আগে আমি এটাকে নদীর পরিস্কার জল দিয়ে ধুয়ে নিয়েছি। এখনও কি আপনার এমনটা মনে হচেছ যে, এই ঘটি পবিত্র হয়নি? তাই যদি হয়... তাহলে এমনটা বলার জন্য আমাকে মাফ করবেন যে, এই ঘটির থেকে আপনার চিন্তাধারা অনেক বেশী ময়লা। আমি আপনাদের মত শিক্ষিত নই ঠিকই... কিন্তু এতটা বুদ্ধি আমার অবশ্যই আছে যে, কোন ব্যক্তি ছোট বা বড় হয় না। আমরা সবাই একই প্রভুর সন্তান। জন্মের আগে আর মৃত্যুর পরে প্রতিটি ব্যক্তির সমাজ, ধর্ম আর জাতির সাথে কোন সম্পর্কই থাকে না। তাহলে জীবিত থাকার সময় এই ভেদ-ভাব কেন?" রাখাল বালকের কথা শুনে মন্ত্রীমশায় চেঁচিয়ে উঠে বললেন – "এবার কি রাজকার্য চালাতে থাকা লোকেদের তোমার মত অশিক্ষিতের কাছ থেকে শিক্ষা গ্রহণ করতে হবে?"

রাজা মন্ত্রীমশায়কে নিজের কাছে ডেকে বললেন – "আপনি নিজের দায়িত্ব পালন করেছেন, সেটা ঠিকই আছে। কিন্তু আপনি এটাও চিন্তা করে দেখুন যে, এই রাখাল বালক যা কিছু বলেছে, সেসবও ভুল মোটেই নয়। আমাদের গুরুজনেরা এমনটা বলতেন যে, ভালো জ্ঞান আর ভালো ভোজন যেখান থেকেই প্রাপ্ত হোক্ না কেন... সেটাকে তৎক্ষনাত গ্রহণ করা উচিত।" মন্ত্রীমশায়ের ক্রুদ্ধ মুখ-চোখ দেখে এমনটাই মনে হচ্ছিল যে, উনি সেই রাখাল বালককে কোন কড়া শাস্তি অবশ্যই দেবেন... কিন্তু রাজা মন্ত্রীমশায়ের কানে আস্তে করে বললেন – "কোন ব্যক্তির বর্তমান অবস্থা দেখে তাকে অপমান করা উচিত নয়... কারণ সময়ের মধ্যে এতটা শক্তি থাকে যে, সেটা এক মামুলী কয়লাকেও মূল্যবান হীরায় পরিবর্তিত করে দেয়।" রাজার এই কথা শুনে জলি আঙ্কলের ভেতর থেকে এই আওয়াজ ভেসে এল যে, আমরা চমৎকার হওয়ার কাহিনী তো অনেক শুনি... কিন্তু এমন অদ্ভূত চমৎকার হতে কখনো দেখতে পাওয়া যায় না।

■■■

পাহাড়ে চড়ার একটা নিয়ম আছে। ঝুঁকে চলো... ছুটো না। আমাদের জীবনও এটাই চায়!

04

পাপা... আই লভ্ য়ু

আজ স্কুল থেকে ফেরার পরে গুনগুন অত্যন্ত খুশী হয়ে ছিল। ওর মা প্রশ্ন করলেন – "আজ স্কুলে বিশেষ কি হয়েছে যে, তোমাকে এত খুশী-খুশী দেখাচ্ছে ?" গুনগুন বলল – "স্কুলের কথা তো আমি পরে জানাব। কিন্তু আমার এত খুশী হয়ে ওঠার কারণ হচ্ছে এই যে, আজ আমি আমার বান্ধবীর সাথে ওদের নতুন গাড়ীতে চেপে বাড়ী ফিরেছি।" মা প্রশ্ন করলেন – "তুমি স্কুলের কোন্ ব্যাপারে বলতে চাও ?" গুনগুন বলল – "আজ আমি নিজের এক খাতায় নাম লেখার সময় ভুল করে নামের সাথে 'শ্রী' লাগিয়ে দিয়েছিলাম। টীচার সব বাচ্চাদের বোঝালেন যে, মেয়েদের নিজের নামে সাথে কখনো 'শ্রী' লাগাতে নেই। তখন আমি টীচারকে বলি যে, শ্রীদেবী তো নিজের নামের সাথে 'শ্রী' লাগান... ওনাকে তো আজ পর্যন্ত কেউ এমনটা করতে মানা করেনি। আমার এই কথায় ক্লাসের সব বাচ্চারা তো খুশী হয়ে উঠল... কিন্তু টীচার রেগে উঠলেন।" গুনগুন নিজের মাকে বলল – "যাক্‌গে... তুমি এসব কথা বাদ দাও আর আমার সাথে বাইরে এসে আমার বান্ধবীর নতুন গাড়ী দেখবে চলো।" গুনগুনের মা দরজার বাইরে এসে দেখলেন যে, ওনাদের বাড়ীর ঠিক সামনে এক নতুন চক্‌মক্ করতে থাকা গাড়ী দাঁড়িয়ে রয়েছে। গুনগুনও সেই গাড়ীটার দিকে এক দৃষ্টিতে তাকিয়ে ছিল। গুনগুন নিজের মাকে বলল – "মা ! আমরা এমন গাড়ী কবে কিনব ? আমার বান্ধবীর বাড়ীতে তো আগে থেকেই দুটো গাড়ী রয়েছে। বাবা গাড়ী কেন কিনছে না ?"

গুনগুনের মা এটা বুঝে উঠতে পারছিলেন না যে, উনি নিজেদের অসহায়তা নিজের প্রিয় মেয়েকে কি করে বলবেন। গুনগুনের পিতার উপার্জনে পরিবারের ভরন-পোষণ করার পরে অনেক কষ্টে স্কুটারের খরচ বহন করা সম্ভব হয়। এমন অবস্থায় গাড়ী কেনার ব্যাপারে চিন্তা কি ভাবে করা যেতে পারে ? নিজের ভেতরের দুঃখ আর চোখের জল অনেক কষ্টে লুকিয়ে গুনগুনের মা নিজের মেয়েকে বোঝালেন – "আমাদের সকল আবশ্যকতা ভগবান পূরণ করেন। তুমিও আজ থেকে রোজ সকালে ঘুম থেকে উঠে ভগবানের উদ্দেশ্যে প্রার্থনা করো... উনি তোমাকেও শীঘ্রই এমনই সুন্দর একটা গাড়ী এনে দেবেন।" মায়ের কথাগুলো গুনগুনের হৃদয় স্পর্শ করল। ও নিজের মাকে কথা দিল যে, এবার থেকে ও রোজ ভগবানের উদ্দেশ্যে প্রার্থনা জানাবে... যাতে ভগবান শীঘ্রই এক সুন্দর গাড়ী ওদের দেন।

এটাকে আপনারা প্রকৃতির চমৎকার বলুন বা গুনগুনের হৃদয় থেকে বার হওয়া সত্যিকারের প্রার্থনার প্রভাব – কিছুদিনের মধ্যেই গুনগুনের পিতা নিজের অফিস থেকে অনেক দিন ধরে আটকে থাকা এক মোটা অঙ্কের চেক পেয়ে গেলেন। পতি-পত্নী নিজেদের মধ্যে শলা-পরামর্শ করে নিজেদের একমাত্র মেয়ের স্বপ্ন পূরণ করার প্রচেষ্টায় ব্যাঙ্ক থেকে কিছু টাকা লোন নিলেন। এর কিছুদিনের মধ্যেই ওনারা নিজেদের মেয়ের পছন্দ মত লাল রং-য়ের এক চক্‌মক্‌ করতে থাকা গাড়ী কিনে নিয়ে এলেন। বাড়ী পৌঁছেই ওনারা দুজন ভগবানকে ধন্যবাদ জানানোর জন্য পূজা করতে শুরু করে দিলেন। গুনগুন গাড়ীর চাবি নিয়ে খেলতে-খেলতে গাড়ীর কাছে পৌঁছে গেল। এর কিছুক্ষন পরে গুনগুনের মাতা-পিতা যখন পূজা শেষ করে বাইরে এলেন... তখন গুনগুনের পিতা দেখলেন যে, গুনগুন নববধূর মত সুন্দর গাড়ীটার ওপরে এঁকা-বেঁকা লাইন টানছে। এই দেখে উনি রাগে পাগল হয়ে উঠলেন। উনি নিজের ক্রোধের ওপরে নিয়ন্ত্রণ বজায় রাখতে পারলেন না। উনি আগু-পেছু চিন্তা-ভাবনা না করেই গুনগুনের ওপরে চড়-থাপ্পড়ের বৃষ্টি শুরু করে দিলেন। গুনগুন কাঁদতে-কাঁদতে বাড়ীর এক কোনায় গিয়ে ঘুমিয়ে পড়ল। পরিবারের বাকী সদস্যরাও নতুন গাড়ী আসার আনন্দ পালন করার পরিবর্তে দুঃখী মনে কিছু না খেয়েই শুয়ে পড়লেন।

পরের দিন সকালে যখন গুনগুনের পিতা অফিস যেতে লাগলেন... তখন উনি নিজের মেয়ে দ্বারা আগের দিন নতুন গাড়ীর ওপরে টানা সেই সব এঁকা-বেঁকা লাইনগুলো মনোযোগ সহকারে দেখলে ওনার দু চোখ দিয়ে জল পড়তে লাগল। উনি নিজেই নিজেকে দোষারোপ করতে লাগলেন যে, উনি আগের দিন রাতে কোন ভাবনা-চিন্তা না করে ছোট্ট মেয়েটাকে এত মারধোর কেন করলেন ? এই সব দেখে গুনগুনের মা-ও বাইরে বেরিয়ে এলেন আর নিজের স্বামীর কাছে চোখের জল ফেলার কারণ জানতে চাইলে গুনগুনের পিতা গাড়ীর দিকে ইশারা করলেন... যেখানে গুনগুন গাড়ীর চাবি দিয়ে লিখেছিল – পাপা... আই লভ্‌ য়ু !”

উপলক্ষ যাই হোক্‌ না কেন... আমাদের প্রিয়-সরল বাচ্চারাও নিজেদের মনের ভাবনা প্রকাশ করতে চায়। কিন্তু অজ্ঞতার কারণে অনেক বার তাদের মনের ভাব প্রকাশ করার পদ্ধতি ভুল হয়ে পড়ে। কোন বাচ্চাকে তার ভুলের জন্য শাস্তি দেওয়ার আগে আমাদের এক বার অবশ্যই এটা ভেবে দেখা উচিত যে, তার মনের ভাব ঠিক কি ? জলি আঙ্কলের অভিজ্ঞতা তো এটাই বলে যে, ফুলের মত কোমল হৃদয়ের বাচ্চারা তো কখনো কারও কোন ক্ষতি করার ব্যাপারে চিন্তাই করতে পারে না। তারা তো নিজেদের প্রতিটি ছোট-ছোট খুশী আর ইচ্ছা পূরণের প্রতিক্রিয়া স্বরূপ কেবল এইটুকুই বলতে জানে – “পাপা... আই লভ্‌ য়ু !”

■■■

সবাইকে ভালবাসুন... কিন্তু সবার প্রথমে নিজেকে ভালবাসুন !

09

কাঠুরের চতুরতা

আজ আমি আপনাদের নিজেদের শৈশবের ঝাঁপি থেকে এক অনেক পুরোন কাহিনী মনে করিয়ে দিচ্ছি। ছোটবেলায় আমরা সবাই এই কাহিনী নিশ্চয়ই পড়েছি বা বড়দের মুখে শুনেছি। এক গ্রামে এক কাঠুরে নিজের পত্নীর সাথে থাকত। ওর কাছে নিজস্ব কোন জমি-জায়গা ছিল না... এজন্য ও সারাটা দিন গাছ থেকে কাঠ কেটে নিজের আর নিজের পরিবারের পেট ভরত। এক দিন সেই কাঠুরে এক গাছ থেকে কাঠ কাটছিল... এমন সময় ওর হাত থেকে কুঠারটা পড়ে যায় আর পাশ দিয়ে বয়ে চলা এক নদীতে গিয়ে পড়ে। কাঠুরে গাছ থেকে নেমে এসে নদীর জল থেকে নিজের কুঠার বার করার অনেক চেস্টা করল... কিন্তু ও সফল হল না। কাঠুরের কাছে উপার্জনের আর কোন মাধ্যম না থাকায় ও অত্যন্ত উদাস হয়ে উঠে নদীর ধারে বসে কাঁদতে লাগল।

ভগবান এই সব দৃশ্য অনেকক্ষন ধরে দেখে চলেছিলেন। কিছুক্ষন পরেই ওনার মনে দয়ার উদ্রেক হল আর উনি দয়া দেখিয়ে সেই কাঠুরের সহায়তা করার নির্ণয় গ্রহণ করলেন। উনি তখুনি কাঠুরের সামনে প্রকট হলেন আর ওর থেকে দুঃখী হওয়ার কারণ জানতে চাইলেন। কাঠুরের দুঃখের কাহিনী শুনে ভগবান নদীতে নেমে গেলেন আর নদীর জল থেকে একটা রূপোর কুঠার তুলে আনলেন। উনি সেই কাঠুরেকে প্রশ্ন করলেন – "এটাই কি তোমার কুঠার ?" কাঠুরে বলল – "মহারাজ ! আমি অত্যন্ত গরীব। আমি আজ পর্যন্ত এত দামী কুঠার চোখেই দেখিনি। এটা আমার কুঠার নয়... আমার কুঠার তো পুরোন লোহা দিয়ে তৈরী।" ভগবান আবার এক বার নদীতে নেমে গেলেন আর এবার একটা সোনার কুঠার তুলে আনলেন। কাঠুরে এবারও সেই কুঠার নিতে অস্বীকার করে দিল আর ভগবানের কাছে ওর লোহার কুঠার খুঁজে দেওয়ার জন্য প্রার্থনা জানাল। ভগবান তৃতীয় বার নদীতে ডুব লাগালেন আর এবার উনি হীরে-জহরত জড়িত এক অত্যন্ত মূল্যবান কুঠার তুলে নিয়ে এলেন।

কাঠুরে হাত জোড় করে ভগবানের কাছে ক্ষমা চেয়ে নিয়ে বলল – "আমার মনে হচ্ছে যে, আপনি আমার সাথে মজা করছেন। এত দামী কুঠার তো আমি কখনো স্বপ্নেও দেখিনি।" এই বলে সেই গরীব কাঠুরে সেই কুঠার নিতেও অস্বীকার করে দিল। ভগবান ওর সততায় অত্যন্ত প্রসন্ন হয়ে উঠলেন আর উনি সেই কাঠুরেকে ওর নিজের লোহার কুঠারের সাথে রূপো, সোনা আর হীরা-জহরত জড়িত সেই তিনটে কুঠারও

পুরস্কার স্বরূপ প্রদান করলেন আর উনি কাঠুরেকে এটাও বললেন যে, কাঠুরের জীবনে কোন কস্ট এলে উনি কাঠুরের সহায়তা করবেন। কাঠুরে খুশীতে ভরে উঠে সব ক'টা কুঠার নিয়ে নিজের বাড়ী ফিরে গেল আর সুখে নিজের পরিবারের সাথে দিন কাটাতে লাগল।

এর কিছু সময় পরে সেই কাঠুরে এক অত্যন্ত ধনী ব্যক্তি হয়ে উঠল। এক দিন ও নিজের পত্নীর সাথে বাগানে পায়চারী করছিল... এমন সময় হঠাৎ ওর পত্নীর পা পিছলে গেল আর এক কূয়োয় গিয়ে পড়ল। কাঠুরে তখুনি ভগবানকে স্মরণ করল আর ভগবান এসে প্রকট হলেন। কাঠুরের মুখে সব শোনার পরে ভগবান ওর সহায়তা করার আগে ওর পরীক্ষা নেওয়ার নির্ণয় নিলেন। উনি কূয়োর জলে নেমে পরীর মত এক অত্যন্ত সুন্দরী যুবতীকে তুলে নিয়ে এলেন। কাঠুরে সেই সুন্দরী যুবতীকে দেখেই ভগবানকে ধন্যবাদ জানিয়ে সেখান থেকে চলে যেতে লাগল।

ওকে বাধা দিয়ে ভগবান বললেন – "তুমি তো আগে অনেক সৎ ব্যক্তি ছিলে। আজ এক সুন্দরী যুবতীকে দেখে তোমার মনে বেইমানী চলে এল!" কাঠুরে ভগবানের কাছে ক্ষমা চেয়ে নিয়ে বলল – "ভগবান! এমন ব্যাপার নয়। আমি আজও ততটাই সৎ আছি... যতটা আগে ছিলাম। কিন্তু এই যুবতীকে গ্রহণ করতে আমি অসহায়।" ভগবান প্রশ্ন করলেন – "নিজের পত্নীকে ত্যাগ করে অন্য কোন স্ত্রী-কে গ্রহণ করাটা তোমার কেমন অসহায়তা?"

কাঠুরে অত্যন্ত বিনম্রতার সাথে বলল – "আমি যদি এই সুন্দরী যুবতীকে গ্রহণ না করতাম... তাহলে আপনি আমার আসল পত্নীকে বার করার আগে কূয়োর জল থেকে সিনেমার নায়িকাদের মত আরও 2 - 3 সুন্দরী যুবতীকে উঠিয়ে নিয়ে আসতেন। আমি বার-বার তাদের অস্বীকার করলে আপনি আমার ওপরে প্রসন্ন হয়ে উঠে আমার সেই কুঠারের মত সব ক'জন সুন্দরী যুবতীকে আমাকে উপহার স্বরূপ প্রদান করতেন। মহারাজ! এই মূল্যবৃদ্ধির যুগে এক স্ত্রী-র ভরন-পোষণ করতে পারাটাই অত্যন্ত মুশ্কিল হয়ে উঠেছে... তাহলে আমি চার-চারজন সুন্দরী যুবতীকে কি করে সামলাতে পারতাম! এই অসহায়তার কারণেই আমি আপনার দ্বারা দেখানো প্রথম স্ত্রী-কেই গ্রহণ করাটা ভালো বলে মনে করেছিলাম।" কাঠুরের চতুরতা বুঝতে পেরে ভগবানের সাথে-সাথে জলি আঙ্কলের মুখেও হাসি এসে গেল।

■■■

অপরাধ জেনেশুনে নয়... অজান্তে হয়ে পড়ে। কিন্তু সেটাকে ক্ষমা করা ব্যক্তি সত্যিকারের মহান হন!

10

যোগ্যতা

এক বার মহারাজ আকবর প্রতিবেশী রাজ্য থেকে এক বিশেষ উপলক্ষে আমন্ত্রণ পেলেন। উনি ঝট্ করে বীরবলকে ডেকে পাঠিয়ে সেই বিশেষ উপলক্ষে পরে যাওয়ার জন্য এক দারুণ পোশাক তৈরী করানোর জন্য বললেন। বীরবল তখুনি মহারাজের প্রিয় দর্জিকে ডেকে পাঠালেন। দর্জি পোশাক তৈরী করার জন্য সকল আবশ্যক জিনিষ-পত্র নিয়ে দরবারে এসে হাজির হল। মহারাজ আকবরের মাপ নিয়ে ও প্রাসাদে বসেই পোশাক তৈরী করার কাজ শুরু করে দিল। সেই পোশাক যেহেতু মহারাজ আকবর এক বিশেষ উপলক্ষে পরে যাওয়ার জন্য তৈরী করাচ্ছিলেন... তাই উনিও কৌতূহল বশতঃ কিছু সময়ের জন্য দর্জির কাছে বসে ওর কাজ দেখতে লাগলেন।

দর্জি নিজের কাজ শুরু করে সবার প্রথমে কাঁচি দিয়ে কাপড়কে আলাদা-আলাদা কয়েক টুকরোয় কেটে মাটির ওপরে কাঁচি চাপা দিয়ে রেখে দিল। তারপর ছুঁচ দিয়ে কিছু কাজ করার পরে সেই দর্জি নিজের অভ্যাস অনুসারে ছুঁচটাকে রাজ দরবার থেকে প্রাপ্ত নিজের পাগড়িতে গেঁথে রাখল। মহারাজ আকবরের এই দেখে কিছুটা অদ্ভূত লাগল যে, এত দামী আর সুন্দর কাঁচি দর্জির পায়ের কাছে পড়ে রয়েছে আর এত তুচ্ছ একটা ছুঁচ দর্জি নিজের মূল্যবান পাগড়িতে গেঁথে রাখল। মহারাজ আকবর নিজের কৌতূহল চাপতে না পেরে বীরবলকে এর কারণ প্রশ্ন করলেন। বীরবল বললেন – "মহারাজ! দর্জি দুটো জিনিষকে সেগুলোর আসল যোগ্যতা অনুসারে ঠিক জায়গাতেই রেখেছে আর আমার মতে ও ঠিকই করেছে।"

মহারাজ আকবর রেগে উঠে বীরবলকে বললেন – "তুমি সব ব্যাপারে ভালো করে ভাবনা-চিন্তা না করেই ঝট্ করে উত্তর দিয়ে দাও। তুমি এমনটা এতটা বিশ্বাসের সাথে কি করে বলতে পারো যে, দর্জি কোন ভুল করেনি। তুমি এটা কি

করে জানবে যে, মাত্র কয়েক পয়সা মূল্যের একটা ছুঁচের তুলনায় আমার দরবারের রাজকীয় কাঁচি কতটা মূল্যবান ? তাও তুমি এমনটা বলছ যে, দর্জি ঠিক কাজই করেছে। তুমি কি তোমার এমন বক্তব্যের সমর্থনে কোন কারণ জানাতে পারো ? বীরবল মহারাজকে বলতে শুরু করলেন – "মহারাজ! আপনি নিশ্চয়ই এটা লক্ষ্য করে থাকবেন যে, কাঁচির কাজ হচ্ছে কেবল প্রতিটি জিনিষকে কেটে কয়েক টুকরোয় ভাগ করা... তা সেই জিনিষটা কাপড় হোক্ বা অন্য কিছু। অন্য দিকে ছুঁচ আকারে ছোট হওয়া সত্ত্বেও সব জিনিষকে এক সাথে যুক্ত করার কাজ করে। ছুঁচ প্রতিটি ছোট-বড় জিনিষকে এক সাথে যুক্ত করে সেটাকে আমাদের আবশ্যকতা অনুসারে ব্যবহার করার যোগ্য করে তোলে... যার ফলে সাধারণ জিনিষের মূল্যও কয়েক গুণ বেড়ে ওঠে। এটা ছোট্ট ছুঁচেরই কামাল যে, কাঁচি দিয়ে কাটা কাপড়ের টুকরোর ওপরে সুন্দর কঢ়াই ইত্যাদি করার পরে সেগুলোকে পরস্পরের সাথে যুক্ত করে আপনার এই বহুমূল্য আর সুন্দর পোশাক তৈরী হয়েছে।"

বীরবল নিজের বক্তব্যকে এগিয়ে নিয়ে চলে বললেন – "মহারাজ! প্রতিটি জিনিষের মূল্য সেটার উপযোগিতা অনুসারেই ঠিক করা হয়... তার সৌন্দর্য অনুসারে নয়। আপনি নিজের চার পাশে এমন বেশ কিছু লোককে দেখতে পাবেন। কিছু লোক তো সেই শ্রেণীতে আসেন... যাঁরা সমাজকে ধর্ম-জাতি, উঁচু-নীচু, ধনী-গরীব ইত্যাদির ভেদ-ভাব দেখিয়ে একে-অপরের থেকে বিচিছন্ন করার কাজ করেন আর অন্য দিকে সাধু-সন্তেরা সমাজের প্রতিটি শ্রেণীকে এক সাথে যুক্ত করার কাজ করেন্য। যে কোন কাজ একা করার চেস্টা করলে সফলতা প্রাপ্ত হয় না আর মিলে-মিশে করা কোন কাজ কখনো বিফল হয় না। সবাইকে এক সাথে নিয়ে চলা লোকেদের সবাই মাথায় তুলে রাখে আর তাঁদেরকে ভগবানের রূপ মেনে পূজা করে।" বীরবলের এই বক্তব্য শুনে মহারাজ আকবরও এমনটা মেনে নিলেন যে, যোগ্যতা আর সততার সাথে-সাথে সংগঠিত হয়ে চলা লোকেদের সামনে সবাইকে হার মেনে নিতেই হয়। বীরবল নিজের বক্তব্য শেষ করার সাথে-সাথেই মহারাজ আকবরকে বললেন – "এজন্যই আমি রাজপ্রাসাদের সকল কর্মচারীদের এমনটা বলতে থাকি যে, একা-একা থাকা ব্যক্তির কোন গুরুত্ব থাকে না। আমাদের সর্বদাই সংগঠনের সাথে চলা উচিত... এর দ্বারাই বিজয় প্রাপ্ত হয়। যে ব্যক্তি নিজের জীবনে সুখ আর শান্তি প্রাপ্ত করতে চায়... তার প্রতিটি ছোট-ছোট সম্পর্ককে কাঁচির মত না কেটে ছুঁচের মত যুক্ত করার চেস্টা করা উচিত।" বীরবল নিজের বক্তব্য শেষ করে চলে যেতে লাগলে মহারাজ আকবর ওনাকে বললেন – "বীরবল! তোমার পরামর্শগুলো প্রথমে তো তেঁতো ওষুধের মত লাগে... কিন্তু সেটাকে জীবনে গ্রহণ করলে জীবনে অনেক বেশী মিস্টত্ব এসে পড়ে।"

মহারাজ আকবর আর বীরবলের মত বিদ্বানদের মধ্যে হতে থাকা এত গুরুত্বপূর্ণ আলোচনা শুনে জলি আঙ্কলও প্রত্যেককে এমন পরামর্শ দিতে চান – "আমাদেরও সর্বদা ছুঁচ হয়েই থাকা উচিত, কাঁচি হয়ে নয়... কারণ ছুঁচ দুটো জিনিষকে এক করে আর কাঁচি প্রতিটি জিনিষকে কেটে দুটো করে দেয়। এজন্য আপনারা যখন সমাজে সবাইকে এক সূত্রে বাঁধার চেষ্টা করবেন... তখন আপনারা সমাজের যে শ্রেণীর সাথেই যুক্ত হোন্ না কেন... গোটা দুনিয়ার লোক আপনাদের সামাজিক যোগ্যতাকে ভুলে গিয়ে তৎক্ষনাত আপনাদের নিজেদের মনের সিংহাসনে বসিয়ে নেবে।"

■■■

কে, কখন, কার কতটা আপন হয়? সময় সর্বদা ব্যক্তির আসল যোগ্যতা জানিয়ে দেয়!

11

সাবধানে মুখ খুলুন

এক বিখ্যাত প্রবাদবাক্য আছে – "চোখ চুপ করে থাকলে জিভ কথা বলে... জিভ চুপ করে থাকলে হৃদয় কথা বলে আর হৃদয়ও যদি চুপ করে থাকে... তখন দুনিয়া বলতে থাকে – রাম নাম সত্য হ্যায়।" এটা কত অদ্ভূত ব্যাপার যে, যা কিছুই হয়ে যাক না কেন, মনুষ্যের জিভ কখনো চুপ করে থাকতে পারে না। এর থেকেও বেশী আশ্চর্য সেই সময় হতে হয়... যখন আমরা এক মুহূর্তের জন্য এমনটা ভাবি যে, জানোয়াররা সারাটা জীবন কথা না বলে কি ভাবে থাকতে পারে! ভগবান আমাদের সুন্দর শরীরের সাথে-সাথে এক সুন্দর জিভও দিয়েছেন। এই জিভের এক বিশেষত্ব হচ্ছে এটা যে, সারাটা জীবন কঠোর দাঁতগুলোর মাঝে থাকা সত্ত্বেও এ চাইলে এক মুহূর্তের মধ্যে যে কাউকে আপন করে নিতে পারে। এত সুন্দর এক উপহারের জন্য আমরা জন্ম-জন্মান্তর পর্যন্ত ঈশ্বরের ঋণ শোধ করতে পারি না... কিন্তু আমাদের মধ্যে বেশীর ভাগ ব্যক্তি এই জিভ দিয়ে পরম পিতা পরমাত্মাকে ধন্যবাদ জানানোর পরিবর্তে তাঁর কাছে কোন-না-কোন অভিযোগই জানাতে থাকেন যে, তুমি আমাদের কি দিয়েছ ? এক দিন এক মহিলা মন্দিরে ভগবানের সাথে ঝগড়া করছিলেন – "আমি যখন নববধূ হয়েছিলাম, তখন তুমি আমাকে ভালো শাশুড়ী দাওনি... এখন আমি নিজে শাশুড়ী হয়েছি আর এখন তুমি আমাকে এক ভালো পুত্রবধূ দিলে না।" আমরা প্রায়ই নিজেদের দোষ লুকোবার জন্য সব দোষ ভগবানের ওপরে চাপিয়ে দিই।

আমাদের শরীরের প্রতিটি অঙ্গেরই অত্যন্ত গুরুত্বপূর্ণ ভূমিকা রয়েছে। কিন্তু এত বড় শরীরের এত অঙ্গের মধ্যে সব থেকে কোমল আর নরম অঙ্গ হচ্ছে আমাদের জিভ। জন্ম থেকে মৃত্যু পর্যন্ত প্রতিটি ব্যক্তির সাথে থাকে আমাদের এই ছোট্ট জিভ। দাঁত আমাদের জন্মের অনেক পরে আসে আর জীবনে প্রায় ক্ষেত্রে অনেক

আগেই আমাদের সঙ্গ ত্যাগ করে চলেও যায়... কিন্তু আমাদের জিভ নিজের নমনীয়তা আর গুণের কারণে নিজের সারাটা জীবন দাঁতের মাঝে বড় সহজে কাটিয়ে দেয়। আমাদের দৈনন্দিন জীবন চালাতে আর কথাবার্তা বলতে জিভের অত্যন্ত বড় অবদান থাকে। এত সব কিছু জানা সত্ত্বেও আমরা এই ছোট্ট অঙ্গটার ওপরে নিয়ন্ত্রণ বজায় রাখতে পারি না। আমরা যদি নিজেদের জিভের ওপরে নিয়ন্ত্রণ বজায় রাখা শিখে নিতে পারি... তাহলে আমাদের ঘর-পরিবার আর সমাজের বেশীর ভাগ সমস্যা আপনা থেকে শেষ হয়ে পড়তে পারে।

আমাদের দেশের রাজনৈতিক নেতাদের তো কিছু ভাবনা-চিন্তা না করে একটা কিছু বলে দেওয়ার অভ্যাস হয়ে উঠেছে। তাঁরা একই তীরে একাধিক নিশানা লাগানোর চেস্টায় লেগে থাকেন। আর যখন এমন কোন ব্যক্তির দ্বারা বলা কোন কথা অন্য কারও গলার হাড় হয়ে ওঠে... তখন আমাদের নেতারা ঠিক গিরগিটির মত রং বদলে ঝট্ করে এমনটা বলে দেন যে, মীডিয়া নাকি তাঁদের বক্তব্যকে বিকৃত করে পেশ করেছে। আজ তো সবাই এটা জানে যে, আমাদের মুখ থেকে বার হওয়া কিছু শব্দ আমাদের গোটা জীবনকে বর্বাদ করে দিতে পারে। মন্ত্রী থেকে শুরু করে আমাদের দেশের বেশ কিছু রাজাকে নিজেদের ভুল বক্তব্যের কারণে নিজেদের গদী হারাতে হয়েছে।

আমাদের মুখ থেকে বার হওয়া কিছু শব্দ এক মুহূর্তের মধ্যে কোন অচেনা ব্যক্তিকে 'আপন' আর কখনো-কখনো রক্তের সম্পর্ককে বরাবরের জন্য 'পর' করে তোলে। এক দিকে যেমন আমাদের মিস্টি বচন সমাজে আমাদের সবার প্রিয় করে তোলে... অন্য দিকে আমাদের কটু বচন আমাদের সারাটা জীবনের জন্য অন্যদের দৃস্টিতে নীচে নামিয়েও আনতে পারে। পুরো দুনিয়ায় বেশীর ভাগ পরিবারে কলহ আর ডিভোর্স এই ভুল কথার কারণেই হয়। পতি-পত্নীর মধ্যে বিবাদ অনেক বার এতটাই বেড়ে ওঠে যে, তাঁদের জন্ম-জন্মান্তরের সম্পর্ক ঠিক কোন খড়-কুটোর মতই ভেঙে পড়ে। প্রকৃতি দ্বারা প্রদত্ত এই মহা মূল্যবান জিভ দিয়ে এক দিকে যেমন আমরা সকল প্রকারের ব্যঞ্জনের স্বাদ উপভোগ করতে চাই... অন্য দিকে এই জিভ দিয়েই অন্যদের নিন্দা আর সমালোচনা করতেও আমরা অনেক আনন্দ প্রাপ্ত করি।

প্রকৃতির নিয়মই হচেছ এটা যে, যে কোন জিনিষ ভুল ভাবে ব্যবহার করলে আমাদের জীবনে ক্ষতিরই মুখোমুখি হতে হয়। ঝগড়া গলিতে খেলা করতে থাকা বাচচাদের হোক্ বা দুই দেশের – সেটার সমাধান সর্বদা প্রেমপূর্ণ পরিবেশে বসে, এই জিভের মাধ্যমেই বেরিয়ে আসে। একটা কথা তো নিশ্চিত যে, যদি আমরা নিজেদের জিভের ব্যবহারকে শুধরে নিতে পারি... তাহলে আমাদের জীবন উন্নত হয়ে উঠতে দেরী লাগে না। এমনটা বলা হয়ে থাকে যে, মুখ দিয়ে বার হওয়া শব্দের কোন দাঁত হয় না... কিন্তু সেই সব শব্দ যখন কাউকে দংশন করে, তখন অত্যন্ত বেশী যন্ত্রণা হয় আর কখনো-কখনো ক্ষতস্হান এতটাই গভীর হয় যে, সারাটা জীবন কেটে

যাওয়ার পরেও সেই ক্ষতস্হান শুকোয় না। এই জিনিষটাকে যদি এই ভাবে বলা যেতে পারে যে, মনুষ্য এক দোকানের মত হয় আর জিভ সেই দোকানের তালা। যখন তালা খোলে... তখন এটা জানতে পারা যায় যে, সেই দোকানটা সোনার দোকান, না কয়লার! জলি আঙ্কল কেবল এইটুকুই বলতে পারেন যে, যদি আপনাদের জিভ সর্বদা মধুর, নম্র আর সত্যের ওপরে আধারিত হয়... তাহলে আপনাদের চার পাশ থেকে সুখ-ই সুখ প্রাপ্ত হবে। এজন্য যখনই কিছু বলবেন... যা কিছু বলবেন, একটু সাবধানে মুখ খুলুন!

■■■

লোকেরা মিথ্যা কথা বলেন যে, প্রচীরে ফাটল ধরে। সত্য হচেছ এটা যে, আমাদের দ্বারা বলা শব্দ যখন সম্পর্কে ফাটল ধরায়, তখন প্রাচীরের সৃষ্টি হয়!

12

কাঁচা-পাকা

বহু বছর পরে যখন মিশ্র জী-র পরিবারে নাতির জন্ম হল... তখন উনি পুরো পাড়ার লোকেদের জন্য এক দারুণ পার্টির আয়োজন করলেন। পাড়ার অন্যান্য লোকেদের সাথে মিলে বীরুও পার্টির আনন্দ ওঠাতে সেখানে পৌঁছে গেল। পার্টিতে বীরুকে একের-পর-এক পেগ গলায় ঢালতে দেখে ওর এক প্রিয় বন্ধু ওকে বলল – "তুমি তো আমাকে এমনটা বলেছিলে যে, তুমি মদ্যপান করা ছেড়ে দিয়েছ। তাহলে আজ তোমার কি হয়ে পড়ল যে, তুমি একের-পর-এক পেগ গলায় ঢেলে চলেছ ?" বীরু ততক্ষনে নেশায় চুর হয়ে উঠেছিল। ও জড়ানো গলায় বলে উঠল – "আরে য়ার! আমি তো কেবল নিজের পয়সায় মদ খাওয়া ছেড়ে দিয়েছি। তাছাড়া আজ এত বড় খুশীর দিন... আজ মদ না খেলে মজা আসবে কি করে ?" নেশা করতে থাকা লোকেরা অসংখ্য বার, কখনো নিজেদের বৌ-বাচ্চা, কখনো বন্ধু-বান্ধব বা পরিবারের লোকেদের কথায় আর কখনো নেশা না করার অসংখ্য পাক্কা শপথ নেয়... কিন্তু কিছুদিনের মধ্যেই তাদের সেই সব শপথ বালির তৈরী কাঁচা দেওয়ালের মত ভেঙে পড়ে।

এমন অবস্থায় যখনই কেউ তাদের দ্বারা নেওয়া শপথের ব্যাপারে তাদের মনে করানোর ভুল করে... তখনই এরা নিজেদের ওপরে নিয়ন্ত্রণ হারিয়ে ক্রুদ্ধ হয়ে ওঠে। সেই সময় তাদের এতটাও মনে থাকে না যে, ক্রোধ করলে কেবল আমাদের স্বভাবই নষ্ট হয় না... বরং আমাদের ঘর-পরিবারের সাথে-সাথে আরও অনেক কিছু নষ্ট হয়ে পড়ে। কাঁচা ফল হোক্ বা মাটির তৈরী বাসন – যতক্ষন না সেটা পেকে তৈরী হচেছ... ততক্ষন পর্যন্ত কেউ-ই সেটার দিকে চোখ তুলে তাকায় না। মাটির বাসন প্রস্তুতকারী কারিগর যতই সুন্দর বাসন তৈরী করুক না কেন... কোন বুদ্ধিমান খরিদ্দার সেই সময় পর্যন্ত সেটার জন্য কোন মূল্য দিতে রাজী হয় না, যতক্ষন না

সেটা পেকে তৈরী হয়ে পড়ছে। ঠিক সেই প্রকার যে ব্যক্তি মুখ দিয়ে বড়-বড় কথা তো বলে... কিন্তু বাস্তবিক জীবনে তার ব্যবহার ঠিক সেটার বিপরীত হয় – এমন লোকেদের পীর-ফকিরেরা 'কাঁচা লোক' বলেন। কাঁচা লোকেদের ইমেজও সমাজে ঠিক কোন কাঁচা ফলের মতই হয়... যেটাকে কেউ-ই পছন্দ করে না।

কাঁচা লোকেদের মধ্যে আত্মবিশ্বাসের অভাব থাকার কারণে তারা নিজেদের সহযোগীদের বিচারধারার সাথেই নিজেদের মনোদশা বদলে নেয়। কাঁচা মনের প্রবৃত্তির লোকেরা ভণ্ড সাধু-সন্তদের মিষ্টি-মিষ্টি কথায় খুব সহজেই ভ্রমিত হয়ে পড়ে। সমাজে বসবাস করা কোন ব্যক্তি এই প্রকারের কাঁচা চিন্তাধারার লোকেদের সাথে সম্পর্ক রাখা তো অনেক দূরের কথা... তাদের ওপরে কোন ব্যাপারে বিশ্বাসও করে উঠতে পারেন না। যে ব্যক্তি ইতিবাচক চিন্তাধারা আর রচনাত্মক রস দ্বারা পূর্ণ রূপে পেকে ওঠেন... তিনি কখনো ছোটখাটো দুঃখে ঘাবড়ে উঠে দুঃখী হয়ে ওঠেন না। এমন লোকেদের এমনটা দৃঢ় বিশ্বাস থাকে যে, গন্তব্য যতই কঠিন হোক্ না কেন... এক-না-এক দিন সফলতা অবশ্যই প্রাপ্ত হবে। জীবনের প্রতিটি ক্ষেত্রে সফলতা প্রাপ্তির মত নিজেদের কাঁচা মনকে পাকা করে তোলার সূত্রপাতও টলোমলো পদক্ষেপে শুরু হয়... কিন্তু এতে ভয় পাওয়ার পরিবর্তে নিজের ভেতরে আত্মবিশ্বাস সৃষ্টি করলে তবেই গন্তব্যে পৌঁছনো যেতে পারে।

এটা অত্যন্ত সত্য যে, জীবনের পথে এগিয়ে চলার সময় অনেক বার ভরপুর প্রচেস্টা করা সত্ত্বেও আমাদের সফলতা প্রাপ্ত হয় না। এমন পরিস্থিতিতে আমাদের সম্পূর্ণ বিশ্বাস রেখে সেই কার্যের ফল পরমাত্মার ওপরে ছেড়ে দেওয়া উচিত। বিদ্বান লোকেরা তো সর্বদা একটাই কথা বলেন যে, সততা আর পরিশ্রমের ফল পাকতে একটু সময় লাগে ঠিকই... কিন্তু যখন সেটা পেকে তৈরী হয়ে পড়ে, তখন সেটার স্বাদ অত্যন্ত মিষ্টি হয়। পূর্ণ বিশ্বাস আর পাক্কা মনের লোকেরা এই জিনিষটা ভালো করে জানেন যে, আত্মবিশ্বাসের অর্থ হচেছ নিজের কাজের প্রতি অটুট শ্রদ্ধা। এখন আপনারা যদি নিজেদের প্রতিটি কাজ কাঁচা মনের পরিবর্তে সম্পূর্ণ নিষ্ঠা আর শ্রদ্ধার সাথে করা শুরু করে দেন... তাহলে আপনাদের কাছে কোন কাজই আর মুশ্কিল বলে মনে হবে না। যে কোন মহান কাজ সম্পন্ন করার জন্য সেই কাজটা অপূর্ণ মনে করার পরিবর্তে আশা আর উৎসাহকে সর্বদা নিজের সাথী বানান। তাহলেই আপনারা এটা দেখতে পাবেন যে, যে কোন কাজে সফলতা প্রাপ্ত করা থেকে আপনাদের কেউ-ই বাধা প্রদান করতে পারবে না।

কাঁচা-পাকার ব্যাপারে আলোচনা করলে এটা বুঝতে পারা যায় যে, আপনারা যদি নিজেদের সকল দুঃখ আর সমস্যার থেকে মুক্তি পেতে চান... তাহলে সত্যিকারের মনে নিজেদের ভেতরে আত্মবিশ্বাস সৃষ্টি করার চেস্টা করুন। এটা ছাড়া সফলতার পথে এগিয়ে চলা অসম্ভব হয়ে ওঠে। কাঁচা-পাকার দ্বিধার মধ্যে জীবন কাটাতে

থাকা লোকেদের জলি আঙ্কল কেবল এই পরামর্শ দিতে চান – "আপনারা যদি নিজেদের দুর্বল চিন্তাধারার কারণে শূণ্যে প্রাসাদ গড়ে তুলে থাকেন, তাহলে আপনারা খারাপ কিছুই করেননি... কেবল এবার নিজেদের মনকে দৃঢ় করে তুলে সেটার নীচে এক পাক্কা ভিত গড়ে তুলুন!"

■■■

**জীবন সেই সব লোকেদেরই উপহার প্রদান করে...
যাঁরা নিজেদের ওপরে বিশ্বাস বজায় রেখে
নিজেদের সব কাজ সম্পূর্ণ নিষ্ঠার সাথে করেন!**

13

সাবধানে থাকা

আজ পপ্পুর দ্বাদশ শ্রেণীর পরীক্ষার ফলাফল ঘোষিত হবে আর ও এখনও পর্যন্ত নাকে সর্ষের তেল দিয়ে ঘুমোচ্ছে। পুরো বাড়ী জুড়ে টেনশনের পরিবেশের সৃষ্টি হয়ে পড়েছে। পপ্পুর বাবা ভেতরে-ভেতরে চিন্তায় মারা যাচ্ছিলেন... কারণ এর আগেও পপ্পু দ্বাদশ শ্রেণীতে দু-দুবার ফেল করে বাড়ীর লোকেদের ছোটখাটো ঝট্‌কা দিয়েছে। এর কিছুক্ষনের ভেতরেই কম্‌প্যুটার থেকে পরীক্ষার ফলাফল জানা হলে সেটাই সত্য বলে প্রমাণিত হল... যেটার ব্যাপারে পুরো পরিবারের চিন্তা ছিল। পুরো পরিবারের মেহনত আর প্রার্থনাও পাপ্পুর পরীক্ষার ফলাফলের সাথে ফেল করে গিয়েছিল। পপ্পুর বাবা বাঁকে বিহারী জী-র শরীর থেকে যেন কেউ প্রাণই বার করে নিয়েছিল।

এই ফাঁকে পুরো পাড়ার সব থেকে বড় হিতৈষী মুসদ্দী লাল জী ঘুরতে-ঘুরতে সেখানে এসে পৌঁছলেন। পুরো বাড়ীতে ছেয়ে যাওয়া শোকপূর্ণ আবহাওয়া দেখে উনি কয়েক মুহূর্ত তো চুপ করে রইলেন... কিন্তু বেশীক্ষন চুপ করে থাকাটা ওনার স্বভাব-বিরুদ্ধ ছিল। উনি কারও অসুস্থতার খবর নিতে হাসপাতালে গেলে বা কারও শবযাত্রায় অংশ নিলে, সেই সব জায়গাতেও কেউ ওনাকে চুপ করে থাকতে দেখেনি... তাহলে উনি আজ কি করে চুপ করে থাকবেন! ? পরিবেশর গম্ভীরতা অনুভব করে উনি পরিবারের লোকেদের স্বান্তনা দিতে লাগলেন – "বেশী পড়াশোনা করলেই সব কিছু প্রাপ্ত হয় না। সরকারী চাকরী তো আজকাল কেউ পায় না আর প্রাইভেট কোম্পানীগুলো দিন-রাত লোকেদের রক্ত চোষে। আজকাল এমন অনেক কাজ রয়েছে... যেগুলোয় লোকেরা লক্ষ-লক্ষ টাকা কামাচ্ছে।" নিজের অভ্যাস অনুসারে মুসদ্দী লাল জী কেউ না চাইতেই নিজের পরামর্শের ঝাঁপি খুলে বসে পড়লেন।

বাঁকে বিহারী জী, যিনি নিজের ছেলে পপ্পুর পরীক্ষার ফলাফলে একেবারে

ভেঙে পড়েছিলেন... তিনি এবার চোখ তুলে মুসদ্দী লাল জী-র প্রতি তাকাতে বাধ্য হলেন। কিন্তু উনি মুসদ্দী লাল জী-কে চলে যাওয়ার জন্য বলার আগেই পপ্পুর মা গরমাগরম চায়ের কাপ মুসদ্দী লাল জী-র হাতে তুলে দিয়ে বললেন – "দাদা! আমাদের পপ্পুর জন্য এমন কোন্ কাজ হতে পারে... যেটা ও বেশী পড়াশোনা না করেও করতে পারে?" "আরে বৌদি! আপনি যদি দুনিয়ার সব থেকে ধনী ব্যক্তিদের সূচী দেখেন... তাহলে দেখতে পাবেন যে, তাঁদের মধ্যে বেশীর ভাগ লোকই পড়াশোনায় দুর্বল ছিলেন। দুনিয়ার সব থেকে ধনী ব্যক্তি বিল গেটস্... যিনি কম্প্যুটারের সোফ্টওয়্যার ইত্যাদি তৈরী করেন, তাঁকে তো বার-বার ফেল করার জন্য স্কুল থেকে বার করে দেওয়া হয়েছিল। শচীন তেণ্ডুলকর... যিনি আজ কোটি-কোটি টাকার মালিক, তিনি পড়াশোনায় ভালো হলে আজ কোন অফিসে ক্লার্কের চাকরী করতেন।" মুসদ্দী লাল জী চায়ের কাপে চুমুক দিতে-দিতে নিজের কথা বলে চললেন – "বৌদি! এবার আপনি যেন এটা বলে বসবেন না যে, আপনি আমাদের দেশের প্রাক্তণ রাষ্ট্রপতি জ্ঞানী জৈল সিং-য়ের ব্যাপারে কিছুই জানেন না। উনি তো কেবল ক্লাস ফোর পর্যন্তই পড়াশোনা করেছিলেন। তার পরের পড়াশোনা তো ওনার কপালে ছিল না। রাষ্ট্রপতির পদের থেকে উঁচু পদ তো আমাদের দেশে আর কিছু নেই... যেখানে আপনাদের ছেলে পপ্পুকে পৌঁছতে হবে।"

"আমার মাথায় এটা কিছুতেই ঢোকে না যে, আজকালকার মা-বাবারা সব সময় ডাণ্ডা হাতে বাচ্চাদের পেছনে কেন পড়ে থাকে? আরে ভাগ্য বলেও তো কোন একটা জিনিষ আছে, না কি? দুনিয়ার বেশীর ভাগ বৈজ্ঞানিকেরা যা কিছু আবিস্কার করেছেন... সেসব তাঁরা স্কুলে বসে করেননি। এমন কি মহাত্মা বুদ্ধেরও জ্ঞান কোন স্কুল বা কলেজে নয়... বরং এক গাছের নীচে বসেই প্রাপ্ত হয়েছিল। এই কথাটা তো সারা দুনিয়া জানে।" বাঁকে বিহারী জী, যিনি মুসদ্দী লাল জী-র মাথা-মুণ্ডুহীন কথা শুনে ভেতরে-ভেতরে প্রচণ্ড রেগে উঠছিলেন, একটু মুচকি হেসে বললেন – "তা তুমি কি আমাদের পপ্পুকে বিনা পড়াশোনায় বিল গেটস্ বা কোন দেশের রাষ্ট্রপতি বানিয়ে দিতে পারো? আমাদের দেশের শিক্ষিত লোকেরা কি সব বোকা পাঁঠা? সরকার প্রতি বছর কোটি-কোটি টাকা খরচ করে নতুন-নতুন স্কুল-কলেজ কাদের জন্য বানাচ্ছে? বড় অফিসার, ডাক্তার, ইঞ্জিনিয়াররা কি বিনা পড়াশোনা করেই এত উঁচু পদে পৌঁছে যান?"

মুসদ্দী লাল জী বাঁকে বিহারী জী-র কড়া মনোভাব বুঝতে পেরে সেখান থেকে কেটে পড়াটাই নিজের পক্ষে মঙ্গল বুঝতে পারলেন... কারণ ওনার কাছে বাঁকে বিহারী জী-র করা প্রশ্নগুলোর কোন উত্তরই ছিল না। মুসদ্দী লাল জী-র মত লোকেরা চাপলুসী এজন্য করেন... কারণ তাঁরা নিজেরা অযোগ্য হন। এমন লোকেরা তো নিজেদের টাইম পাশ করার জন্য যে কোন ব্যক্তির ভবিষ্যতকে গভীর অন্ধকারে ঠেলে দিয়ে তাঁকে ভ্রমিত করে তুলতে পারেন। তারপর সেই সব ব্যক্তিদের জীবন যত দুঃখময় আর যন্ত্রণাদায়ক হোক্ না কেন... তাতে এমন লোকেদের কি

আসে-যায় ? জলি আঙ্কলের ব্যক্তিগত অভিজ্ঞতা তো এটাই বলে যে, দুই অক্ষরের হয় 'লাক'... আড়াই অক্ষরের হয় 'ভাগ্য' আর তিন অক্ষরের হয় 'নিয়তি' – কিন্তু এই সব কিছুই চার অক্ষরের 'মেহনত'-য়ের থেকে ছোটই হয়। এত কিছু জানার পরে তো যে কেউ এটা মেনে নেবেন যে, জীবনে উন্নতি করার জন্য কড়া মেহনতই সফলতার আসল চাবিকাঠি হয়। এজন্য নিজেদের সম্পূর্ণ মনোযোগ মেহনতে লাগানো আর মুসদ্দী লালের মত লোকেদের থেকে সাবধানে থাকাটাই হচ্ছে বুদ্ধিমত্তার পরিচায়ক !

■■■

কেউ যদি অন্ধের মত আপনার ওপরে বিশ্বাস করেন... তাহলে তাঁর সাথে বিশ্বাসঘাতকতা করে তাঁকে বরাবরের জন্য অন্ধ করে তুলবেন না !

14

ঘুষ মাতা

আজ সকালে মিশ্র জী যখন দুধ আনার জন্য বাড়ী থেকে বার হলেন... তখন ওনার বন্ধু ভোলানাথ বাবু ফিস্‌ফিস্ করে ওনাকে বললেন – "শুনলাম, কাল নাকি তোমার প্রতিবেশীর ছেলে ঘুষ দিতে গিয়ে হাতেনাতে ধরা পড়েছে।" মিশ্র জী হেসে উঠে বললেন – "তুমি তো আমাকে এই কথাটা এমন ভাবে জানাচ্ছ... যেন বাংলাদেশের কেউ সাইকেল রিক্শা চেপে চাঁদে পৌঁছে গেছে ! আরে ভাই ! ঘুষ মাতা তো এখন আমাদের জীবনের এক অভিন্ন অঙ্গ হয়ে উঠেছে... যেটাকে বাদ দিয়ে আজকাল কোন চাকাই ঘোরে না। এমনিতে ও অত্যন্ত দয়ালু স্বভাবের লোক। যদি কখনো-সখনো ও নিজের কোন লেন-দেনের কারণে ধরাও পড়ে যায়... তাহলে ও কিছুটা প্রসাদ অর্থাৎ ঘুষ দিয়ে ছাড়া পেয়ে যায়। ঘুষ মাতা নিজের ভক্তদের সর্বদা একটাই কথা বলেন – "তোমরা খাও-দাও-মজা করো আর বাকী সব কিছু আমার ওপরে ছেড়ে দাও !" ঘুষ মাতার কৃপায় উপার্জন করা ধন-দৌলতের যত প্রশংসাই করা হোক্ না কেন... সেটা কমই হয়। জীবনে সফলতার কোন শিখর ছুঁতে হলে সেই কাজে আসা সকল বাধাকে ঘুষ মাতা নিজের জাদুছড়ির স্পর্শে মুহূর্তের মধ্যে ছু-মন্তর করে দেন। ঘুষ মাতার সাথে দৃষ্টি বিনিময় হতেই কড়া-কড়া অফিসারদেরও মুখে হাসি ফুটে ওঠে আর এক মুহূর্তের মধ্যে তাঁরা সব কাজ ছেড়ে ঘুষ মাতার চরণে চলে আসেন।"

"এখন এতটা তো সবাই জানে যে, ঘুষ মাতার আশীর্বাদে সরকারী অফিসের চাপড়াশী পরসু থেকে পরসা হয়ে পরশ রাম জী হয়ে পড়ে। তা লোকেরা এটাকে ঘুষ বা অন্য যা খুশী নাম দিক না কেন... ঘুষ মাতার আশীর্বাদ পাওয়ামাত্র তোমার প্রতিবেশী থেকে শুরু করে মন্দিরের ভগবান পর্যন্ত তোমাকে 'ধন্না শেঠ'-য়ের মর্যাদা প্রদান করতে শুরু করে দেয়। ঘুষের মোটা উপার্জন থেকে কিছু টাকা আশপাশের

কোন সংস্থাকে দান করলে ব্ল্যাক মানির ওপরে এমন চমকের সৃষ্টি হয়ে পড়ে যে, সকল প্রকারের সামাজিক আর ধার্মিক অনুষ্ঠানগুলোয় ঘুষ মাতার ভক্তদের সবার প্রথমে মালা পরিয়ে স্বাগত জানানো হতে থাকে। ঘুষ মাতার প্রসাদ মিলেমিশে খাওয়ার সব থেকে বড় লাভ এটা হয় যে, জনতা সব কিছু জানা সত্ত্বেও নিজেদের মুখ খোলার বদলে সেই সব লোকেদের 'জী হুজুরী' করে তাদের গায়ে গা লাগানোর জন্য আতুর হয়ে ওঠে।"

"এই ঘুষ প্রথার লেন-দেন কবে আর কে সবার প্রথমে শুরু করেছিল... সেই ব্যাপারে আজ পর্যন্ত না তো কোন অনুসন্ধান করা হয়েছে আর না কেউ অনুসন্ধান করার আবশ্যকতা অনুভব করেছে। সংসারকে জ্ঞান দিতে থাকা লোকেরা একে যতই ভালো-মন্দ বলুক না কেন... কিন্তু এটা ঠিক যে, ঘুষ মাতাই হচ্ছে একমাত্র সাধন... যেটা তোমার সকল কঠিনতা দূর করে তোমার জন্য সকল প্রকারের আরাম আর বিলাসিতার সাধনের ব্যবস্থা করতে পারে। তোমার ছেলে ছুঁচে সুতো পরাতে না জানলেও ঘুষ মাতার আশীর্বাদ প্রাপ্ত হলে তার সরকারী বিভাগে ড্রেস ডিজাইনারের চাকরী পাওয়া কেউ-ই আটকাতে পারবে না।"

"এক দিকে যেখানে সৎ পথে উপার্জন করা অর্থ দিয়ে দু বেলার আহারের ব্যবস্থা করা কঠিন হয়ে ওঠে... সেখানে ঘুষখোরীর জোরে তুমি নিজের বাড়ীর ড্রইং রুম থেকে শুরু করে বাথরুমের পেছনে লক্ষ-লক্ষ টাকা খরচ করে সেগুলোকে আন্তর্জার্তিক স্তরের করে তুলতে পারবে। ব্যবসায়ীদের এটাই বক্তব্য হয় যে, সরকারী বাবুদের ঘুষ দেওয়ার জন্য প্রতিটি জিনিষ বিক্রী করার সময় যদি ওজনে কারচুপি না করা হয়... তাহলে তাদের পরিবারের ভবিষ্যত তো স্বয়ং ভগবানও বাঁচাতে পারবেন না।" অনেকক্ষন ধরে মিশ্র জী-র মুখে ঘুষ মাতার গুণগান শোনার পরে ভোলানাথ বাবু মিশ্র জী-কে বললেন – "তুমি আসলে বলতে কি চাইছ ?" মিশ্র জী বললেন – "আমার বলা-না বলায় কি এসে যায় ? ছোট-ছোট সরকারী বাবু থেকে শুরু করে আমাদের মন্ত্রীরা পর্যন্ত, পদ গ্রহণ করার আগে সততার সাথে কাজ করার শপথ গ্রহণ করেন। কিন্তু আজ প্রতিটি সরকারী বিভাগের বিরুদ্ধে ঘুষখোরী আর ভ্রষ্টাচারের অভিযোগ শুনতে পাওয়া যাচেছ।"

"ঘুষখোরী দ্বারা অর্থ উপার্জন করা লোকেরা এটা কেন চিন্তা করে না যে, বার-বার হাত পাতা ব্যক্তি সারাটা জীবন দীন হয়েই থেকে যায়। এমন লোকেদের কে এটা বোঝাবে যে, ঘুষ দ্বারা অর্থ উপার্জন করার লালসা রাখা ব্যক্তির জীবনে কখনো সুখ প্রাপ্ত হয় না। ঘুষ নিতে থাকা ব্যক্তির এমনটা চিন্তা করা অত্যন্ত বড় ভুল যে, তাঁর এই দু নম্বরী ধান্ধা কারও চোখে পড়ছে না। যতই হোক্ পরমাত্মা অন্ধ তো নন... তিনি সব কিছুই দেখতে পাচেছন। প্রতিটি বুদ্ধিমান ব্যক্তির ঘুষের রূপে প্রাপ্ত উপহার আর উপহার স্বরূপ প্রাপ্ত অন্য বস্তু গ্রহণ করতে অস্বীকার করা উচিত... কারণ এক দিন এই সব লোকেরা আমাদের এমন ভাবে নিজেদের জালে ফাঁসিয়ে

নেয়... ঠিক যেমনটা পক্ষী শিকারী দানার লোভ দেখিয়ে পাখীদের নিজের জালে ফাঁসিয়ে নেয়।" মিশ্র জী-র মুখ থেকে ঘুষ মাতার ব্যাপারে এত কিছু শোনার পরে জলি আঙ্কল ওনার সামনে নতমস্তক হয়ে এমনটা বলছেন – "ঘুষ দ্বারা জীবনে যত অর্থই উপার্জন করা হোক্ না কেন... সৎ পথের উপার্জন হাজার মাণিকের মালায় এক হীরার মত আলাদা ভাবে চমকাতে থাকে!"

■■■

আপনারা যদি এটা জানতে পারেন যে, আপনাদের পরিবারের কোন সদস্য ঘুষ নেন... তাহলে আপনারা তাঁকে প্রতি দিন গঞ্জনা দিতে শুরু করুন... তিনি কিছুদিনের মধ্যেই ঘুষ নেওয়া বন্ধ করে দেবেন!

15

বদলাতে থাকা সম্পর্ক

আমি যখন এই লেখা শুরু করি... তখন আমার এক বন্ধু আমাকে প্রশ্ন করে যে, ইদানিং আমি প্রতিটি সম্পর্কের খারাপ দিকটার ব্যাপারেই কেন লিখি? আমাকে উত্তরে এটাই বলতে হয় – "আজকাল কেউ কি ভালো ভাবে সম্পর্ক বজায় রাখতে জানে?" আমার সেই বন্ধু উত্তর দেয় – "অন্য সব সম্পর্কের ব্যাপারে তো আমি বেশী কিছু বলতে পারব না... কিন্তু মা আর সন্তানের সম্পর্কে তো কোন ভেজাল থাকতেই পারে না।" আমি বললাম – "এটা তুমি লাখ কথার এক কথা বলেছ। 'মা' শুনতে এক ছোট্ট অক্ষর হতে পারে... কিন্তু এর মধ্যে বোধহয় সমুদ্রের থেকেও বেশী গভীরতা থাকে। এই দুনিয়ায় যখন কোন বাচ্চা জন্ম নেয়... তখন সে নিজের মাকে সব থেকে কাছে পায়। মা-ও সকল কঠিনতা হাসি মুখে সহ্য করে নিজের সন্তানের পালন-পোষন করেন। মা আর সন্তানের সম্পর্কের মত আর কোন সম্পর্কই হতে পারে না। এই দুনিয়ায় একমাত্র মায়েরাই এমন হন... যাঁরা নিজেদের গর্ভে সন্তান আসামাত্র তাকে ভালবাসতে শুরু করে দেন। বাচ্চার জন্ম হওয়ার আগেই মা জন্ম নিতে চলা সন্তানের আবশ্যকতা অনুসারে নিজের ওঠা-বসা আর খাওয়া-দাওয়া – সব কিছু বদলে নেন। আর যখন বাচ্চার জন্ম হয়... তখন মা তাকে নিজের চোখের সামনে একটু-একটু করে বড় হয়ে উঠতে দেখে আনন্দে ভরে ওঠেন।"

"প্রতিটি মায়েরই নিজের সন্তানের সাথে যুক্ত এক স্বপ্ন থাকে। তার বড় হয়ে ওঠার স্বপ্ন... তার বিয়ের স্বপ্ন আর তারপর তার সুখী সংসার দেখার স্বপ্ন। সন্তান ছেলে হোক্ বা মেয়ে... মা নিজের সমস্ত খুশীর গলা টিপে মেরে সন্তানের জন্য সুখ সাধনের ব্যবস্থা করেন আর নিজের সন্তানকে সমাজে মাথা উঁচু করে বেঁচে থাকার যোগ্য করে তোলেন। কিন্তু যখন মাতা-পিতার নিজেদের সন্তানের আবশ্যকতা অনুভূত হয়... তখন সন্তান এতটা স্বার্থপর হয়ে ওঠে যে, টাকা-পয়সা কামানোর অন্ধ দৌড়ে মেতে সে নিজের মাতা-পিতাকে অসহায় অবস্থায় ছেড়ে দেয়। কিন্তু মা

তো মা-ই হন। তিনি হাসিমুখে সব কিছু বর্দাস্ত করে নেন। প্রতিটি মায়েরই নিজের সন্তানের প্রতি ভরপুর বাৎসল্য থাকে... কিন্তু আজ সামাজিক মানসিকতার কারণে ছেলের পালন-পোষণ আর তার সাথে যুক্ত মায়ের স্বপ্ন বেশী গুরুত্ব রাখে।"

"ছেলের বিয়ের পরে মায়ের নতুন রূপ সামনে প্রকাশ পায়... সেটা হচেছ তার শাশুড়ীর রূপ – যাতে ছেলেকে নিজের মা আর পত্নীর মধ্যে সামঞ্জস্য বজায় রেখে চলতে হয়। তার ওপরে অধিকার প্রয়োগ করতে থাকা ব্যক্তির সংখ্যাও বেড়ে ওঠে। প্রতিটি মা-ই, নিজের ছেলের বিয়ে দেওয়ার আগে এমনটা ভাবেন যে, ঘরে বৌ এলে তাঁর জীবনে আরামই আরাম হবে। ছেলের বৌ ওনার খু-উ-ব সেবা-যত্ন করবে... উনি সংসারের কাজকর্ম থেকে ছুটী নিয়ে নিজের সারাটা সময় নিজের ইচ্ছামতন কাটাতে পারবেন। কিন্তু বদলাতে থাকা পরিস্থিতি ছেলের বৌকেও ছেলের মতই বাড়ীর বাইরে গিয়ে পয়সা রোজগার করে আনতে বাধ্য করে তুলেছে। এই সব দেখে মায়ের স্বপ্ন ভেঙে চুর-চুর হয়ে পড়তে থাকে।"

"ছেলের বৌ-য়ের রোজ সকালে সেজেগুজে অফিস যাওয়া আর সন্ধ্যায় তার ক্লান্ত মুখটা দেখে শাশুড়ী মায়ের অস্থির হয়ে ওঠাটা অত্যন্ত স্বাভাবিক। কোথায় শাশুড়ী মা ছেলের বৌকে দিয়ে নিজের সেবা-যত্ন করানোর স্বপ্ন দেখছিলেন আর এখন সব কিছু উল্টো হচেছ। এই পরিবর্তিত পরিস্থিতি কি সত্যি-সত্যি মায়ের রূপকে বদলে দিয়েছে ? আজকের যুগের জীবন কি মা আর সন্তানের হৃদয়ে পার্থক্যের সৃষ্টি করে দিয়েছে ? কাল পর্যন্ত যে মা নিজের সন্তানের জন্য হাসি মুখে সব কিছু করতে প্রস্তুত হয়ে থাকতেন... আজ মায়ের সেই হৃদয়ের সব স্বপ্ন ভেঙে যেতে বসেছে। মা তো নিজের ছেলেকে মানুষ করে বড় করে তোলেন... তার জীবনকে সফল করে তোলেন আর সেই ছেলেই বড় হয়ে মায়ের দায়িত্ব নিতে অস্বীকার করে দেয়। মায়ের বার্ধক্য তার কাছে এক বোঝার মত লাগতে থাকে। এখন প্রশ্ন এটা ওঠে যে, এই সব গম্ভীর বিষয়গুলোর মূল হিসেবে কাকে মানা উচিত – আত্মসম্মানকে, না কি বদলাতে থাকা সময়ের রংকে ?"

"পরিবারে ছোট-ছোট ব্যাপারকে কেন্দ্র করে একে-অপরকে হেয় করা, নিজেকে অন্যদের থেকে বেশী যোগ্য মনে করাই বোধহয় সকল ঝগড়া-ফ্যাসাদের মূল হয়। আমাদের সমাজে মা-কে কোন দেবীর থেকে কম সম্মান দেওয়া হয় না। যদি মায়ের এই ছবিকে বজায় রাখতে হয়... তাহলে মায়েদেরও জীবনে নিজেদের কিছুটা ওপরের দিকে তুলে ধরার আবশ্যকতা রয়েছে। মায়েদের কেবলমাত্র নিজেদের স্বার্থ না দেখে আরও কিছুটা ত্যাগের ভাবনা প্রকাশ করতে হবে। পরিবারে বাচচাদের হাল্কা-ফুল্কা ঝগড়াকে আরও এগিয়ে নিয়ে চলার পরিবর্তে প্রেমপূর্ণ ভাবে সেটার সমাধান করার মধ্যেই মায়েদের মহানতা লুকিয়ে রয়েছে। মা যদি খুশী-খুশী ছেলের বিয়ে দিয়ে ছেলের বৌকে নিজের মেয়ে হিসেবে মেনে বাড়ীতে নিয়ে আসেন... তাহলে ছেলের বৌকে তার কর্তব্য বোঝানোর সাথে-সাথে তাকে তার অধিকারও প্রদান করা উচিত।" জলি আজ্কাল এমনটা বিশ্বাস করেন যে, প্রতিটি ব্যক্তিরই

এতটা অবশ্যই মনে রাখা উচিত যে, ভালো মানুষেরা কেবলমাত্র তাঁদের নিজেদের কর্মের দ্বারাই পরিচিত হন... কারণ ভালো-ভালো কথা তো খারাপ লোকেরাও বলে থাকেন। এজন্য বদলাতে থাকা সম্পর্কের সাথে যদি আপনারা নিজেদের কর্মের কিছুটা সামঞ্জস্য স্হাপন করে নিতে পারেন... তাহলে যে কোন পরিবারই স্বর্গ হয়ে উঠতে পারে!

■■■

জীবনে ব্যক্তি কোন জিনিষের সত্যিকারের মূল্য কেবল দুটি পরিস্হিতিতেই বুঝতে পারে – সেটা প্রাপ্ত করার আগে আর সেটা হারানোর পরে!

16

জয় বোলো বেইমান কী

এক বার গপ্পু নিজের মা-বাবার সাথে ফিল্ম দিখতে গেল। ফিল্মে নায়ক-নায়িকা পতি-পত্নীর মত ঝগড়া করছিল। গপ্পু জোরে চেঁচিয়ে উঠল – "মা-বাবা! এই দুই বেইমান তো একেবারে তোমাদের নকল করছে।" গপ্পুর বাবা বললেন – "বাবা গপ্পু! এরা বেইমান নয়। এই বেচারারা তো কেবল এ্যাক্টিং করছে আর ওরা এই সব কিছু করার জন্য টাকা পায়।" গপ্পু বলল – "এরা যদি বেইমান না হয়... তাহলে আসল বেইমান কারা?" ওর বাবা ওকে বললেন – "বেইমান নামক জন্তু দুনিয়ার প্রায় সকল অংশেই দেখতে পাওয়া যায়। আমাদের দেশের প্রায় প্রতিটি রাজ্যে এদের অধিক সংখ্যায় দেখতে পাওয়া যায়। যে কোন জীব-জন্তু যদি কোন ভালো পরিবেশে ভালো খাবার পায়... তাহলে সেই জায়গাটা তাদের অত্যন্ত প্রিয় হয়ে ওঠে। এজন্যই হয়তো ভারত এদের সব থেকে প্রিয় ঠিকানা হয়ে উঠেছে। এখানকার বেশীর ভাগ সরল-সাধাসিধে লোকেরা আজও সামনের ব্যক্তির মুখের কথায় সহজেই বিশ্বাস করে নেয়। আর তাদের এই দুর্বলতার লাভ বেইমান নামক জন্তুদের সব থেকে বেশী মাত্রায় প্রাপ্ত হয়।"

"আজকাল এই প্রজাতি আমাদের দেশের বড় শহরগুলোয় অত্যন্ত বেশী মাত্রায় দেখতে পাওয়া যাচ্ছে। আমাদের দেশে রাজ্যের সংখ্যা অনেক... যেসব জায়গার পরিবেশ, খাওয়া-দাওয়া – সব কিছুই একে-অপরের থেকে একেবারে আলাদা। এই কারণে এই সব লোকেদের রং-ঢং তো অনেক বার দেখতে আলাদা লাগে... কিন্তু প্রাথমিক গুণ সবার মধ্যে একই থাকে। এদের সবারই উদ্দেশ্য হয় সরল-সাধাসিধে লোকেদের নিজেদের মিষ্টি-মিষ্টি কথায় ভুলিয়ে নিজেদের প্রতি আকৃষ্ট করা। ভারতে এদের সফল হওয়ার একটা মুখ্য কারণ হচ্ছে 'ডিমাণ্ড এ্যাণ্ড সাপ্লাই সিদ্ধান্ত'। আমাদের দেশে জনসংখ্যা বেশী হওয়ার কারণে সব জিনিষেরই চাহিদা অত্যন্ত বেশী হয়... কিন্তু সরকারের কাজ করার বহু যুগ পুরোন পদ্ধতি আর উল্টো-পাল্টা আইনের কারণে সেই চাহিদার পূরণ হতে পারে না। প্রতিটি সরকারী কাজ শেষ হতে প্রয়োজনের থেকে বেশী সময় লাগা, এদের কাজকে আরও সহজ করে তোলে। কয়েক মাসের কাজ কয়েক দিন আর কয়েক ঘন্টায় শেষ করার মিথ্যা প্রতিশ্রুতি দিয়ে এরা নিজেদের শিকারকে সহজেই

নিজেদের জালে ফাঁসিয়ে নেয়।"

বাচ্চাকে কোন স্কুলে এ্যাডমিশন করানোর সমস্যা হোক্... রেশন কার্ড, ড্রাইভিং লাইসেন্স বা পাশপোর্ট বানানোর সমস্যা হোক্... গ্যাসের কানেকশন নেওয়ার সমস্যা হোক্ বা বাড়ীর কোন সমস্যা হোক্ – এমন লোকেদের কাছে সেই সব কাজ করানোর জন্য আলাদীনের প্রদীপ সর্বদাই প্রস্তুত থাকে। এই জন্তুদের বাকী সব জায়গার সাথে-সাথে রাজনৈতিক নেতাদের আশপাশে, সরকারী অফিস আর কোর্ট-কাছারীর বাইরে সকাল থেকেই দেখতে পাওয়া যায়। নিজেদের শিকারকে এরা অনেক দূর থেকে চিনে নেয় আর এরা নিজেদের শিকারকে এমন ভাবে স্বাগত জানায়, যেন তাদের থেকে বেশী আপন এদের এই দুনিয়ায় আর কেউ নেই। আপনাদের পুরো কথা শোনার আগেই এরা সেটার হাজার সমাধান আপনাদের সামনে পেশ করে দেবে। এমন পরিস্থিতিতে এদের শিকারও এদের কথায় প্রভাবিত হয়ে উঠে নিজেদের পকেট হাল্কা করতে বাধ্য হয়ে ওঠে। এমন লোকেরা সাধারণ লোকেদের তো 'বুদ্ধু' বানায়-ই... চার্লস শোভরাজ, নটবর লালের মত বেইমানরা ভারতের সব থেকে জেলের অফিসারদেরও বেশ কয়েক বার 'বুদ্ধু' বানিয়ে নিজেদের খেল্ দেখিয়েছে।"

"সাধারণ জনতার পক্ষে এদের চিনে নেওয়া অত্যন্ত মুশ্কিল কাজ হয়। এরা বিভিন্ন রং-রূপে আমাদের চার পাশে ঘুরে বেড়াতে থাকে। কখনো কোন কোম্পানীর এজেন্ট... তো কখনো রাজনৈতিক নেতা বা অভিনেতাদের ঘনিস্ট আত্মীয় আর এখন তো এই সব বেইমানদের কিছু প্রজাতিকে সাধু-সন্ত আর জ্যোতিষীদের রূপেও দেখতে পাওয়া যাচ্ছে। এরা নিজেদের আশীর্বাদ আর কিছু সাধারণ পাথর সোনার দামে বেচে আপনাদের বরাবরের মত কষ্টের হাত থেকে মুক্তি প্রদান করার দাবী জানায়... তা তাদের নিজেদের জীবন নাটকীয় ঢং-য়ে কাটলেও।"

"বেইমান প্রজাতির এই সব জন্তুরা যে সত্যিই অত্যন্ত চালাক হয়... এমনটা নয়। এরা আমাদের আত্মবিশ্বাসের অভাব, অন্ধবিশ্বাস আর কোন কাজ নিজে না করার দুর্বলতার অনৈতিক লাভ উঠিয়ে আমাদের বোকা বানায়... কারণ আমরা ঘরে বসেই সব কিছু হাতের কাছে পেতে চাই – যার বিনিময়ে আমরা নিজেদের কষ্টার্জিত উপার্জনের এক মোটা অংশ বার করে এই সব বেইমানদের ঝোলায় ঢেলে দিই। যতদিন না আমরা নিজেদের সামলানোর চেষ্টা করব... ততদিন পর্যন্ত এমন বেইমানদের জয়-জয়কার হতেই থাকবে। এজন্যই জলি আঙ্কল বলেন – "জয় বোলো বেইমান কী!"

■■■

দুনিয়া বদলানোর সূত্রপাত আমাদের সেই মুখের দ্বারা করা উচিত... যেটা আমরা আয়নায় দেখতে পাই!

17

সংযুক্ত পরিবার

এক ভদ্রলোক নিজের পরিবারের সাথে দিল্লী থেকে পাঞ্জাবের দিকে যাচিছলেন। কিছু দূর সফর করার পরে সকলেই ক্লান্তি অনুভব করতে লাগলেন। সেই ভদ্রলোক সবার ক্লান্তি দূর করার জন্য মজা করে তাঁদের বললেন – "আজকাল তো বিয়ের সময় নববধূ সবার সামনে নিজের স্বামীর উদ্দেশ্যে বলে – "তুমি আমার প্রাণনাথ আর আমি তোমার চরণের দাসী!" কিন্তু বিয়ের পরে কিছু সময় কাটতেই পরিস্থিতি এমন হয়ে ওঠে যে, পতি বেচারা 'চরণদাস' হয়ে রয়ে যায় আর পত্নী তার প্রাণের 'প্যাসী' হয়ে ওঠে।" ওনার কথা শুনে সবাই হেসে উঠল আর তখনই সেই ব্যক্তির নজর রাস্তার ধারে এক ঢাবার ওপরে গিয়ে পড়ল... যেখানে তন্দুরে গরমাগরম রুটী বানানো হচিছল। এই দেখে সেই ব্যক্তির নিজের ছোটবেলার কথা মনে পড়ে গেল। ওনার ছোটবেলায় লোকেরা উনুন আর স্টোভ জ্বেলে রান্না-বান্নার কাজ করত। সন্ধ্যায় পাড়ার কয়েকটা পরিবার এক সাথে মিলে রুটী বানাত। পরিবারের মহিলা আর বাচচারা সন্ধ্যা থেকেই এক জায়গায় একত্রিত হয়ে আড্ডায় মেতে উঠত। ওদিকে পরিবারের বয়স্ক সদস্য আর পুরুষেরা মিলে কলোনী আর সমাজের সমস্যার ওপরে আলাপ-আলোচনা করত।

ঢাবায় খাবার খেতে-খেতে সেই ব্যক্তি এমনটা চিন্তা করতে লাগলেন যে, সেই সময়টা কত ভালো ছিল... যখন পুরো পরিবার এক সাথে মিলে-মিশে থাকত। আর আজ প্রত্যেকে নিজের পরিবারের থেকে আলাদা হয়ে জীবন কাটাতে লেগেছে। এই সব লোকেদের প্রশ্ন করতে ইচেছ হয় যে, একাকী জীবন কাটানো কোন জীবন না কি? সব সময় এক শূণ্যতা যেন গিলে খেতে আসে। সেই ব্যক্তি কি উপার্জন করছেন... কি খাচেছন... কখন বাড়ী ফেরেন – এসব প্রশ্ন করার কেউ নেই। এমন কি নিজের সুখ-দুঃখের কথাও একাকী জীবন কাটাতে থাকা ব্যক্তি কারও সাথে ভাগ করে নিতে পারেন না। পরিবারে এক সদস্য বেড়ে উঠতেই সমস্ত দিনচর্যা বদলে যায়... কিন্তু তার সাথে-সাথে দায়িত্বের বোঝাও বেড়ে ওঠে। কিছু লোক তো পরিবারের ছোট সদস্যদের ভালো সংস্কার প্রদান করে তাদের এক ভালো নাগরিক হিসেবে গড়ে তোলার প্রাণপন প্রচেস্টা চালান... কিন্তু অন্য দিকে কিছু স্বার্থপর ব্যক্তি সারাটা জীবন নিজেদের লোভের মধ্যেই নিজেদের জড়িয়ে রাখেন।

পরিবারকে ঠিক কোন মালার মত এক সাথে যুক্ত করে রাখায় পরিবারের সকল সদস্যদের গুরুত্বপূর্ণ ভূমিকা থাকে। যেখানে পরিবারের ছোট সদস্যদের বড়দের সম্মান করা উচিত... সেখানে পরিবারের বড় সদস্যদের ছোটদের সব কথা মনোযোগ সহকারে শোনা উচিত। কোন জিনিষকে মানা বা না মানা আলাদা ব্যাপার হয়... কিন্তু অন্যদের কথা না শুনে তাকে বকাবকি করে চুপ করিয়ে দিলে পরিবারের সদস্যদের মধ্যে এক প্রকারের আক্রোশের সৃষ্টি হতে থাকে। যদি প্রেশার কুকার থেকে মাঝে-মাঝে স্টীম বার করা না হয়... তাহলে সেটা ফেটে পড়ার ভয় থাকে। আজকাল বেশীর ভাগ পরিবারে কোন বিষয়ের ওপরে খোলাখুলি আলাপ-আলোচনা না হওয়ার কারণেই পারিবারিক অশান্তির সৃষ্টি হয়।

এক দিকে যেমন বিজ্ঞানের উন্নতি আমাদের জীবনকে সুখময় করে তুলেছে... অন্য দিকে সংযুক্ত পরিবারের প্রথা শেষ করতেও বিজ্ঞানের বিরাট বড় অবদান রয়েছে। আজকের যুবা প্রজন্ম নিজেদের নিয়ে এত বেশী মত্ত হয়ে উঠেছে যে, যতক্ষন না তাদের টাকা-পয়সা বা অন্য কোন জিনিষের আবশ্যকতা হচেছ... তারা পরিবারের অন্য সদস্যদের সাথে কথা বলারও প্রয়োজনীয়তা অনুভব করে না। আমাদের বাচচারা এটা ভুলে গেছে যে, পরিবারের প্রতিটি সদস্য একে-অপরের পূরক হয় আর সংযুক্ত পরিবারে সমস্যা কম হয় এবং জীবন আরও বেশী আনন্দে ভরে ওঠে।

আমেরিকা দুনিয়ার সব থেকে উন্নতিশীল আর শক্তিশালী দেশ হওয়া সত্ত্বেও তারা পারিবারিক মূল্যবোধের ক্ষেত্রে ভারতের থেকে পেছিয়ে রয়েছে। তাদের নিজেদের পরিসংখ্যান অনুসারে সেখানে লোকেরা নিজেদের দাম্পত্য জীবন গড়পড়তা 4 থেকে 10 বছর পর্যন্তই কাটাতে পারেন... ফলস্বরূপ সেখানে ডিভোর্সের সংখ্যা সব থেকে বেশী হয়। গত কয়েক বছর ধরে আমাদের দেশেও পাশ্চাত্য দেশগুলোর এই প্রকারের গ্রহণ দেখতে পাওয়া যাচেছ। নতুন প্রজন্মের মধ্যে ধৈর্য্যের অভাব পরিলক্ষিত হচেছ। পরিবারের সদস্যদের সাথে সময় কাটানো তাদের কাছে এক বোঝার মত মনে হয় আর মৌজ-মস্তির নামে স্বাধীনতা তাদের বেশী পছন্দ হয়।

বর্তমান যুগে এই কাজটা কিছুটা মুশ্কিল হলেও অসম্ভব নয় যে, আমরা উঁচু-নীচু, ধনী-গরীব, জাত-পাত আর অন্য আর সব ছোট-ছোট ভেদ-ভাব মিটিয়ে আবার এক বার সংযুক্ত পরিবার প্রথা শুরু করার চেস্টা করব। জলি আঙ্কল এই চিন্তা করে অস্হির হয়ে উঠেছেন যে, লোকেরা যদি সুরার আড্ডায় সকল ভেদ-ভাব ভুলে গিয়ে নিজেদের খুশী আর দুঃখ পরস্পরের সাথে ভাগ করে নিতে পারেন... তাহলে সকল বুদ্ধিজীবিরা এক সাথে মিলে এক সংগঠিত সমাজের নির্মাণ কেন করে উঠতে পারেন না ?

■■■

শক্তির প্রয়োগ দ্বারা ব্যক্তিকে ঝোঁকানো যেতে পারে... মনকে নয়। মনকে ঝোঁকাতে হলে প্রেমের প্রয়োগ করতে শিখুন।

18

অভিনেতা

এক বাচ্চা স্কুল থেকে বাড়ী ফিরে এসে নিজের বাবাকে বলল যে, তাদের স্কুলে এক নাটক অভিনয়ের প্রস্তুতি নেওয়া হচ্ছে আর সেই নাটকে তাকে এক পতির চরিত্রে অভিনয় করার জন্য নির্বাচিত করা হয়েছে। বাচ্চাটার বাবা এই শুনে বললেন – "বাহ! খুবই ভালো কথা।" "কিসের ভালো কথা! পুরো নাটকে বলার জন্য আমাকে একটাও ডায়ালোগ দেওয়া হয়নি।" বাচ্চাটা জবাব দিল। ওর বাবা ওকে বোঝালেন – "তুমি এই ভাবেই অভিনয় করে চলো... কিছু দিন পরে ডায়ালোগ বলা চরিত্রও তুমি পেয়ে যাবে।" বাচ্চাটা বলল – "আমিও টি.ভি. বা সিনেমায় অভিনয় করতে চাই।" ওর বাবা ওকে বললেন – "আজকাল প্রায়ই বড়-বড় কোম্পানীগুলো সংবাদপত্র আর টি.ভি.-তে বিজ্ঞাপন দিয়ে অভিনেতাদের জন্য বেশ কয়েক প্রকারের প্রতিযোগিতার আয়োজন করে। তারপর অভিনেতাদের 'শাহনশাহ', 'বাদশাহ' বা 'ড্রীমগার্ল' উপাধিতে ভূষিত করা হয়। এক দিকে যেমন যুবা অভিনেতাদের কাছে এই কাজটা অত্যন্ত সহজ বলেই মনে হয়... অন্য দিকে তাদের নং 1 হয়ে থাকার জন্য দিন-রাত কঠোর মেহনত করতে হয়। এই সব অভিনেতাদের দ্বারা অভিনীত ফিল্ম আর টি.ভি. সিরীয়াল দেখে সাধারণ লোকেরা এত বেশী প্রভাবিত হয়ে ওঠেন যে, আজ সমাজে বেশীর ভাগ লোক প্রতিটি জিনিষকে বাড়িয়ে-চড়িয়ে আর সত্যের থেকে দূরে সরে এসে কৃত্রিম প্রদর্শনেই বিশ্বাস করতে লেগেছেন। এই ব্যাপারে আমাদের সমাজের নেতা, বাচ্চা আর মহিলারাও পেছিয়ে নেই। তাঁদের অভিনয়ের সামনে তো বড়-বড় অভিনেতারাও ফেল করে যান।"

"এক বার আমাকে এক জরুরী কাজে এক নেতার বাড়ী যাওয়ার সুযোগ প্রাপ্ত হয়েছিল। আমি সেখানে গিয়ে সবেমাত্র বসেছি... এমন সময় ওনার এক আত্মীয়ের ফোন এল যে, পা পিছলে যাওয়ার তাঁর পায়ের হাড় ভেঙে গেছে আর উনি নেতা জী-কে ওনার চিকিৎসার জন্য কোন ভালো হাসপাতালে সুপারিশ করার জন্য

অনুরোধ জানাচ্ছিলেন। নেতা জী ফোনে এমন একটা ভাব দেখালেন, যেন ওনার নিজের পায়ের হাড় ভেঙে গেছে। ফোনে ধরা গলায় উনি বললেন – "তোমার এই খবর শুনে তো আমার শরীরের এক কিলো রক্ত শুকিয়ে গেছে।" উনি ফোনে কথা বলছিলেন... এমন সময় অন্য ফোনের ঘন্টি বেজে উঠল আর সেই ফোনে ওনার অন্য কোন আত্মীয় নেতা জী-কে ওনার পরিবারে পুত্র সন্তান জন্মানোর খবর দিলেন। এক মিনিট আগে পর্যন্ত গম্ভীর হয়ে থাকা নেতা জী হঠাৎই অত্যন্ত প্রসন্ন হয়ে উঠে বললেন – "তোমার এই খবর শুনে তো আমার শরীরে এক কিলো রক্ত বেড়ে উঠেছে।" এই ধরণের অভিনয় তো হয়তো আমাদের সুপার স্টার অমিতাভ বচ্চন আর শাহরুখ খানও করতে পারবেন না।"

"অভিনয় দক্ষতা দেখানোয় আমাদের পরিবারের বাচ্চা আর বড়রাও কারও থেকে কোন অংশে কম যান না। কোন বাচ্চা যদি বাড়ীতে খেলতে-খেলতে পড়ে যায়... তাহলে কাঁদার আগে সে এক বার এদিক-ওদিক দেখবে। তার মা বা বাবা যদি সেটা দেখে থাকেন... তাহলে সে জোরে-জোরে কাঁদতে শুরু করে দেয় আর কেউ না দেখলে সে চুপচাপ উঠে দাঁড়িয়ে আবার এক বার আগের মত খেলতে শুরু করে দেয়। এই জিনিষটা আমাদের পরিবারের বড়দের ক্ষেত্রেও প্রযোজ্য হয়। সারা দিন তো তাঁরা আরামে খাবার খেয়ে, টি.ভি. ধারাবাহিকগুলোর মজা উপভোগ করতে থাকেন... কিন্তু ভুল করেও যদি কেউ তাঁদের শরীরের ব্যাপারে খোঁজ-খবর নিতে আসেন, তাহলে তাঁরা এক মিনিটের মধ্যেই এত বেশী দুঃখ-কষ্টের কাহিনী শুনিয়ে দেবেন... যাতে সামনের ব্যক্তির এমনটা মনে হবে যে, তাঁদের থেকে বেশী দুঃখী এই দুনিয়ায় আর কেউ নেই। এনাদের অভিনয় দক্ষতা দেখে ভালো-ভালো অভিনেতারাও চমকে উঠবেন। সরকারী বাবু আর অন্যান্য অফিসগুলোয় কাজ করতে থাকা কর্মচারীরাও ছুটী নেওয়ার জন্য সকল প্রকারের অভিনয়ে অত্যন্ত দক্ষ হন। বাচ্চা আর বড়দের নমুনা তো ওপরেই দেওয়া হল। এই সব লোকেদের অভিনয় দেখে তো এটাই মনে হয় যে, ফিল্ম আর টি.ভি. অভিনেতাদের এখনও এনাদের থেকে অনেক কিছু শেখা বাকী রয়েছে। আমাদের দোকানদার ভাইয়েরা... তা তিনি ফুটপাথের দোকানদার হোন্ বা বড় কোন শো-রুমের মালিক – নিজেদের অভিনয় দক্ষতার জোরে খারাপ মাল খরিদ্দারদের গছিয়ে তাঁদের পকেট কেটে নেন আর কেউ কিছুই জানতে পারেন না।"

"আমরা সব সময় অভিনয়ের ব্যাপারে এত বেশী অভ্যস্ত হয়ে উঠেছি যে, আমাদের এই অভ্যাস মন্দির, গুরুদ্বারা এবং অন্যান্য ধার্মিক স্থানগুলোতেও আমাদের সঙ্গ ত্যাগ করে না। আজকাল তো কিছু লোক মন্দিরে 5 টাকার প্রসাদ চড়িয়ে ভগবানের থেকে 5 লক্ষ টাকার গাড়ী চাইতে থাকেন। কখনো দানে কিছু টাকা দিতে হলে এমন লোকেদের প্রচেষ্টা এটাই থাকে যে, তাঁদের এই দান করার খবর যেন বেশী সম্ভব লোকেদের কাছ পর্যন্ত পৌঁছয়। তাঁদের এই দান করার খবর যেন দূর-দূরান্ত পর্যন্ত ছড়িয়ে পড়ে আর সেই ব্যাপারে যেন দীর্ঘ সময় পর্যন্ত লোকেদের মধ্যে আলোচনা হতে থাকে। আমরা অভিনয়ের মধ্যে এতটাই ডুবে গেছি যে, আমরা

সমাজের সাথে-সাথে নিজেদের আত্মীয়-পরিজনদের সাথেও ছলনা করতে ছাড়ি না। প্রতিটি মুহূর্তে রং বদলে আমরা না জানি কেন এটাই প্রমাণ করার জন্য উঠে-পড়ে লাগি যে, আমিই হচ্ছি সব থেকে বড় অভিনেতা। অভিনয় দক্ষতার এত নমুনা দেখার পর জলি আঙ্কল এটাই চিন্তা করছেন – "এই দুনিয়ায় সত্য-মিথ্যা লোকেদের সংখ্যা কম আর অভিনেতাদের সংখ্যা বেশী... যাঁরা সময়ের হিসেবে মিথ্যা বা সত্যিকারের মনুষ্যের রূপ ধারণ করে নেন!"

■■■

ভুল বোঝাবুঝির শিকার হয়ে কখনো ভালো সম্পর্ককে নষ্ট করে ফেলবেন না!

19

উত্তরাধিকার

এক বার এক বাচ্চা নিজের দাদুকে প্রশ্ন করল – "আচ্ছা দাদু ! পরিবার নিয়ন্ত্রণ কাকে বলে ?" দাদু বাচ্চাটাকে বকে উঠে বললেন – "যা, পালা এখান থেকে। আমি জানি না।" বাচ্চাটা বলল – "আমি আগে থেকেই এটা জানতাম যে, আপনি পরিবার নিয়ন্ত্রণের ব্যাপারে কিছুই জানেন না। জানলে আজ আমাদের পরিবার 15 ভাগে ভাগ হয়ে পড়ত না।" বিজ্ঞানের এই যুগ সাধারণ লোকেদের বেঁচে থাকার রং-ঢং পাল্টে দিয়েছে। আজকাল ছোটরা প্রতিটি জিনিষ বড়দের থেকে বেশী করে জানতে লেগেছে। কম্‌প্যুটার, মোবাইল ফোন, রাস্তা দিয়ে তীব্র গতিতে ছুটে চলা চমকালো গাড়ী আজ আমাদের জীবনের এক অভিন্ন অঙ্গ হয়ে উঠেছে। এক মাসের কাজ কয়েক দিনে আর এক দিনের কাজ কয়েক ঘন্টা আর কয়েক মিনিটের মধ্যে হতে লেগেছে। আজ এক সাফাই কর্মচারীও নিজের মোবাইল ফোনের মাধ্যমে দুনিয়ার যে কোন প্রান্তে বসে নিজের পরিবারের লোকেদের সাথে কথা বলতে পারে। সকল প্রকারের সুখ-সুবিধা থাকা সত্ত্বেও প্রতিটি ব্যক্তি কিন্তু আগের থেকে অনেক বেশী অস্হির আর দুঃখী হয়ে উঠেছে। আমরা নিজেদের মনের স্বস্তি আর সুখ-শান্তি হারিয়ে ফেলতে বসেছি। এমনটা কেন হচ্ছে ?

কাল পর্যন্ত যে জমি কয়েক হাজার টাকা মূল্যের ছিল... সেটাই আজ লক্ষ-কোটি টাকায় পৌঁছে গেছে। যেমন-যেমন ব্যক্তির কাছে ধন-দৌলত বেড়ে চলেছে... তার মানসিকতা বা এমনটাও বলতে পারেন, ধন-দৌলতের প্রতি তার লোভ বেড়ে চলেছে। সমাজ-কল্যাণের ব্যাপারে ভাবনা-চিন্তা করা তো দূরের কথা... নিজেদের মাতা-পিতার সেবা করতেও এখন আমাদের কস্ট হচ্ছে। নিজেদেরই বাড়ীর এক কোনায় পড়ে থাকার জন্য পরিবারের বড়দের অনেক বার পুলিশ আর আদালতের আশ্রয় গ্রহণ করতে হচ্ছে। পরিসংখ্যান এটা জানাচ্ছে যে, দুনিয়ার সব থেকে শক্তিশালী আর ধনী দেশ আমেরিকার প্রতি দশজন নাগরিকের মধ্যে একজন মানসিক রূপে অসুস্হ... যাঁদের মধ্যে বেশীর ভাগ পাগল হয়ে যেতে বসেছেন। আমেরিকায় আত্মহত্যা করতে থাকা লোকেদের পরিসংখ্যানও অনেকটা এমনটাই জানাচ্ছে।

আমরা প্রতিটি ভালো কাজের কৃতিত্ব নিজেরা নিতে চাই আর ভুল কিছু হলে সেটার জন্য সব দোষ ভগবানের ওপরে চাপিয়ে দিই। যখন কি সত্য হচ্ছে এটা যে, আমাদের মন প্রতিটি ভালো আর খারাপ কাজের বিশ্লেষণ করে কোন খারাপ কাজ করার আগে আমাদের সতর্ক করে দেয়... কিন্তু আমরা নিষেধাত্মক মতামতকে দ্রুত স্বীকার করে নিই আর নিজেদের অন্তরাত্মার আওয়াজকে উপেক্ষা করে দিই। আজকের এই দ্রুত ছুটে চলা জীবনে ধর্মের ব্যাপারে আলোচনা করাটা যুবা প্রজন্মের কাছে সময়ের ববদী করা মনে হয়। আমরা নিজেদের পূর্বপুরুষদের থেকে প্রাপ্ত উচ্চ সংস্কারগুলোকে পরবর্তী প্রজন্ম পর্যন্ত পৌঁছে দেওয়া তো দূরের কথা... নিজেরাও সেগুলো গ্রহণ করতে কঠিনতা অনুভব করি।

আমরা নিজেদের বাচ্চাদের সুখের জন্য লক্ষ-কোটি টাকা একত্রিত করছি... যাতে ভবিষ্যতে তাদের কোন প্রকারের কোন কষ্ট না হয়। কিন্তু আপনারা যদি সত্যি-সত্যি তাদের জীবনকে সুখী করে তুলতে চান... তাহলে তাদের হাতে গাড়ীর চাবি তুলে না দিয়ে তাদের ভালো সংস্কার প্রদান করুন। এই ভালো সংস্কার তাদের সৎ পথ দেখাবে আর আপনাদের উদ্দেশ্যও সফল হয়ে উঠবে... অন্যথা যেসব বাচ্চারা ছোটবেলায় আপনাদের পোশাক ভিজিয়ে দিয়েছিল... তাদের জন্য বার্ধক্যে সব সময় আপনাদের চোখ ভিজে উঠতে থাকবে। তাদেরকে জমি-জায়গা, টাকা-পয়সার সাথে পারিবারিক মূল্যবোধের সাথে পরিচিত করে তুলতে হবে। তাদের এটা বোঝাতে হবে যে, পরিস্কার-পরিচ্ছন্ন আচরণের সাথে বেঁচে থাকার জন্য ধর্মকে সর্বদা মনে রাখা উচিত। নিজের স্বভাবে মিস্ট বচনের অভ্যাস করা উচিত... এর দ্বারা যে কোন ব্যক্তিরই হৃদয় জয় করা যেতে পারে। নিজের চোখ আর কান সর্বদা খুলে রাখা উচিত। যতটা সম্ভব নিষোধাত্মক জিনিষকে গুরুত্ব না দিয়ে কেবল নিজের বাস্তবিক, নির্ণায়ক জিনিষগুলোকেই জীবনে গ্রহণ করা উচিত। এক সভ্য নাগরিকের মত আইনের সম্মান করা উচিত। উন্নতির চোখ ধাঁধানো চমকের কারণে লোকেরা চরিত্র নির্মাণের গুরুত্ব একেবারে ভুলে গেছে। সুখময় জীবন কাটানোর জন্য জীবনে ভগবান যা কিছু আমাদের প্রদান করেছেন... আমাদের তাতেই তৃপ্ত আর সন্তুস্ট থাকাটা অত্যন্ত জরুরী হয়। এটা ছাড়া আমরা একটা দিনও শান্তিতে কাটাতে পারব না। যতটা সম্ভব ফালতু জিনিষের বোঝা ওঠাবেন না।

চরিত্র নির্মাণ দ্বারাই জীবনে সত্যিকারের সুখ, শান্তি আর সমৃদ্ধি আসতে পারে। আমরা জীবনের দৌড়ে ছুটে চলে অন্ধকার পথে হারিয়ে যাওয়ার আগে, আমাদের নিজেদের সন্তানদের ভবিষ্যতকে সুরক্ষিত করে তুলে... তাদের হাতে ধন-দৌলত, জমি-জায়গার সাথে-সাথে নিজেদের পূর্বপুরুষদের থেকে প্রাপ্ত উচ্চ সংস্কার আর পারিবারিক মূল্যবোধের উত্তরাধিকারও তুলে দেওয়া উচিত। জলি আঙ্কল তো সবাইকে এটাই বোঝানোর চেস্টা করতে থাকেন যে, সুখ-শান্তি আর শান্তিময় জীবন কাটানোর জন্য মানসিক সন্তুস্টিই সব থেকে বড় দৌলত হয়। এক কবি এমনটা বলে গেছেন ঃ

কমা লো জিতনা কমা সকতে হো ধন-দৌলত,
হীরে-মোতী... পর এক বাত য়াদ রখনা, কভী
কিসী কফন মেঁ জেব নহীঁ হোতী!

20

অভ্যাস

এক বার এক রাজা নিজের জন্মদিনে পার্টির আয়োজন করলেন। রাজ্যের বড়-বড় গায়ক আর হাস্য কবিদেরও আমন্ত্রণ জানানো হল। পার্টিতে মজুদ প্রত্যেকে নিজেদের প্রদর্শন দ্বারা রাজাকে প্রসন্ন করে তোলার চেস্টা করতে লাগল। কিছুক্ষন পরে এক গায়ক নিজের হাস্য-গীত পেশ করার জন্য হাজির হলেন। ওনার গান শুনে সেখানে উপস্হিত লোকেদের হাসি আসা তো দূরের কথা... প্রত্যেকের মুখ-চোখে যন্ত্রণা ফুটে উঠতে লাগল। রানী সেই গায়ককে সেই গানটা আবার এক বার গাইতে বললেন। এবার সেই গায়ক আগের বারের থেকেও বেসুরো ভাবে গান গাইলেন। গান শেষ হওয়ার পরে সেই গায়ক যখন স্টেজ থেকে নেমে আসতে লাগলেন... তখন রানী ওনাকে আবার এক বার সেই গানটা গাইতে বললেন। সেই গায়ক বললেন – ''মহারানী! আমার এটা দেখে খুবই ভালো লাগছে যে, আপনার আমার গান এত পছন্দ হয়েছে... কিন্তু আমার মধ্যে আর এতটা সাহস নেই যে, আমি আবার এক বার আপনাকে গান গেয়ে শোনাতে পারি।''

রানী বললেন – ''আপনার এমন ভুল ধারণা কি করে হয়ে পড়ল যে, আপনার গান আমার পছন্দ হয়েছে ? আমি তো আপনাকে বার-বার গানটা এজন্য গাইতে বলছি... কারণ আপনি যতক্ষন না গানটা ঠিক-ঠাক ভাবে গাইছেন, আপনাকে এখান থেকে যেতে দেওয়া হবে না।'' রাজা আস্তে করে রানীর কানে বললেন – ''যে এত বার গাওয়ার পরেও গানটা ঠিক ভাবে গাইতে পারল না... সে ভালো গান কি করে গাইতে পারে ?'' রানী রাজার উদ্দেশ্যে বললেন – ''যে কোন কাজ কেবলমাত্র অভ্যাস দ্বারাই উন্নত করে তোলা যেতে পারে। এই গায়ক যদি আগে থেকে কিছুটা অভ্যাস করে নিতেন... তাহলে উনি এই গানটা খুবই ভালো ভাবে গাইতে পারতেন।'' রাজা বললেন – ''তোমার এই কথাটা আমার ঠিক ভালো লাগল না। তুমি কি এমনটা বলতে চাইছ যে, অভ্যাস দ্বারা প্রতিটি ব্যক্তি নিজের কাজে নিপুণতা হাসিল করতে পারে ?'' রানী বললেন – ''আমি খুব শীঘ্রই এর প্রমাণ আপনার সামনে পেশ করব।''

পরের দিন রাজা আর রানী নিজেদের প্রাসাদের ছাদে বসে গল্প করছিলেন। ওনাদের রাজপ্রাসাদের বাগানে এক হরিণের বাচ্চা খেলা করে বেড়াচ্ছিল। রানী রাজাকে বললেন – "আপনি ঐ হরিণের বাচ্চাটাকে ওপরে নিয়ে আসুন।" রাজা তখুনি নীচে নেমে বাগানে পৌঁছে গেলেন আর সেই হরিণের বাচ্চাটাকে কোলে তুলে নিয়ে রানীর কাছে চলে এলেন। এরপর থেকে রানী রোজ সেই হরিণের বাচ্চাটার সাথে খেলা করার জন্য সেটাকে ওপরে নিয়ে আসতেন। কিছু সময় কেটে যাওয়ার পরে এক দিন রাজা রানীকে বললেন – "তুমি নিজের 'অভ্যাস দ্বারা নিপুণ' হওয়ার প্রমাণ কিন্তু এখনও পেশ করোনি।" রানী বললেন – "সেটা আর এমন কি মুশ্কিল কাজ! আমি আজই নিজের বক্তব্যের সমর্থনে প্রমাণ পেশ করতে পারি। কেবল সেই কাজটা করার জন্য আমার আপনার একটু সাহায্যের প্রয়োজন হবে।" রানী রাজাকে বললেন – "আপনি একটু নীচে বাগানে গিয়ে সেই হরিণের বাচ্চাটাকে ওপরে নিয়ে আসুন।" রাজা বললেন – "এখন আর ও বাচ্চা নেই। এত বড় হরিণকে তুলে নিয়ে আসা অসম্ভব।"

পরের মুহূর্তে রানী নিজে নীচে নেমে গেলেন আর সেই হরিণটাকে কোলে তুলে ওপরে নিয়ে এলেন। এই দেখে রাজা অত্যন্ত আশ্চর্য হয়ে উঠলেন যে, রানী এত বড় আর এত ভারী একটা হরিণকে এত সহজে কি করে কোলে তুলে ওপরে নিয়ে এলেন! রানী বললেন – "কারণ আমি রোজ এর সাথে খেলা করি আর একে নিজের সাথে করে ছাদ পর্যন্ত নিয়ে আসি। আপনিও যদি এই অভ্যাস লাগাতার করতেন... তাহলে আপনার কাছে হরিণটা ভারী লাগত না আর আপনিও সহজেই একে তুলে ওপরে নিয়ে আসতে পারতেন।" রাজার হাব-ভাব দেখে রানী বললেন – "এতে এত আশ্চর্য হয়ে ওঠার কিছুই নেই।"

"আমাদের রাজগুরু প্রায়ই জোর দিয়ে এটা বোঝানোর চেষ্টা করেন যে, লাগাতার অভ্যাস করে চললে শরীরকে যে কোন কাজ করার যোগ্য করে তোলা যেতে পারে। যে কোন পালোয়ান, শিল্পী আর অন্য কোন ক্ষেত্রের সাথে যুক্ত ব্যক্তি যদি অভ্যাস করা ছেড়ে দেন... তাহলে উনি নিজের ক্ষেত্রে দ্রুত অন্যদের থেকে পেছনে পড়ে যান। আর যেসব লোক লাগাতার অভ্যাস জারী রাখেন... তাঁরা নিজেদের কাজে সফল হয়ে ওঠেন।" এত সব কিছু শোনার পরেও রাজা সম্পূর্ণ রূপে সন্তুষ্ট হতে পারলেন না। এই বার রানী একেবারে সহজ-সরল শব্দে বললেন – "কাল রাতে যখন খাবার খাওয়ার সময় লাইট চলে গিয়েছিল... তখন অন্ধকারেও আপনার হাত ঠিক খাবারের ওপরে যাচ্ছিল আর আপনি খাবারের গ্রাসও ঠিকঠাক ভাবে মুখে পুরছিলেন। এটা অভ্যাস নয়তো আর কি?" রানীর কথা শুনে জলি আঙ্কল নিজের সমস্ত শংকা দূর করে এমনটা স্বীকার করে নিচ্ছেন যে, যে কোন কার্যক্ষেত্রে বিশেষজ্ঞ হয়ে ওঠার জন্য প্রচুর সংখ্যক উপদেশ গ্রহণ করার থেকে প্রতি দিন একটু-একটু করে অভ্যাস করে চলাটা অনেক ভালো হয়।

■■■

জীবনে সফলতা প্রাপ্ত করার জন্য আপনাদের নিজেকেই অভ্যাস করতে হবে!

21

সম্পর্কের দালাল

এমনিতে তো সংবাদপত্রে প্রায়ই সবাইকে চমকে দেওয়ার মত খবর ছাপা হতে থাকে... কিন্তু কখনো-কখনো কোন খবর পড়ে এত জোরে ঝট্‌কা লাগে যে, মাথা ঘুরে ওঠে। এমনই এক খবর কিছু দিন আগে দেশের সকল প্রমুখ দৈনিক সংবাদপত্রগুলোয় ছাপা হয়েছিল যে, এক হালুইকর এক হোটেলের দালালের মাধ্যমে 3 টাকা মূল্যের 4-টি সিঙ্গাড়া 10,000 টাকায় এক বিদেশী দম্পতিকে বিক্রী করেছে। এই একটি উদাহরণ থেকে এটা প্রমাণিত হয়ে পড়ে যে, আমাদের দেশে দালালদের বেশ কিছু বিপজ্জনক প্রজাতির দেখা পাওয়া যায়। এরা সকল প্রকারের বাজে জিনিষের এমন ভাবে গুণ বয়ান করতে থাকে যে, লোকেরা হাসি মুখে সেগুলো কেনার জন্য নিজেদের পার্স হাল্কা করে নেন। এরা আপনাদের ঠিক কতটা ক্ষতি করতে পারে... সেটা আপনারা স্বপ্নেও চিন্তা করতে পারবেন না। এমন দালালদের মধ্যে সব থেকে বিপজ্জনক প্রজাতি হয় তারা, যারা সম্পর্কের দালালী করে... এদেরই কিছু লোক 'ম্যারেজ ব্যুরো'-র নামও প্রদান করে থাকেন। কাল পর্যন্ত যে কাজটা পণ্ডিত আর নাপিতেরা করত... আজ সেই কাজটাই এক ভালোমতন ব্যবসার রূপ গ্রহণ করেছে। কিছু ব্যবসায়ী নিজেদের এয়ার-কণ্ডিশনড্ অফিস তৈরী করে প্রতিটি জাতি আর সমাজের উচ্চস্থানীয় লোকেদের জন্য এই 'ম্যারেজ ব্যুরো' পরিষেবা শুরু করে দিয়েছে। পরিবারের আর্থিক যোগ্যতা অনুসারে বিবাহ সম্পর্ক পেশ করতে থাকা এই সব দালালেরা এখন বিবাহের যোগাযোগ করিয়ে দেওয়ার জন্য, জমি-জায়গার সৌদার মতই মোটা অঙ্কের কমিশন চাইতে লেগেছে।

ব্যবসায়ী শ্রেণীর লোকেরা নিজেদের ব্যবসায় লক্ষ-লক্ষ টাকা নিবেশ করেও এত টাকা কামাতে পারছেন না... যত টাকা এই সব দালালেরা নিজেদের কথার জালে লোকেদের ফাঁসিয়ে এক দিনেই কামিয়ে নিচ্ছে। এক বার কেউ নিজের মুখে এদের সামনে নিজের সন্তানের বিবাহের ব্যাপারে কথা বলুক... তারপর এরা সেই ব্যক্তির পেছু ততদিন পর্যন্ত ছাড়ে না, যতদিন না নববধূ নিজের শ্বশুরবাড়ী পৌঁছে যাচ্ছে। নিজেদের কমিশনের লোভে এরা আপনাদের পরিবারের ব্যাপারে কিছু জানুক বা না জানুক... কিন্তু এরা পাত্র আর পাত্রীপক্ষের লোকেদের একে-অপরের ব্যাপারে এত ভালো-ভালো কথা বলতে থাকে যে, আপনাদের সামনে এদের দ্বারা নিয়ে আসা

সম্পর্কে 'হ্যাঁ' বলা ছাড়া আর কোন রাস্তাই খোলা থাকে না। পাত্র রাস্তায় দাঁড়িয়ে নিম গাছের দাঁতন বিক্রী করলেও এরা তাকে 'টিম্বার মার্চেন্ট' বানিয়ে পাত্রীপক্ষের সামনে পেশ করবে। বিদেশ থেকে আসা চাপড়াশী আর ড্রাইভারকেও এরা ঠিক কোন ধনী ব্যক্তির রূপেই আপনাদের সঙ্গে পরিচিত করাবে। বিয়ের পরে এমন সম্পর্ক কতদিন টিকতে পারবে... তা নিয়ে এদের কোন মাথা ব্যথা থাকে না।

সেদিন এমনই এক 'ম্যারেজ ব্যুরো'-র অফিসে যাওয়ার সুযোগ প্রাপ্ত হলে আমি ওদের কাজ করার পদ্ধতি দেখে আশ্চর্যে ভরে উঠলাম। সেখানে কাজ করতে থাকা প্রতিটি কর্মচারীই গিরগিটির মত রং বদলাতে দক্ষ ছিল। পাশের ঘরে দুই পরিবারের মধ্যে বিয়ের কথাবার্তা চলছিল। হঠাৎই পাত্রের পিতার মোবাইল ফোন বেজে উঠল। অন্য প্রান্ত থেকে আওয়াজ ভেসে এল – "50 গাড়ী, 50 মোটর সাইকেল আর 60 স্কুটার পাঠাচ্ছি।" পাত্রের পিতা বললেন – "আপনার গাড়ীর দাম অত্যন্ত বেশী... রেট কিছুটা কম করলে 100 গাড়ী পাঠিয়ে দিন।" সম্পর্কের দালাল চাপা আওয়াজে পাত্রীর পিতাকে বলল – "এত মোটা পার্টি ভাগ্য করলে তবে পাওয়া যায়। আপনারা আর দেরী করবেন না... যত তাড়াতাড়ি সম্ভব... পাকা দেখার দিন ঠিক করে ফেলুন। আপনাদের মেয়ে বিয়ের পর 'রানী' হয়ে থাকবে।" পাত্রীর মাতা-পিতা পাত্রের পিতাকে কিছু বলার আগেই, ম্যারেজ ব্যুরোর মালিক বলল – "এনাদের তরফ থেকে কোন অমত নেই। এবার আপনিও তাড়াতাড়ি এনগেজমেন্টের আংটি বানাতে দিয়ে দিন।"

পাত্রীর মাতা-পিতা পাত্রপক্ষের কথাবার্তায় প্রভাবিত হয়ে উঠে, আর কিছু খোঁজ-খবর না নিয়েই এই বিয়েতে রাজী হয়ে পড়লেন। পাত্রীপক্ষের লোকেরা চলে যাওয়ার পরে ম্যারেজ ব্যুরোর মালিক পাত্রের পিতাকে প্রশ্ন করল – "আপনার গাড়ী, মোটর সাইকেল আর স্কুটারের শো-রুম কোথায় ?" পাত্রের পিতা বললেন – "আমাদের তো এমন কোন শো-রুম নেই !" দালাল অবাক হয়ে উঠে প্রশ্ন করল – "তাহলে এখুনি যে আপনি গাড়ী, মোটর সাইকেল আর স্কুটার ইত্যাদির অর্ডার দিচ্ছিলেন ? !" ততক্ষনে পাত্রের পিতা সব কিছু বুঝতে পেরে গিয়েছিলেন। উনি দালালকে বললেন – "আমাদের এক ছোট্ট খেলনার দোকান আছে। আমি খেলনা গাড়ী, মোটর সাইকেল আর স্কুটারের অর্ডার দিচ্ছিলাম।" সম্পর্কের দালাল দুই পার্টির থেকেই মোটা কমিশন নিয়ে নিয়েছিল। পাত্রের পিতার কথা শুনে ওর মুখে-চোখে ঘাবড়ানির ভাব স্পষ্ট লক্ষ্য করা যাচ্ছিল। এর সাথে-সাথে ওর এই চিন্তাও হচ্ছিল যে, এবার পাত্রীর পিতার সামনে ও কোন্ মুখ নিয়ে দাঁড়াবে ? জলি আঙ্কল ঠিকই বলেন – "কপট আর বেইমান লোকেরা অন্যদের বোকা বানিয়ে কিছুক্ষনের জন্য তো খুশী হয়ে ওঠে... কিন্তু বাস্তবিকতা জানতে পারার পর তাকে সবার সামনে অপমানিত হতেই হয় !"

■■■

সম্মান প্রাপ্ত করার একমাত্র উপায় হচ্ছে এই যে, প্রথমে আপনারা অন্যদের সম্মান করবেন !

অপেক্ষা

মুসদ্দীলাল জী-র ছেলের বিয়ে ঠিক হতেই, উনি সবার আগে নিজেদের পারিবারিক দর্জির কাছে গিয়ে পৌঁছলেন। উনি দর্জিকে বললেন – "আমার বাবা আমার বিয়ের সময় আপনাকে এক সুন্দর শেরবানী বানানোর অর্ডার দিয়েছিলেন... কিন্তু আপনি আজ পর্যন্ত সেই শেরবানী তৈরী করে দিলেন না। এবার পরের মাসে আমার ছেলের বিয়ে হতে চলেছে। তাই আমি চাই যে, বিয়ে করতে যাওয়ার সময় আমার ছেলে সেই শেরবানী পরুক... যেটা আমার বাবা আমার বিয়ের সময় আমাকে পরাতে চেয়েছিলেন।" দর্জি চোখ বেঁকিয়ে আর নাকের ওপরে চশমা চড়িয়ে বলল – "মিয়াঁ! আমি আপনার বিয়ের সময়ও এটাই বলেছিলাম যে, আমাকে দিয়ে ভালো পোশাক তৈরী করাতে হলে আপনাদের কিছুটা অপেক্ষা করতেই হবে। তাড়াহুড়োর কাজ আমি করতে পারি না।" মুসদ্দীলাল জী কড়া মনোভাব দেখিয়ে বললেন – "আমিও আর অপেক্ষা করতে পারছি না। আপনি এখুনি আমার কাপড় ফিরিয়ে দিন... আমি অন্য কোন দর্জিকে দিয়ে নিজের ছেলের বিয়ের শেরবানী বানিয়ে নেব।"

মুসদ্দীলাল জী যখন শেরবানীর কাপড় নিয়ে অন্য এক দর্জির দোকানে গিয়ে পৌঁছলেন... সেই সময় সেই দর্জি তাড়াহুড়ো করে কোথাও যাচ্ছিল। ও যেতে-যেতে মুসদ্দীলাল জী-কে বলল – "আপনি 10 - 15 মিনিট অপেক্ষা করুন... আমি এখুনি আসছি।" মুসদ্দীলাল জী বললেন – "আর তুমি 10 - 15 মিনিটে ফিরে না এলে... ?" দর্জি মুচকি হেসে বলল – "তাহলে আপনি আরও কিছুক্ষন অপেক্ষা করে নেবেন।" কারণ যা-ই হোক্ না কেন... আমাদের দেশে জন্ম থেকে শুরু করে মৃত্যু পর্যন্ত আমরা নিজেদের জীবনের অর্দ্ধেকেরও বেশী সময় অপেক্ষা করেই বৃথা নষ্ট করে ফেলি। বাড়ী থেকে অফিস যাওয়া হোক্ বা বাজার, রেশনের লাইন হোক্ অথবা সিনেমার টিকিট কাউন্টার... ব্যাঙ্ক থেকে টাকা তোলা হোক্ বা ইলেক্ট্রিক বা জলের বিল জমা করানো – সব জায়গাতেই লাইনে দাঁড়িয়ে আমাদের নিজেদের পালা আসার জন্য ঘন্টার-পর-ঘন্টা অপেক্ষা করতেই হয়।

অপেক্ষা করতে-করতে অবস্থা এমন হয়ে দাঁড়িয়েছে যে, বড় শহরগুলোয় এখন এক জায়গা থেকে অন্য জায়গার দূরত্ব, মাইল বা কিলোমিটারে না জানিয়ে সময়ের

হিসেবে জানানোর রেওয়াজ হয়ে পড়েছে... কারণ কয়েক কিলোমিটার দূরত্ব পার করতেও ঘন্টার-পর-ঘন্টা ট্রাফিক জামে অপেক্ষা করে কেটে যায়। টিকিট ট্রেনের হোক্ বা প্লেনের – সেটা হাতে পাওয়ার জন্য অপেক্ষা করাটা এক অত্যন্ত সাধারণ ব্যাপার হয়ে উঠেছে। সব দিক থেকে একটাই জবাব শুনতে পাওয়া যায় – "একটু অপেক্ষা করুন... হয়তো কিছুক্ষনের মধ্যে কিছু একটা ব্যবস্থা হয়ে পড়বে।" বাড়ীতে বিয়ে বা অন্য কোন উৎসবের আয়োজন করতে হলে, পকেট থেকে খরচ করা সত্ত্বেও আমাদের ছোট-বড় – সব লোকেদের থেকে কাজ আদায় করার জন্য, অপেক্ষা করতেই হয়। দেশের জনতাকে সব থেকে বেশী অপেক্ষা সরকারী বাবুরা করান। আপনাদের কি এমনটা মনে হয় না যে, এই দেশে লোকেরা সরকারী চাকরী কেবল দুটি জিনিষের জন্য করেন – প্রথম, ঠিক সময় বেতন পাওয়ার জন্য আর দ্বিতীয়, ছুটী নেওয়ার জন্য। অন্যদের অপেক্ষা করাতে-করাতে এই সব লোকেদেরও সব কাজে অপেক্ষা করার অভ্যাস হয়ে পড়ে... ফলস্বরূপ প্রতিটি কাজে অপেক্ষা করার এই অভ্যাস তাদের অন্যান্য লোকেদের থেকে পেছনে ফেলে দেয়। অন্য দিকে পরিশ্রমী লোকেরা কাউকে অপেক্ষা না করিয়ে নিজেদের সব কাজ সময় মত করেন আর কাউকে কিছু না বলে, সময়ের সাথে-সাথে দ্রুত এগিয়ে চলেন।

কিছু লোকেদের বক্তব্য হচেছ এই যে, প্রতীক্ষার ফল মিষ্টি হয়। কিন্তু প্রতীক্ষা করার সময় এক-একটা মুহূর্ত এক-একটা বছরের মত মনে হয়। প্রতিটি অপেক্ষার পেছনে যে কেবল যন্ত্রণাই লুকিয়ে থাকে – এমনটা নয়। বৃদ্ধ মাতা-পিতার বিদেশে বাস করতে থাকা নিজেদের সন্তানের, সন্তানের নিজের বন্ধুদের, বন্ধুদের নিজেদের প্রিয়জনেদের জন্য অপেক্ষাতেও এক আশা দেখতে পাওয়া যায়। প্রেমিক-প্রেমিকাদের নিজেদের মধুর মিলনের অপেক্ষা 'মধু'-র মতই মিষ্টি লাগে... কারণ তাঁরা এটা জানেন যে, বিরহের রাত যত লম্বাই হোক্ না কেন... একটা সময় সোনালী সকাল এসে অপেক্ষার অবসান অবশ্যই করবে। এক দিকে যেমন জীবনে সবারই নিজেদের গন্তব্য হাসিল করার মিষ্টি অপেক্ষা থাকে... অন্য দিকে জীবনের অন্তিম মুহূর্তগুলোয় মৃত্যুশয্যায় শায়িত ব্যক্তিকেও মোক্ষ প্রাপ্তির আশায় অন্তিম শ্বাসের অপেক্ষা করতে হয়।

বিদ্বানেরা এমনটাই মানেন যে, সময় সর্বাধিক অমূল্য হয়। সুতরাং আমাদের সেটাকে একে-অপরের অপেক্ষায় বৃথা নষ্ট না করে সর্বদা সেটার সদুপযোগ করা উচিত। যদি অপেক্ষা করার এই বদভ্যাস শেষ করতে হয়... তাহলে তার জন্য দৃঢ় নিষ্ঠা, সংকল্পশক্তি আর ইচছাশক্তির আবশ্যকতা রয়েছে। এই সব কিছুর সামনে অপেক্ষার পক্ষে টেঁকা অসম্ভব হয়। অপেক্ষা করার ব্যাপারে কথা বলতে-বলতে এটা জানতেই পারা গেল না যে, কখন অপেক্ষা শেষ হয়ে পড়েছে। জলি অঙ্কল নিজের প্রতিক্রিয়া ব্যক্ত করে কেবল এইটুকুই বলতে চান – "বিনা কারণে অপেক্ষা করে সময় বর্বাদ করবেন না... কারণ চলে যাওয়া সময় কখনো ফিরে আসে না!"

■■■

আমাদের দেশে পরিবর্তন কেন আসে না? কারণ গরীবের মধ্যে সাহস নেই, মধ্যবিত্তের কাছে সময় নেই আর ধনীদের প্রয়োজন নেই!

23

জন্মদিন

'জন্মদিনের অভিনন্দন জানাই!' বহু যুগ ধরে বলে আসা এই কয়েকটা শব্দ আজও তাজা ফুলের মত সুগন্ধ ছড়ায়। আমাদের সবার কাছে, বছরের একটা দিন বাকী সব দিনগুলোর থেকে একেবারে আলাদা হয় আর সেদিন হচ্ছে আমাদের জন্মদিন! আমরা সকলেই এটা জানি যে, জীবন থেকে এক-একটা করে দিন কম হতে-হতে প্রতি বছর আমাদের জন্মদিনে আমাদের জীবনের একটা বছর কমে আসে। তবুও আমরা নিজেদের প্রতিটি জন্মদিনে কিছু একটা নতুন অনুভব করি... কারণ আমাদের প্রতিটি জন্মদিন আমাদের সকলের জন্য প্রচুর খুশী আর আনন্দ নিয়ে আসে।

আমরা যখন ছোট ছিলাম... সেই সময় তো জন্মদিন ঠিক কোন উৎসবের মতই পালন করা হত। জন্মদিন কাছে আসতেই গোটা পরিবারে এক খুশীর পরিবেশ ছড়িয়ে পড়ত। ধূমধাম করে পুরো বাড়ীকে রঙ্গীন কাগজ আর বেলুন দিয়ে সাজানো হত। চার পাশ থেকে বড়দের আশীর্বাদ, অভিনন্দন আর প্রচুর শুভ কামনা প্রাপ্ত হত। সকল আত্মীয়দের তরফ থেকে ভরপুর ভালবাসার সাথে-সাথে মনের মত উপহারও পাওয়া যেত। আগে যেখানে সবাই নিজেদের জন্মদিনের সকালটা ভগবানের আশীর্বাদ নিয়ে শুরু করত... সেখানে এই পরিবর্তিত ফ্যাশনের যুগে সেই জায়গাটা ক্লাব আর হোটেলে বড়-বড় থীম পার্টি গ্রহণ করেছে। জন্মদিনে বাড়ীতে তৈরী পায়েস আর মিষ্টির জায়গা এখন মূল্যবান কেক নিয়ে নিয়েছে।

ব্যক্তি ধনী হোক্ বা গরীব... পরিবারে বাচ্চার জন্ম হতেই পুরো পরিবারের প্রতিটি সদস্যের চোখ-মুখে আনন্দের স্রোত বয়ে যায়। নিজের সামর্থ্য অনুসারে প্রতিবেশী আর আত্মীয়দের মধ্যে মিষ্টি বিলি করা হয়। বিশেষ করে যখন কোন পরিবারে পুত্র সন্তানের জন্ম হয়... তখন সকল দূরের আর কাছের আত্মীয়রা নবজাতকে জীবনে এগিয়ে চলার আর সফলতার শিখর স্পর্শ করার আশীর্বাদ দিতেই থাকেন। বাচ্চার জন্ম হতেই তার ভবিষ্যত জানার জন্য কোন-না-কোন ভালো জ্ঞানী পণ্ডিতকে দিয়ে বাচ্চার জন্মকুণ্ডলী প্রস্তুত করানো হয়। প্রতিটি মাতা-পিতা এটাই জানতে চান যে, তাঁদের বাচ্চার সাথে ভবিষ্যতে কি-কি ভালো আর খারাপ ঘটতে চলেছে... যাতে আগে থেকে জেনে সেটার জন্য

কিছু-না-কিছু উপায় গ্রহণ করা যায়।

হাওয়া আর নদীর থেকেও তীব্র গতিতে ছুটে চলা সময় অত্যন্ত শীঘ্র আমাদের একটার-পর-একটা জন্মদিন দেখিয়ে দেয়। আপনারা একটা প্রবাদবাক্য তো নিশ্চয়ই শুনে থাকবেন যে, ছুরী তরমুজের ওপরে রাখুন বা তরমুজ ছুরীর ওপরে রাখুন... দুই পরিস্থিতিতেই তরমুজকেই কাটা পড়তে হয়। ঠিক সেই প্রকার বিয়ের পরে জন্মদিন আপনার হোক্ বা আপনার প্রিয়তমা পত্নীর... উপহার গ্রহণ করার অধিকার কেবলমাত্র আপনার প্রিয়তমা পত্নীরই থাকে। ব্যক্তি যেমন-যেমন বড় হতে থাকে, তার মাথার চুল পাকতে শুরু করে দেয় আর জীবনের গতি কিছুটা শ্লথ হয়ে আসতে লাগে। প্রতিটি জন্মদিনের সাথে-সাথে স্মরণশক্তিও একটু-একটু করে কমে আসতে থাকে। জন্মদিনের খুশীর সাথে-সাথে দায়িত্বও বেড়ে উঠতে লাগে... যদিও বেড়ে চলা বয়সে দায়িত্ব পালন করার মধ্যেও এক অদ্ভূত আনন্দের প্রাপ্তি হয়।

কিছু গরীব পরিবারের বাচ্চাদের নিজেদের জন্মদিনের ব্যাপারে কিছুই জানা থাকে না... কিন্তু তারা নিজেদের এলাকায় বসবাসকারী কিছু ধনী ব্যক্তিদের আর তাঁদের বাচ্চাদের জন্মদিন আসার জন্য সারাটা বছর ধরে অপেক্ষা করে থাকে। এই দিনটা আসার অপেক্ষা তাদের কেবল এজন্য থাকে... যাতে সেই ধনী পরিবারের জন্মদিনের পার্টির অবশিষ্ট সুস্বাদু ভোজনের কিছুটা অংশ তারাও পায়। খোলা আকাশের নীচে হাড় জমানো ঠাণ্ডার হাত থেকে বাঁচার জন্য কোন গরম পোশাক বা কম্বল যদি পাওয়া যায়। এমন লোকেদের জীবনের সব থেকে দুঃখের মুহূর্ত সেটা হয়... যখন তাদের নিজেদেরই জন্মদিনে সকল প্রিয়জনেদের দারিদ্রতা, অসহায়তা বা চিকিৎসার অভাবে ছেড়ে চলে যেতে হয়।

সব থেকে ভাগ্যশালী তাঁরা হন... যাঁদের নিজেদের জন্মদিনে বড়দের থেকে আশীর্বাদ প্রাপ্ত হয়। জীবন তো আমরা সবাই কাটাই... কিন্তু আমাদের জীবন তখনই সার্থক হতে পারবে, যখন তাতে পরোপকার শামিল হবে। আমাদের নিজেদের জন্মদিনে কোন-না-কোন ভালো কাজ করার সংকল্প অবশ্যই গ্রহণ করা উচিত। মহাপুরুষদের বক্তব্য অনুসারে কারো ক্ষতি না করার সংকল্প গ্রহণকেও ভালো কাজ হিসেবে মানা হয়। যতটা সম্ভব, কেবল নিজেদের জন্মদিনেই নয়... বরং দৈনন্দিন জীবনেও আমাদের গরীব আর অসহায় লোকেদের সহায়তা করা উচিত। কারণ এমনটা বলা হয়ে থাকে যে, যে ব্যক্তি কোন অসহায় ব্যক্তির সহায়তা করেন... স্বয়ং ঈশ্বর তাঁর সহায়তা করেন। পরিস্থিতি যেমনই হোক্ না কেন... সকল পরিস্থিতিতে সন্তুলন বজায় রাখাই প্রসন্নতার চাবি হয়। জলি আঙ্কল আপনাদের প্রত্যেককে আপনাদের জন্মদিনের অসংখ্য শুভ কামনা জানিয়ে এতটাই বলছেন যে, আপনারা যে দিকেই পা বাড়াবেন... সেদিকেই যেন সর্বদা ফুলের বৃষ্টি হয় আর আপনাদের জীবনে আসা প্রতিটি জন্মদিন যেন খুশীতে কাটে!

■■■

কেউ-ই জীবনে পেছন দিকে সরে গিয়ে নতুন করে শুরু করতে পারেন না... কিন্তু সবাই আজ শুরু করে নতুন গন্তব্য প্রাপ্ত করতে পারেন!

24

ভ্রষ্টাচারকে সেলাম

আমি সক্কাল বেলায় সবেমাত্র চায়ের কাপে চুমুক দিয়েছি... এমন সময় প্রতিবেশী মিশ্র জী এসে উপস্থিত হলেন। আমি প্রশ্ন করলাম – "কি হয়েছে ? আপনাকে বড়ই চিন্তিত দেখাচ্ছে !" উনি ঘাবড়ে ওঠা গলায় বললেন – "আমি বেশ কিছুদিন ধরে আমার ছেলের শরীর-স্বাস্থ্য নিয়ে চিন্তায় রয়েছি। ভালো-ভালো খাবার খাওয়ার পরেও ওর শরীরের বিকাশ হচ্ছে না। আমি তো বেশ কিছু নামী-দামী ডাক্তারের চেম্বারেও চক্কর কেটেছি... কিন্তু কোন লাভই হচ্ছে না। এবার আপনিই আমাকে কোন ভালো উপায় বলুন।" আমি বললাম – "এতে এত ঘাবড়ে ওঠার কোন প্রয়োজন নেই। আপনি কেবল নিজের ছেলের নাম বদলে 'ভ্রষ্টাচার' রেখে দিন। তারপর দেখুন, কিছুদিনের মধ্যেই কত দ্রুত আপনার ছেলের বিকাশ হয় !" উনি অবাক হয়ে উঠে বললেন – "এমনটা কি সত্যি-সত্যি সম্ভব ?" আমি ওনাকে আমাদের প্রিয় দেশের উদাহরণ দিয়ে জানালাম – "আজ আমাদের দেশে কোন ক্ষেত্রে উন্নতি হোক্ বা না হোক্... কিন্তু ভ্রষ্টাচারের মামলায় আমরা আজ দুনিয়ার মধ্যে সব থেকে বেশী উন্নতি করছি।"

"আমাদের মহান রাষ্ট্রের প্রতিটি ক্ষেত্রে প্রচুর উপলব্ধি সত্ত্বেও আজ পৃথিবীর মানচিত্রে আমাদের দেশের পরিচিতি জ্ঞান-গুরুর পরিবর্তে পৃথিবীর সব থেকে ভ্রষ্ট দেশের রূপে হচ্ছে। অত্যন্ত অবাক হয়ে ওঠার মত বিষয় হচ্ছে এটা যে, এই কটু সত্য শোনা আর জানার পরেও কোন দেশবাসীই এতটুকু আশ্চর্য হন না। কাল পর্যন্ত যেখানে আমাদের দেশে ঘুষখোরীর নাম শুনেই ঘৃণার দুর্গন্ধ ভেসে আসত... আজ প্রতিটি ব্যক্তি তাতে সুগন্ধিত ফুলের সুগন্ধ পেতে লেগেছেন। কোন এক যুগে কোন ব্যক্তি কখনো ঘুষ নেওয়ার কথা বললে সারা সমাজ তার সাথে সম্পর্ক বিচ্ছিন্ন করে নিত... কিন্তু আজ পরিস্থিতি একেবারে বদলে গেছে। দুনিয়ার সকল দেশকে ভ্রষ্টাচারের দৌড়ে পেছনে ফেলে দিয়ে, আমাদের দেশ অত্যন্ত দ্রুত সামনের দিকে

এগিয়ে চলেছে। সরকারী পদে আসীন ব্যক্তি হোন্ বা বিপক্ষে... সান্ত্রী থেকে শুরু করে মন্ত্রী পর্যন্ত প্রত্যেকে ভারতকে সবাধিক ভ্রষ্ট দেশের সূচীতে সবার ওপরে পৌঁছে দেওয়ার জন্য দিন-রাত অক্লান্ত মেহনত করে নিজেদের অবদান রাখছেন। আপনারা যে দিকে চোখ তুলে দেখুন না কেন, আপনারা সারা দেশে ভ্রষ্টাচারের ফসলই দেখতে পাবেন। এই জিনিষটার জ্বলন্ত উদাহরণ হচেছ এটা যে, আমাদের প্রিয়... কিন্তু ভ্রষ্ট নেতা আর সরকারী অফিসারদের কোটি-কোটি টাকা বিদেশের ব্যাঙ্কগুলোর শোভা বর্দ্ধন করছে।"

"মন্ত্রী হওয়ার সময় দেশের ভালোর জন্য কাজ করার শপথ গ্রহণ করা আমাদের ভ্রষ্ট নেতারা বিদেশের ব্যাঙ্কগুলোয় জমা করে রাখা অর্থ না জানি কোন্ যুগে দেশে ফিরিয়ে নিয়ে আসতে পারবেন... কিন্তু সরকার যদি নিজেদেরই দেশে ঘুষখোরী দ্বারা উপার্জিত পয়সার ওপরে চড়ানো মুখোশ খুলে ফেলতে সক্ষম হয়ে ওঠে... তাহলে সাধারণ জনতার অধিকাংশ সমস্যা বরাবরের জন্য শেষ হয়ে পড়তে পারে। কিন্তু এমনটা মনে হচেছ যে, ভ্রষ্টাচারের এই যুগে রাজনীতির সাথে যুক্ত প্রতিটি ব্যক্তির লক্ষ্য কেবলমাত্র ঘুষের মাধ্যমে কুবেরের খাজানা পর্যন্ত পৌঁছনো। ভারতের মত মহান দেশের অত্যন্ত দুর্ভাগ্য হচেছ এটা যে, আমাদের দেশের সিনীয়র নেতাদের চোখে না জানি এ কেমন চশমা চড়ানো রয়েছে যে, তাঁরা এটা দেখতেই পাচেছন না যে, তাঁদের মন্ত্রী আর অফিসারদের কাছে এত অগাধ ধন-দৌলত কোথা থেকে আসছে।"

"অবাক করে তোলার মত বিষয় হচেছ এটা যে, প্রতিটি দেশবাসী সব কিছু জানা সত্ত্বেও ভ্রষ্টাচারের বিরোধিতা করার পরিবর্তে সেটার অটুট অংশ হয়ে উঠছেন। দূর-দূরান্ত পর্যন্ত তাকিয়ে দেখলেও আজ এমন কোন রাজনৈতিক নেতা, রাজনৈতিক পার্টি, স্বেচছাসেবী সংগঠন বা ভগত সিং-য়ের মত যুবা দেখতে পাওয়া যাচেছ না... যিনি বা যাঁরা দেশের প্রতিটি প্রান্তে এত ব্যাপক স্তরে ছড়িয়ে পড়া ভ্রষ্টাচারের কারণে চিন্তিত। ভ্রষ্টাচার, ঘুষ, দালালী বা বেঈমানীর প্রতিটি রূপ বেড়ে ওঠার সুযোগ এজন্য পাচেছ... কারণ আজ অধিকাংশ লোক মেহনত আর সততার পথ ত্যাগ করে শর্টকাট পথ গ্রহণ করে নিজেদের গন্তব্যে পৌঁছতে চাইছেন। আপনারা যদি সত্যি-সত্যি নিজেদের জীবনে আরও বেশী সুখ প্রাপ্ত করতে চান... তাহলে নিজেদের আবশ্যকতা কম করে আনুন, কারণ কেবল সৎ আর সত্যিকারের হৃদয়ের ব্যক্তিই নিজেকে সর্বদা হাল্কা, চাপমুক্ত আর সুখী অনুভব করতে পারেন।"

"ঘুষের পূজারীদের সততা এতটাই নীচে নেমে এসেছে যে, জন্ম থেকে শুরু করে জীবনের অন্তিম সফর পর্যন্ত এই সব লোকেদের সর্বদাই কিছু-না-কিছু পাওয়ার আশা থাকে। ভ্রষ্টাচার বন্ধ করার জন্য আমাদের সরকার যতই ফাঁপা দাবী জানাতে থাকুক না কেন... ভ্রষ্টাচারের তীব্র বিকাশকে বাধা প্রদান করার জন্য কোন প্রণালীই ততক্ষন পর্যন্ত কার্যকরী প্রমাণিত হতে পারবে না... যতক্ষন না প্রতিটি দেশবাসী সেটার দংশন অনুভব করছেন। দেশ আর সমাজকে যদি ভ্রষ্টাচার মুক্ত করে তুলতে হয়... তাহলে প্রতিটি ভারতবাসীকে সবার প্রথমে নিজেদের জীবনে পবিত্রতা নিয়ে

আসতে হবে।" জলি আঙ্কল এটা মানতে কখনোই প্রস্তুত নন যে, আমাদের দেশের প্রতিটি নেতা আর সরকারী কর্মচারী ভ্রষ্ট হয়ে উঠেছেন। প্রতিটি সত্যিকারের ভারতবাসীর মত ভ্রষ্টাচারকে সেলাম জানিয়ে জলি আঙ্কলের বক্তব্য হচ্ছে – "এখনও আমাদের দেশে খুঁজলে এমন অনেক পরিস্কার আর সৎ ইমেজের লোক পাওয়া যাবে... যাঁদের এখনও পর্যন্ত খোলাখুলি ভাবে ভ্রষ্টাচার করার সুযোগ প্রাপ্ত হয়নি!"

■■■

এক ব্যক্তি প্রশ্ন করলেন – "কফিনে পকেট কেন থাকে না?" উত্তর পাওয়া গেল – "কারণ মৃত্যু কখনো ঘুষ দ্বারা প্রাপ্ত হয় না!"

25

বড় ব্যক্তি

সজ্জন সিং-য়ের পরিবারে যখন ওনার নাতির জন্ম হল... তখন উনি পূজারীকে সেই বাচ্চার নামকরণ সংস্কার করার জন্য বললেন। সজ্জন সিং নিজের গুরু-গম্ভীর কণ্ঠস্বরে পূজারীকে বললেন – "আমার নাতির নাম এমন হওয়া উচিত... যার মধ্যে শক্তিশালী ব্যক্তিত্বের ঝলক দেখতে পাওয়া যায়। আমি আমার নাতিকে জীবনে অনেক বড় আর মহান ব্যক্তি করে তুলতে চাই।" বাচ্চার জন্ম উপলক্ষে ওনার বাড়ীতে আসা অতিথিদের দিকে তাকিয়ে সজ্জন সিং বললেন – "আপনারা সবাই দেখে নেবেন... এক দিন আমি আমার নাতির নাম দুনিয়ার চার কোনায় পৌঁছে দেব।" পূজারী বললেন – "এই দুনিয়ায় সেটাই হয়... যেটা স্বয়ং ঈশ্বর চান। আপনি নিজের ইচ্ছা অনুসারে নিজের নাতির নাম পৃথিবীর চার কোনায় কখনোই পৌঁছে দিতে পারবেন না।" সজ্জন সিং রেগে উঠে বললেন – "এ আপনি কি বলছেন ? মনে হচ্ছে, আমার শক্তি আর ধন-দৌলতের ব্যাপারে আপনার কোন ধারণাই নেই। ভগবানের আশীর্বাদে আমি আজ পর্যন্ত এতটা টাকা-পয়সা একত্রিত করে নিয়েছি যে, আমার পরে আগামী বেশ কয়েক প্রজন্মের কাজ করার কোন প্রয়োজনই পড়বে না।" পূজারী জী নিজের বক্তব্যের পেছনে যুক্তি দেখিয়ে বললেন – "আমি এটাই বলতে চেয়েছিলাম যে, এই দুনিয়াটা গোল... সেটার চারটি কোন নেই। তাহলে আপনি নিজের নাতির নাম পৃথিবীর চার কোনায় কি করে পৌঁছে দেবেন ?"

পূজারী জী-র এই ঠাট্টা শুনে সেখানে উপস্থিত সকল অতিথি চমকে উঠলেন... কারণ তাঁরা প্রত্যেকে এটা খুব ভালো করে জানতেন যে, সজ্জন সিং হচ্ছেন সেই ব্যক্তি... যিনি আজ পর্যন্ত নিজের নাকে কোন মাছিকে পর্যন্ত বসতে দেননি। সবাই এটা জানতেন যে, সজ্জন সিং-য়ের এক ইশারায় ওনার অনুগত ভৃত্যরা বড়-বড় লোকেদের টাইট দিয়ে দেয়। সজ্জন সিং-কে ভ্রু কুঁচকোতে দেখে পূজারীর এমনটা মনে হল যে, ওনার চোখ দুটো থেকে যেন আগুনের বৃষ্টি হচ্ছে। পরিবারে অনুষ্ঠিত হতে থাকা এই শুভ কার্যের পরিবেশকে সামলে নিয়ে সজ্জন সিং-য়ের পত্নী পূজারী জী-কে বললেন – "আপনি ফালতু কথা ছেড়ে এবার পূজা শুরু করুন।" গৃহকর্ত্রীর মুখে এমন কথা শুনে পূজারী স্বস্তির নিঃশ্বাস ফেলে ঠিক কোন গিরগিটির মত রং বদলানোই মঙ্গল বলে মনে করলেন। এবার উনি সজ্জন সিং আর ওনার নবজাত নাতির প্রশংসায় পঞ্চমুখ হয়ে

উঠলেন। সেখানে উপস্থিত সকলে এটা ভালো করে জানতেন যে, পূজারী জী এক দিকে যেমন জ্ঞান-ধ্যানের ব্যাপারে গভীর জ্ঞান রাখেন... অন্য দিকে উনি পরিস্থিতি অনুসারে অন্যদের বোকা বানিয়ে নিজের আখের গুছিয়ে নিতেও অত্যন্ত নিপুণ। নামকরণ সংস্কার শেষ হতে সজ্জন সিং-য়ের পত্নী পূজারী জী-কে বললেন – "এবার আপনি এই বাচ্চাটাকে এমন আশীর্বাদ দিন... যাতে ও ভবিষ্যতে অনেক বড় হয়ে উঠে আমাদের বংশের নাম উজ্জ্বল করতে পারে।"

পূজারী সজ্জন সিং-য়ের পত্নীকে বললেন – "আপনাদের পরিবারে সবাই এই বাচ্চাটার বড় হওয়ার কথা বলে চলেছেন... কিন্তু যেভাবে সাহেব জী সর্বদা নিজের অহংকার আর ক্রোধের কথা বলে চলেন... সেই ধরণের সংস্কার দ্বারা কখনো কোন বাচ্চাকে মহান করে তোলা যায় না। আমাদের শাস্ত্রেও এমনটা লেখা আছে যে, বড় ব্যক্তি হওয়াটা ভালো কথা... কিন্তু তার থেকে বড় জিনিষ হচ্ছে ভালো ব্যক্তি হওয়া। আপনাদের এখানে তো ধন-দৌলত আর বেশী জমি-জায়গার মালিককেই বড় ব্যক্তি হিসেবে মনে করা হয়। বড় ব্যক্তি হয়ে ওঠার জন্য এই সব জিনিষের নয়... বরং মাতা-পিতা, পরিবার আর গুরুজনেদের থেকে ভালো সংস্কারের আবশ্যকতা হয়। তার সাথে-সাথে ভালো ব্যক্তি হয়ে ওঠার জন্য ভালো শিক্ষা আর ভালো মিত্রদের সহযোগও জরুরী হয়। সজ্জন সিং-য়ের পত্নী বললেন – "পূজারী জী! আপনি যেভাবে আমাদের পথ দেখাবেন... আমরা সেই ভাবেই সব কিছু করব। তাহলে তো আর কোন বাধা-বিপত্তি আসবে না!"

অনেকক্ষন ধরে চুপ করে বসে থাকা সজ্জন সিং এবার পূজারীকে ধমক দিয়ে বলে উঠলেন – "এবার তোমার কাজ শেষ হয়ে পড়েছে... এখনও তুমি ভাষণবাজী কেন করে চলেছ?" পূজারী সজ্জন সিং-কে বললেন – "এটা আপনিও জানেন আর আমিও জানি যে, এখানে মজুদ কারও এতটা সাহস নেই যে, তিনি আপনার বিরুদ্ধে একটা শব্দও উচ্চারণ করবেন। আমি যখন থেকে এখানে এসেছি, আপনার চোখে একটাই স্বপ্ন দেখতে পাচ্ছি আর সেটা হচ্ছে এই যে, আপনার নাতি যত শীঘ্র সম্ভব এই দুনিয়ার সব থেকে বড় ব্যক্তি হয়ে উঠুক। কিন্তু আমার এমনটা মনে হয় না যে, আপনার সেই স্বপ্ন কোনদিনও সাকার হতে পারবে... কারণ আপনার মধ্যে সব থেকে বড় নেতিবাচক জিনিষ হচ্ছে আপনার অহংকার। এটা সত্য যে, আপনি নিজের ধন-দৌলতের জোরে অনেক কিছু করতে পারেন। কিন্তু আপনি ঈশ্বর মানুন বা না মানুন... আপনি চাইলেও প্রকৃতির নিয়মের বিরুদ্ধে কখনোই যেতে পারবেন না। দুনিয়ার লোক আপনার সামনে যা খুশী বলুক না কেন... কিন্তু আপনার হাব-ভাব, ব্যবহার আর চাল-চলন আপনার ব্যাপারে সব কিছু প্রকাশ করে দেয়।"

"আজ আপনি আমাকে যা খুশী শাস্তি দিতে পারেন... কিন্তু আমাকে এটা বলতে বাধা দেবেন না যে, সত্য সর্বদা সত্যই হয়। আমরা যতক্ষন না সেই সত্যকে গ্রহণ করছি... ততক্ষন পর্যন্ত আমরা জীবনের গভীরতাকে বুঝতে পারব না। যে কোন ভালো জিনিষ গ্রহণ করার জন্য সেটার ব্যাপারে শোনাটা অত্যন্ত জরুরী হয় আর আপনার না তো অন্যদের কথা শোনার অভ্যাস আছে আর না-ই এমনটা আপনার স্বভাব। আপনি তো সব সময় নিজেই বলতে জানেন। আপনি যতক্ষন না কোন বিদ্বানের কথা ভালো করে শুনবেন... ততক্ষন আপনার মস্তিস্ক সব দিক থেকেই বন্ধ হয়ে থাকবে। এমন পরিস্থিতিতে আপনি নিজের নাতিকে বড় ব্যক্তি কি করে বানাতে পারেন?" পূজারীর মুখে এত কঠোর শব্দ শুনে সজ্জন সিং-য়ের এমন ইচ্ছে হল যে, উনি সেই

পূজারীর সব হাড়-গোড় ভেঙে গুঁড়িয়ে দেন... কিন্তু পরিস্থিতির গম্ভীরতা অনুভব করে উনি কেবল এইটুকুই বলতে পারলেন – "পূজারী জী! আপনার কি মনে হয় যে, আমি বড় ব্যক্তি নই? আমার বাড়ীতে আপনার কোন্ জিনিষটার অভাব মনে হচ্ছে?" পূজারী বললেন – "আসলে বড় ব্যক্তি তিনি হন... যিনি সবার প্রথমে আকাশের দিকে বিনম্রতার সাথে ঝুঁকতে জানেন।" পূজারীর কথাগুলো জলি আঙ্কলও অত্যন্ত মনোযোগ সহকারে শুনছিলেন আর উনি এটা স্বীকার করে নিয়েছেন যে, যে ভাবে হাতীদের সমূহেই হাতীরা বড় হয়ে ওঠে... ঠিক সেই ভাবে বড় মহাপুরুষদের সঙ্গতে থেকেই বড় ব্যক্তি হয়ে ওঠা যেতে পারে!

■■■

সব সম্পর্কই অমূল্য হয়... কিন্তু সম্পর্ককে গুরুত্ব কিছু ভালো লোকেরাই প্রদান করেন। সম্পর্ককে সর্বদা মজবুত করে তুলুন!

26

পেন্টার বাবু

শহরে অনেক দিন পর এক বিখ্যাত পেন্টারের ছবির প্রদর্শনীর আয়োজন করা হয়েছিল। এলাকার প্রতিটি ব্যক্তিই ওনার আঁকা পেন্টিং দেখার জন্য নিজেদের জরুরী কাজের থেকে সময় বার করে সেখানে আসতে লাগলেন। কাশ্মীর উপত্যকার এক অত্যন্ত মনমোহক পেন্টিং গ্যালারীতে মজুদ আরও অনেক পেন্টিং-য়ের তুলনায় লোকেদের দৃষ্টি বেশী করে আকৃষ্ট করছিল। সেই ছবিতে শিল্পী উপত্যকার সুন্দর পাহাড় আর ঝরনাকে অত্যন্ত মনমোহক আর আকর্ষক রং-রূপ প্রদান করেছিলেন। গোটা দুনিয়ায় স্বর্গের থেকেও সুন্দর হিসেবে বিখ্যাত কাশ্মীরের বাগানগুলো ছবিতে যেন জীবন্ত হয়ে উঠেছিল। এমন কি ছবিতে ফুটে থাকা সুন্দর-সুন্দর ফুল আর চিনার গাছগুলোকে এতটাই জীবন্ত দেখাচ্ছিল যে, ভ্রমর আর প্রজাপতিরাও ধোঁকা খেয়ে যাবে। সাধারণ জনতার সাথে কিছু উচ্চ ব্যবসায়িক ঘরানার লোকেরাও যখন নিজেদের পরিবারের সদস্যদের সাথে এই প্রদর্শনী দেখার জন্য এলেন... তখন তাঁরাও এমন সুন্দর পেন্টিং দেখে প্রভাবিত না হয়ে থাকতে পারলেন না।

এক বড় ব্যবসায়িক ঘরানার মহিলা যখন নিজের স্বামীর সাথে সেই পেন্টিং দেখলেন... তখন উনি এতটাই মুগ্ধ হয়ে উঠলেন যে, উনি সেই পেন্টিং-টা কেনার জন্য নিজের স্বামীকে প্রদর্শনীর আয়োজকদের সাথে কথা বলতে বললেন। গ্যালারীর এক কোনায় বসে থাকা পেন্টার বাবু তখুনি সেখানে এসে উপস্থিত হলেন... কিন্তু উনি সেই পেন্টিং বিক্রী করতে রাজী হলেন না। যখন সেই ব্যবসায়ী নিজের পত্নীর জেদ পূরণ করার জন্য সেই পেন্টিং-টার জন্য 2 লক্ষ টাকা দেওয়ার প্রস্তাব রাখলেন... তখন পেন্টার বাবু আর নিজের ওপরে নিয়ন্ত্রণ রাখতে পারলেন না আর উনি ঝট্ করে সেই পেন্টিং বেচার জন্য রাজী হয়ে পড়লেন। সৌদা পাক্কা হয়ে পড়তেই সেই ব্যবসায়ীর পত্নী পেন্টার বাবুকে বললেন – "দয়া করে আপনি এই ছবিটার ওপরে নিজের অটোগ্রাফ দিয়ে দিলে আমরা অশেষ উপকৃত হব।" ব্যবসায়ীও তখুনি নিজের লাল কালির কলম পেন্টার বাবুর দিকে বাড়িয়ে ধরে ছবির ওপরে অটোগ্রাফ দেওয়ার অনুরোধ জানালেন।

পেন্টার বাবু যখন ছবির ওপরে অটোগ্রাফ দিতে লাগলেন... তখন সই করার সময় সেই কলমটা আটকে যেতে লাগল। ব্যবসায়ী পেন্টার বাবুকে বললেন – "আপনি ওটাকে একটু ঝাঁকিয়ে নিন... ওটা ঠিক হয়ে পড়বে।" পেন্টার বাবু যেই 2 - 3 বার কলমটাকে ঝাঁকালেন... লাল কালির কয়েকটা ফোঁটা সেই পেন্টিং-টার ওপরে গিয়ে পড়ল। ব্যবসায়ী পেন্টিং-য়ের মূল্য দেওয়ার আগেই ওনার পত্নী চোখের ইশারায় নিজের স্বামীকে সেই ছবিটা কিনতে মানা করে দিলেন। কারণ জানতে চাওয়া হলে সেই মহিলা বললেন – "কয়েক মুহূর্ত আগে পর্যন্ত প্রকৃতির মনোরম দৃশ্যের প্রদর্শন করতে থাকা এই পেন্টিং-য়ের ওপরে এখন লাল কালির দাগ কোন সাদা চাদরের ওপরে রক্তের মত দেখতে লাগছে। আমি কোন মতেই এই কুৎসিত পেন্টিং-কে নিজের বাড়ীর শোভা করে তুলতে পারব না।"

এই শুনে পেন্টার বাবু প্রচণ্ড মানসিক আঘাত পেলেন আর উনি গভীর চিন্তায় ডুবে গেলেন। ওনার মনের মধ্যে এমন চিন্তা আসতে লাগল – ব্রাশ আর রং-য়ের সহায়তায় আমার দ্বারা আঁকা পাহাড়, ঝরনা আর উপত্যকার দৃশ্য দেখে সবাই আমার প্রশংসায় পঞ্চমুখ হয়ে ওঠে... কিন্তু সেই পেন্টিং-য়ের ওপরে লাল কালির কয়েকটা ফোঁটা দেখে লোকেদের মধ্যে কেমন ঘাবড়ানির সৃষ্টি হয়। লাল কালির ছোপ লোকেদের কাছে রক্তের মত মনে হয়। কয়েক মুহূর্তের মধ্যে কোন-না-কোন কারণে সবার মুখে-চোখে উদাসীর ভাব ছেয়ে গেল। পেন্টার বাবু গভীর চিন্তায় ডুবে গিয়ে আকাশের উচ্চতার পেছনে লুকিয়ে বসে থাকা এই দুনিয়ার মালিক রূপে পেন্টারের দুঃখ-কষ্টের ব্যাপারে চিন্তা করতে লাগলেন। ঈশ্বর তো দুনিয়ার সব থেকে মনমোহক আর সুন্দর দৃশ্যের ঝাঁপি কাশ্মীরের লোকেদের ঝোলায় ঢেলে দিয়েছেন... কিন্তু আজ সেখানে সকাল-সন্ধ্যা খুনোখুনি আর ধ্বংসের দৃশ্য দেখে তাঁর হৃদয় না জানি কতটা দুঃখে ভরে উঠেছে। এখনও পর্যন্ত হাজার-হাজার, লক্ষ-লক্ষ নির্দোষ লোকেদের রক্ত বইতে দেখে তাঁর চোখে কত জল এসে পড়েছে, সেই ব্যাপারে অনুমান লাগানোর চেষ্টা আমরা কোনদিনও করিনি।

পেন্টার বাবুর সাথে-সাথে জলি আজ্কলও আতংকবাদীদের থেকে কেবল এইটুকু জানতে চান যে, আমরা নিজেদের পরিবারের প্রতিটি আনন্দে শরিক হওয়া অতিথিদের ফিরে যাওয়ার সময় তো দামী-দামী উপহার প্রদান করি... কিন্তু যে ঈশ্বর আমাদের দুনিয়ার সব থেকে অমূল্য সৌন্দর্যের খাজানা উপহার দিয়েছেন... তাঁকে আমরা প্রতিদানে খুন-খারাপী ছাড়া আর কি দিচ্ছি ?

■■■

ব্যক্তির কল্পনা সেই সব কিছু দেখতে পায়... যা তাঁর চোখ দেখতে পারে না!

27

বাবারা সর্বদা বাবাই হন

এক দিন আমনের পিতা গ্রাম থেকে ছেলের সাথে দেখা করার জন্য শহরে এসে পৌঁছলেন... যেখানে আমন কলেজের পড়াশোনা করছিল। উনি যেই স্টেশন থেকে আমনের কাছে এসে পৌঁছলেন... উনি দেখতে পেলেন যে, ওনার ছেলে আমন রেখা নামের এক মেয়ের সাথে একই ঘরে থাকে। ওদের দুজনের সব মালপত্রও একই ঘরে পড়ে ছিল। আমনের পিতা ওদের দুজনকে এক সাথে দেখে মুখে তো কিছুই বললেন না... কিন্তু ওনার মনে ওদের দুজনের এই সম্পর্কের ব্যাপারে সন্দেহের বীজ অবশ্যই জন্ম নিয়ে নিল। উনি নিজের ছেলের এই নতুন সম্পর্কের ব্যাপারে সব কিছু জানার জন্য অত্যন্ত আতুর হয়ে উঠেছিলেন। সেদিন সন্ধ্যায় উনি যখন নিজের ছেলের সাথে ঘুরতে বার হলেন... তখন উনি রেখার সম্বন্ধে জানার জন্য আমনকে রেখার সঙ্গে এক সাথে থাকার কারণ জানতে চাইলেন। আমন শহরের খরচ, থাকার জন্য ভালো জায়গার অভাব ইত্যাদি বেশ কিছু অসহায়তা নিজের বাবার সামনে তুলে ধরল।

আমনের পিতা আর কিছু জানতে না চাওয়া সত্ত্বেও আমন নিজের বাবার সামনে রেখার সাথে নিজের সম্পর্ককে 'পবিত্র' প্রমাণ করার জন্য বেশ কিছু যুক্তি পেশ করল। সেদিন রাতে যখন ওনারা তিনজন এক সাথে খাবার খেতে বসলেন... তখন আমন আবার এক বার নিজের পিতাকে নানা রকম ভাবে অজুহাত দেখানোর চেষ্টা করল। ও নিজের বাবাকে বলল – "বাবা! রেখা অত্যন্ত ভালো পরিবারের মেয়ে আর ওর স্বভাবও অত্যন্ত ভালো। তাছাড়া পড়াশোনার সাথে-সাথে ও রান্না-বান্না করতেও আমার সব রকম সহায়তা করে।" পিতার সন্দেহকে কিছুটা কম করে এনে আমন আরও বলল – "এমনিতেও আমরা দুজন আলাদা-আলাদা ঘরে থাকি... কেবল দিনের বেলায় কিছুটা সময়ের জন্য কোন জরুরী কাজের জন্য আমরা মিলিত

হই।" বাচ্চারা যতই বড় আর চালাক হয়ে উঠুক না কেন... তাদের এটা ভুলে যাওয়া কখনো উচিত নয় যে, বাবারা সর্বদা বাবাই হন! আমনের পিতাও ওদের দুজনের হাব-ভাব আর চোখে-চোখে হতে থাকা ইশারা দেখে এতটা অনুমান লাগিয়ে নিলেন যে, ওদের দুজনের বন্ধুত্ব অনেকটাই গভীর। জ্ঞানী ব্যক্তিরা একটা কথা বলেন যে, আমাদের জিভ যত মিথ্যাই বলার চেস্টা করুক না কেন... আমাদের চোখ দুটো কখনোই জিভ আর মুখের সঙ্গ দেয় না। না চাওয়া সত্ত্বেও আমাদের চোখ দুটো সকল সত্য তুলে ধরে আর বুদ্ধিমান লোকেরা চোখের এই ভাষা পড়তে কখনো ভুল করেন না।

দু-এক দিন সেখানে কাটানোর পরে যখন আমনের পিতা নিজের বাড়ী ফিরে এলেন... তখন উনি নিজের পত্নীকে সব কিছু জানালেন। মা ছেলের পক্ষ নিয়ে বললেন – "তুমি তো সব সময় সবার মধ্যেই কিছু-না-কিছু দোষ দেখতে পাও। সবার ওপরে সন্দেহ করাটা তোমার পুরোন স্বভাব। যাই হোক্ না কেন, আমার ছেলে এমন হতে পারে না। ওর বিয়ে আমি আমাদের নিজের জাতির কোন মেয়ের সাথে... আমার পছন্দের মেয়ের সাথে বড় ধূমধামের সাথে দেব।"

ওদিকে আমনের পিতা গ্রামে ফিরে যাওয়ার পরে রেখা আমনকে বলল – "যবে থেকে তোমার বাবা আমাদের এখান থেকে গেছেন... তবে থেকে আমি আমার একটা দামী ঘড়ি খুঁজে পাচ্ছি না। তুমি যদি কিছু মনে না করো... তাহলে তুমি এক বার তোমার বাবাকে চিঠি লিখে এটা জেনে নাও যে, সেটা ভুল করে ওনার স্যুটকেসে ঢুকে যায়নি তো?"

রেখার মুখে এমন কথা শুনে আমনের বড়ই অদ্ভূত লাগল যে, রেখা এক দিক থেকে ওর বাবার ওপরে সন্দেহ করছে। কিন্তু আমরা এটাও জানি যে, প্রেম অন্ধ হয় আর প্রেমে পড়ে ব্যক্তি যে কোন কিছুই করতে রাজী হয়ে পড়ে। মন থেকে না চাওয়া সত্ত্বেও আমন নিজের মা-কে এই ব্যাপারে একটা চিঠি লিখেই ফেলল।

সেদিন যখন আমনের পিতা সন্ধ্যায় অফিস থেকে বাড়ী ফিরে এলেন... তখন ওনার পত্নী ওনাকে বললেন – "শহর থেকে আমনের চিঠি এসেছে। ও তোমার কাছে ক্ষমা চেয়ে নিয়ে এটা জানতে চেয়েছে যে, ভুল করে ওর সঙ্গে এক সাথে থাকা সেই মেয়েটা (রেখা)-র ঘড়ি তোমার মাল-পত্রের সাথে চলে আসেনি তো?" আমনের পিতা তখুনি সেই চিঠির জবাব অত্যন্ত ভদ্র ভাষায় দিয়ে লিখলেন – "আমার প্রিয় পুত্র! আমি এমনটা বলছি না যে, তোমরা দুজনে এক সাথে থাকো বা রেখা তোমার ঘরেই রাতে ঘুমোয়। কিন্তু ও নিজের ঘরে থাকলে ওর ঘড়ি প্রথম দিনই ওর বালিশের নীচে পাওয়া যেত। শেষে আমি এটাই বলতে চাই যে, মিথ্যা কথা বলা ব্যক্তি খুব অল্প সময়ই বেঁচে থাকেন... কিন্তু আসল আনন্দ তো সত্য কথা বলা ব্যক্তিরই প্রাপ্ত হয়!"

"জীবনে একটা কথা সর্বদা মনে রাখবে যে, ব্যক্তির ব্যবহারই তার ব্যক্তিত্ব ফুটিয়ে তোলে। ভগবান মাতা-পিতাকে এই পৃথিবীতে বিধাতার রূপ প্রদান করে পাঠিয়েছেন। এজন্য বড়দের সেবা করতে থাকা ব্যক্তিদের আয়ু, যশ, বিদ্যা আর শক্তি সর্বদাই বৃদ্ধি পায়। জলি আজকাল এই বিষয়ে, যুগের গতির থেকেও দ্রুত ছুটতে থাকা যুবাদের কেবল এইটুকুই বলতে চান যে, আপনারা যত চতুর আর হুঁশিয়ারই হয়ে উঠুন না কেন... একটা কথা কখনো ভুলে যাবেন না যে, বাবারা সর্বদা বাবাই হন!

■■■

সেই মাতা-পিতারা বুদ্ধিমান হন... যাঁরা নিজেদের সন্তানকে ভালো ভাবে বুঝতে পারেন!

28

ওভার-টাইম

সন্ধ্যা হতেই গপ্পুর সব বন্ধুরা নিজেদের মা-বাবার সাথে ঘুরতে বা কোন ফিল্ম দেখতে বেরিয়ে পড়ত। গপ্পু একেবারে একা আর উদাস হয়ে নিজের মা-বাবার বাড়ী ফেরার অপেক্ষায় বসে থাকত। ও কখনো নিজের বাবার সাথে কোথাও ঘুরতে যায়নি। যখনই গপ্পুর বন্ধুরা ওকে কোন ফিল্ম দেখার বা কোন হোটেলে খাওয়ার ব্যাপারে গল্প শোনাত... ওর মনটা অত্যন্ত অস্থির হয়ে উঠত। ও মনে-মনে এমনটা চিন্তা করত যে, ওর বাবা তো কখনো ওর সাথে খেলে না। উনি পাড়ার অন্য সব বাবাদের মত সময় মত বাড়ী কেন ফেরেন না... সর্বদা উনি দেরী করে বাড়ী ফেরেন কেন ? ও ভাবত যে, একমাত্র ওর বাবাই দেরী করে বাড়ী ফেরেন আর ওকে কোথাও ঘোরাতে নিয়ে যান না। ও স্থির করল যে, আজ ও নিজের বাবা বাড়ী ফেরা পর্যন্ত ঘুমোবে না আর ওনার কাছে রোজ দেরী করে বাড়ী ফেরার কারণ জানতে চাইবে।

সেদিন যে-ই গপ্পুর বাবা বাড়ী ফিরলেন... গপ্পু নিজের মনের কথা নিজের বাবাকে বলে ফেলল। ওর বাবা ওকে বোঝালেন – "আমি আমাদের বাড়ী আর গাড়ীর জন্য ব্যাঙ্ক থেকে অনেক টাকা লোন নিয়েছি। সেটার কিস্তি মেটানোর জন্য আমাকে রোজ ওভার-টাইম করতে হয়।" "বাবা ! এই ওভার-টাইম কি হয় ?" গপ্পু নিজের বাবাকে প্রশ্ন করল। জবাবে ওর বাবা ওকে বোঝালেন – "নির্দিষ্ট সময়ের অতিরিক্ত সময়ে যে কাজ করা হয়, তাকেই ওভার-টাইম বলে। এই অতিরিক্ত কাজ করার পরিবর্তে যে টাকা আমি পাই... সেটা দিয়ে আমি ব্যাঙ্কের কিস্তি শোধ করি।" এবার গপ্পু প্রশ্ন করল – "এক দিন ওভার-টাইম করলে তুমি কত টাকা পাও ?" গপ্পুর বাবা বললেন – "আমি এক দিন ওভার-টাইম করলে 300 টাকা পাই।" কিছুক্ষন চিন্তা করার পরে গপ্পু নিজের বাবাকে বলল – "বাবা ! তুমি কি সেটার থেকে কিছু টাকা আমাকে দিতে পারবে ?"

গপ্পুর বাবা খুশী মনে গপ্পুকে 20 টাকা দিয়ে দিলেন। এর কিছু দিন পরে

গপ্পু আবার এক বার নিজের বাবার থেকে টাকা চাইলে ওর বাবা প্রশ্ন করলেন – "তুমি এই টাকা দিয়ে কি করবে ?" গপ্পু বলল – "আমি নিজের পিগ্গী ব্যাঙ্কে টাকা জমাচ্ছি। আমি একটা অত্যন্ত জরুরী জিনিষ কিনতে চাই।" ওর বাবা গপ্পুর এই সঞ্চয় করার অভ্যাস ভালো লাগল আর এবার থেকে উনি রোজ গপ্পুকে কখনো 5 টাকা, তো কখনো 10 টাকা দিতে লাগলেন। এক দিন সকালে যখন গপ্পুর বাবা অফিস যেতে লাগলেন... তখন গপ্পু বাবাকে বলল – "বাবা! আজ আমার জন্মদিন আর আমি নিজের কিছু বন্ধুকে বাড়ীতে ডেকেছি। তুমি কি আজ সন্ধ্যায় অফিস থেকে একটু তাড়াতাড়ি বাড়ী আসতে পারবে ?" ওর বাবা বললেন – "আমি সেদিন তোমাকে বুঝিয়ে বলেছিলাম যে, আমাকে অফিসে ওভার-টাইম করার জন্য থাকতে হয়।" এই শুনেই গপ্পু ছুটে গিয়ে নিজের ঘর থেকে ওর পিগ্গী ব্যাঙ্কটা উঠিয়ে নিয়ে এল। ও সেটার থেকে সব পয়সা বার করে নিজের বাবার সামনে রেখে দিল আর বলল – "বাবা! সেদিন আমি তোমাকে বলেছিলাম না যে, আমি একটা অত্যন্ত জরুরী জিনিষ কিনতে চাই। আমি এই সব পয়সা আজ তোমার ওভার-টাইম কেনার জন্য জমিয়েছি। এখানে পুরো 300 টাকা আছে। তুমি এই সব পয়সা নিয়ে নাও... কিন্তু প্লীজ আজ তুমি ওভার-টাইম কোর না। আজ আমি নিজের জন্মদিন তোমার সাথে কাটাতে চাই... আমি আজ একা থাকতে পারব না।"

সরল বাচ্চার প্রেমের এই দৃশ্য দেখে গপ্পুর মা-বাবার চোখ জলে ভরে এল। আমরা এটা সবাই জানি যে, পরিবারের সদস্যদের জন্য সুখ-সুবিধা জোটানোর জন্য মেহনত করাটা খুবই ভালো হয়। জলি আঙ্কলের অভিজ্ঞতা তো এটাই বলে যে, যা কিছু আপনাদের ভাগ্যে রয়েছে... সেটা দুনিয়ার কোন শক্তিই আপনাদের থেকে কেড়ে নিতে পারবে না আর যা কিছু আপনাদের ভাগ্যে নেই... সেটা দুনিয়ার কোন শক্তিই আপনাদের প্রদান করতে পারবে না! এমন পরিস্থিতিতে দিন-রাত ওভার-টাইম করে পয়সা কামানোর নেশায় বাচ্চাদের ছোট-ছোট খুশীর বলিদান দেওয়াটা কতটা ন্যায্য ?

■■■

দুনিয়ার সব থেকে ধনী ব্যক্তিও চলে যাওয়া সময়কে ফিরিয়ে নিয়ে আসতে পারেন না!

29

শুভ লাভ

আজ আবার একবার প্রেম বাবু নিজের দোকানে পূজা করার জন্য পূজারীকে ডেকে পাঠিয়েছিলেন। পূজার এই শুভ উপলক্ষে ওনার পরিবারের সকল সদস্য দোকানে এসেছিলেন। পূজা সম্পন্ন হতেই পূজারী জী সুখ-সমৃদ্ধির আশীর্বাদ প্রদান করার সাথে-সাথে দোকানের চৌকাঠ, বই-খাতা আর সিন্দুকের ওপরে কেশর দিয়ে 'শুভ লাভ' লিখে দিলেন। পাশেই দাঁড়িয়ে থাকা প্রেম বাবুর মেয়ে পূজারী জী-কে প্রশ্ন করল – "শুভ লাভ লিখলে কি হয় ?" পূজারী জী ওকে জানালেন – "এমনটা মানা হয়ে থাকে যে, শুভ লাভ লিখলে মহালক্ষ্মী আর গণেশ জী তো প্রসন্ন হন-ই... দোকানও শুভ হয়ে থাকার সাথে-সাথে ভালো লাভও প্রদান করে।" প্রেম বাবুর মেয়ে পূজারী জী-র প্রতি অভিযোগ জানিয়ে বলল – "আমরা তো বহু বছর ধরে পূজা করাচ্ছি... কিন্তু আমাদের তো কখনো লাভ হয় না! আপনিও প্রতি বার আশীর্বাদ দিয়ে আমাদের মিথ্যা স্বান্তনা দিয়ে যান। আমার সকল বান্ধবীদের বাড়ীতে গাড়ী রয়েছে... কিন্তু আমরা আজও সেই স্কুটারই চড়ছি।" পূজারী জী প্রেম বাবুর মেয়ের মাথায় হাত বুলিয়ে বললেন – "আমার সম্পূর্ণ বিশ্বাস রয়েছে যে, ভগবান এই বার তোমার প্রার্থনা স্বীকার করে দোকানে লাভ দেওয়ার সাথে-সাথে তোমাদের সকল ইচ্ছা পূরণ করে দেবেন।"

এই ফাঁকে প্রেম বাবুর পত্নী প্রেম বাবুর কাছে এসে বললেন – "আমার মা পুরো পরিবারের সাথে হরিদ্বার যাওয়ার প্রোগ্রাম বানিয়েছেন। তুমি এক কাজ করো... দোকানের চাবি তুমি মুন্শী জী-কে দিয়ে দিও।" পত্নীর হুকুম মেনে পরের দিন সকালেই প্রেম বাবু নিজের মালপত্র নিয়ে শ্বশুরবাড়ী পৌঁছে গেলেন। সবাই এক বাসে চেপে হরিদ্বারের উদ্দেশ্যে রওনা হয়ে পড়লেন। পুরো রাস্তায় খাবার খাওয়ার সাথে-সাথে গান-বাজনা চলতে লাগল... যার ফলে সফরের মজা দ্বিগুণ হয়ে উঠল। হরিদ্বার পৌঁছতেই প্রেম বাবুর শাশুড়ী গঙ্গা স্নান করার ইচ্ছা প্রকাশ

করলেন। স্নান করে শাশুড়ী মা যখন ঘাট থেকে উঠে আসছিলেন... এমন সময় ওনার মনে এমন ইচ্ছা এল যে, আজ উনি এটা পরীক্ষা করে দেখবেন যে, ওনার কোন্ জামাই ওনাকে সব থেকে বেশী ভালবাসে। উনি পা পিছলে পড়ে যাওয়ার এমন অভিনয় করলেন, যেন উনি সত্যি-সত্যি গঙ্গায় ডুবে যাচ্ছেন। ওনার সব থেকে ছোট জামাই ঝট্ করে গঙ্গায় ঝাঁপ দিয়ে পড়ল আর শাশুড়ী মায়ের হাত চেপে ধরে ওনাকে জল থেকে তুলে নিয়ে এল। ছোট জামাই-য়ের এমন ভালবাসা দেখে শাশুড়ী মা ওকে বললেন – "আমাদের বাড়ীতে লাল রং-য়ের যে গাড়ীটা আছে... সেটা আজ থেকে তোমার।" পরের দিনও শাশুড়ী মা আবার একবার একই নাটক করলেন। এবার মেজো জামাই ছুটে গিয়ে শাশুড়ী মায়ের প্রাণ বাঁচিয়ে নিল। শাশুড়ী মা খুশী হয়ে উঠে মেজো জামাইকে বললেন – "আমাদের বাড়ীতে যে মোটর সাইকেলটা আছে... সেটা আমি তোমাকে উপহার দিচ্ছি।"

এত সব কিছু হওয়ার পরে শাশুড়ী মায়ের মনে এই প্রশ্ন উঠল – "আমার সব থেকে বড় জামাই প্রেম তো এমনিতে সব সময় মোহ-ভালবাসার কথা বলতে থাকে... কিন্তু আমার প্রাণ বাঁচানোর জন্য ও একবারও এগিয়ে এলো না।" এর একটু পরে শাশুড়ী মা ঘাটের পাশে পায়চারী করে বেড়াচ্ছিলেন... এমন সময় উনি পা পিছলে গঙ্গায় পড়ে গেলেন আর উনি প্রচণ্ড জোরে সাহায্যের জন্য চেঁচালেন। প্রেম বাবু ওনার আর্তনাদ তো শুনতে পেলেন... কিন্তু সাথে-সাথে উনি এই দ্বিধাতেও ফেঁসে গেলেন যে, এখন তো বাড়ীতে কেবল একটা পুরোন সাইকেলই বেঁচে রয়েছে। সেটার জন্য আমি নিজের প্রাণ কেন বিপন্ন করতে যাব ? প্রেম বাবু কোন নির্ণয় গ্রহণ করার আগেই ওনার চোখের সামনে ওনার শাশুড়ী মা গঙ্গার তীব্র স্রোতে বয়ে গিয়ে ডুবে গেলেন। শাশুড়ী মায়ের অন্তিম ক্রিয়া-কর্ম সম্পন্ন করার পরে সবাই যে যার বাড়ী ফিরে এলেন।

বাড়ী ফিরে এসে প্রেম বাবুর শ্বশুর নিজের পত্নীর ডায়রী খুললে দেখলেন যে, ওনার পত্নী নিজের অংশের থেকে প্রেম বাবুর মেয়ের জন্য দশ লক্ষ টাকা আলাদা করে দেওয়ার জন্য লিখে গেছেন। এই ব্যাপারটা প্রেম বাবুর মেয়ের ওপরে এতটা প্রভাব বিস্তার করল যে, ও পরীক্ষায় বেশী নম্বর প্রাপ্ত করার জন্য নিজের সব বই-খাতার ওপরে 'শুভ লাভ' লিখে দিল। যখন ওর টীচার ওর এমন অদ্ভূত কার্যকলাপ দেখলেন... তখন উনি ওর কাছে এর কারণ জানতে চাইলেন। প্রেম বাবুর মেয়ে ঝট্ করে টীচারকে নিজেদের দোকানে পূজা থেকে শুরু করে হরিদ্বারের সব কাহিনী শুনিয়ে দিল।

টীচার ওকে বুঝিয়ে বললেন – "আমি এই জিনিষটার বিরুদ্ধে নই যে, পরম্পরাকে মান্য করা হোক্। এমনিতে সকল ব্যক্তিরই এই একটা দুর্বলতা থাকে যে, সে যত বেশী সম্ভব লাভ কামাতে চায়। কিন্তু এক দিন এই লাভই লোভ হয়ে উঠে আমাদের সমস্যা বাড়িয়ে তোলে।" প্রেম বাবুর মেয়ে বলল – "আপনি না জানি এ কেমন কথা বলছেন! টাকা-পয়সা ছাড়া জীবন আবার কোন জীবন হয় না কি ? আমার দিদিমার মৃত্যুর আগে এমন অনেক বার হয়েছে যে, টাকা-পয়সার অভাবে আমরা সময় মত স্কুলের ফীস্-ও জমা দিতে পারিনি।" টীচার প্রশ্ন করলেন – "তুমি আমাকে সত্যিকারের মনে এটা জানাও যে, যে টাকা তুমি পেয়েছ... তাতে কি তুমি

আর তোমার পরিবারের লোকেরা খুশী? তুমি কি আসলে এটাকে 'শুভ লাভ' মানো?" টীচার প্রেম বাবুর মেয়েকে আরও বললেন – "যে ভাবে ঢেউ ছাড়া সমুদ্রের কল্পনা করা যায় না... ঠিক সেই ভাবে সমস্যাকে বাদ দিয়ে কোন জীবনও হয় না। কিন্তু তুমি যদি এদিক-ওদিক 'শুভ লাভ' লেখার বদলে নিজের হৃদয়ে এক বার 'শুভ লাভ' লিখে নাও... তাহলে তুমি নিজের ভেতরে এক নতুন শক্তি আর বিশ্বাস অনুভব করবে।" টীচারের এই কথাগুলো জলি আঙ্কলের হৃদয়কে এতটাই স্পর্শ করেছে যে, ওনার ভেতর থেকে এই আওয়াজ ভেসে আসছে – "আমরা যদি নিজেদের মোহ-মায়ার জালে ফেঁসে যাওয়া থেকে রক্ষা করতে পারি... তাহলে ঈশ্বর স্বয়ং আমাদের ঝোলায় 'শুভ লাভ' ঢেলে দেন।

■■■

সর্বদা জলের মত হয়ে উঠুন... যে নিজের রাস্তা নিজে তৈরী করে। পাথরের মত কখনো হবেন না... যে অন্যদের রাস্তাও আটকে দেয়!

30

শিখর স্পর্শ করার জন্য স্বপ্ন দেখাও জরুরী হয়

প্রতিটি ব্যক্তিই সুন্দর, রঙ্গীন আর মিষ্টি স্বপ্ন দেখতে ভালবাসে। পরীদের দুনিয়া আর সাত সমুদ্র পারের দৃশ্যের স্বপ্নে হারিয়ে গিয়ে লোকেরা না জানি কত কি দেখেন আর চিন্তা করেন ! ? এক দিকে যেমন গ্রামে বসবাসকারী যুবকেরা শহরে গিয়ে থাকার স্বপ্ন দেখে... অন্য দিকে শহরের যুবা সম্প্রদায় চাঁদে পা রাখার স্বপ্ন দেখে। এক মধ্যবিত্ত পরিবারের সন্তানও অমিতাভ বচ্চন আর শাহরুখ খানের টি.ভি. শো-তে অংশ গ্রহণ করে নিজের কোটিপতি হওয়ার স্বপ্নকে সাকার করে তুলতে চায়। এক সাধারণ পরিবারের মেয়েও 'মিস্ ইণ্ডিয়া' আর 'মিস্ ওয়ার্ল্ড' হওয়ার স্বপ্ন নিজের মনে সাজিয়ে রাখে। এমন কি বয়োবৃদ্ধরাও নিজেদের জীবনের অন্তিম মুহূর্তগুলোয় স্বপ্নের দুনিয়ায় হারিয়ে গিয়ে না জানি কোথায়-কোথায় ঘুরে বেড়াতে থাকেন।

ছোট নেতারা বড় নেতা হওয়ার আশা আর বড় নেতারা মন্ত্রী পদের লালসাকে সর্বদাই নিজেদের স্বপ্নে লালন-পালন করতে থাকেন। বাচ্চারা পড়াশোনা শেষ করে ডাক্তার, ইঞ্জিনিয়ার আর সরকারী অফিসার হয়ে ওঠার স্বপ্ন দেখতে থাকে। প্রতিটি মাতা-পিতা নিজেদের সন্তানকে সফলতার শিখরে দেখার সুন্দর স্বপ্ন দেখেন। সত্যি... এই সব স্বপ্ন আর স্বপ্নের দুনিয়া কত সুন্দর হয় ! যে জিনিষটা কোন সাধারণ ব্যক্তি নিজের জীবনে কখনো হাসিল করতে পারে না... সেটাকে সে কয়েক মুহূর্তের জন্য হলেও স্বপ্নের দুনিয়ায় হাসিল করে নেয়। ফিল্ম আর টি.ভি.-র প্রোগ্রাম দেখে প্রতিটি যুবা নিজেদের সুপার ষ্টার মনে করতে থাকে। তারা পর্দায় শিল্পীদের জায়গায় নিজেদের গান গাইতে আর নাচতে দেখে।

এখানে এক ছোট্ট মজার ঘটনার কথা আমার মনে পড়ে যাচ্ছে... যেটা আমি আপনাদের সাথে ভাগ করে নিতে চাই। একটি মেয়ে রোজ রাতে চোখে রঙ্গীন চশমা পরে ঘুমোত। এক দিন তার পরিবারের এক বয়স্ক সদস্য এমনটা করার কারণ জানতে চাইলে সেই মেয়েটি অত্যন্ত সরলতার সাথে উত্তর দিল – "এর ফলে আমি

রোজ রাতে রঙীন স্বপ্ন দেখি।" দৈনন্দিন জীবনে সমস্যা, দু বেলা খাবার জোটানোর কটু সত্যকে কয়েক মুহূর্তের জন্য ভুলে গিয়ে, প্রতিটি ব্যক্তি কয়েক মুহূর্তের জন্য হলেও, রঙীন স্বপ্নে নিজেকে হারিয়ে ফেলতে চায়। বিশেষ করে যদি অতীতের কোন মিষ্টি স্মৃতি সাথে থাকে... তাহলে এক অদ্ভূত শান্তি প্রাপ্ত হয়।

এখানে আমি এই সত্য অস্বীকার করব না যে, আপনাদের মত আমারও কিছু স্বপ্ন আছে – সেই স্বপ্ন হচেছ শীর্ষস্হানীয় লেখক হয়ে ওঠার স্বপ্ন। আমার লেখা বড়-বড় সংবাদপত্রে ছাপা হোক আর প্রতিটি পাঠক সেগুলোর প্রশংসা করুক। আমি যদি কোন নেতা বা অভিনেতা হতাম অথবা আমার বাবা যদি কোন মন্ত্রী হতেন... তাহলে আমাদের বাড়ীতে সব সময় প্রেসের লোকেদের ভীড় লেগে থাকত। যখনই আমার কোন পুস্তক প্রকাশিত হয়... সেটার বিমোচন করার জন্য লোকেদের মধ্যে হুড়োহুড়ি পড়ে যেত। কিন্তু স্বপ্ন তো স্বপ্নই হয়। আপনাদের মত আমারও এটা এক রঙীন স্বপ্ন মাত্র। জীবনের বাস্তবিকতার সাথে সেটার দূর-দূরান্ত পর্যন্ত কোন সম্পর্ক নেই। কিন্তু এমনটা বলা হয়ে থাকে যে, প্রতিটি ব্যক্তির স্বপ্ন অবশ্যই দেখা উচিত... কারণ ব্যক্তি নিজের জীবনে যে জিনিষটা প্রাপ্ত করতে পারে না, সেটাকে সে নিজের স্বপ্নে প্রাপ্ত করে নেয়। লাগাতার স্বপ্ন দেখতে থাকা লোকেদের সহায়তা প্রকৃতিও করে আর তাদের স্বপ্নকে সাকার করে তোলার কোন-না-কোন উপায় ঠিকই প্রদান করে। অন্য দিকে এটাও সত্য যে, জীবনে শিখর স্পর্শ করার জন্য স্বপ্ন দেখাটাও অত্যন্ত গুরুত্ব রাখে।

প্রতিটি ব্যক্তির একবারই জীবন প্রাপ্ত হয়। কিছু লোক মেহনত করাকে ভয় পেয়ে নিজেদের শরীরকে বেশী কস্ট দেওয়ায় বিশ্বাস করেন না আর ভগবানের কৃপায় যা কিছু প্রাপ্ত হয়, সেটাকেই নিজেদের ভাগ্য মনে করে সারাটা জীবন কাটিয়ে দেন। অন্য দিকে কিছু মেহনতী লোক কেবল শূণ্যে প্রাসাদ তৈরী না করে সারাটা জীবন সংঘর্ষ করে চলেন আর এমন লোকেরা দেখতে-দেখতে গোটা দুনিয়ার কাছে এক উদাহরণ হয়ে ওঠেন। একটা কথা তো আমাদের সকলকেই মেনে নিতে হবে যে, যেসব ব্যক্তি জীবনে শিখর স্পর্শ করেন... তাঁদের কাছেও আমাদের মতই একটাই জীবন থাকে। কিন্তু তাঁরা নিজেদের স্বপ্নকে বাস্তবে রূপান্তরিত করার সাহস রাখেন। এই সাহস প্রতিটি ভারতীয়দের মধ্যে... বিশেষ করে আমাদের যুবা সম্প্রদায়ের মধ্যে এসে পড়লে আমাদের দেশ দুনিয়ার সকল উন্নতিশীল দেশগুলোর মধ্যে প্রথম স্হানে থাকত। জলি আঙ্কল ঈশবরের কাছে একটাই প্রার্থনা জানাচেছন যে, ঈশ্বর যেন আপনাদের জীবনের সকল স্বপ্ন পূরণ করেন আর আপনাদের সবার শুভ কামনায়, দেশের প্রতিটি নাগরিকের মুখে হাসি ফুটিয়ে তোলার এক ছোট্ট স্বপ্ন সাকার হয়ে ওঠে!

■■■

যাঁদের স্বপ্ন দেখতে ভালো লাগে... তাঁদের কাছে রাত ছোট মনে হয় আর যাঁরা স্বপ্নকে সাকার করে তুলতে চান... তাঁদের কাছে দিন ছোট মনে হয়!

31

লিভ-ইন্-রিলেশন

অনেক রাত পর্যন্ত যখন খান্না সাহেবের ছেলে অর্পন বাড়ী ফিরে এলো না... তখন খান্না সাহেবের পত্নী নিজের স্বামীকে ছেলেকে ফোন করার জন্য বললেন। অনেক বার ফোনে চেষ্টা করার পরে ছেলে জবাব দিল – "আজ অফিস থেকে বেরোতে আমার অনেক দেরী হয়ে যাবে... সেজন্য আমি আজ রাতে বাড়ী ফিরব না।" খান্না সাহেব চিন্তা করতে লাগলেন যে, ওনার ছেলে এ কেমন অদ্ভূত আচরণ শুরু করেছে যে, প্রতি সপ্তাহে বেশ কয়েক দিন ও রাতে বাড়ী ফেরে না। খান্না সাহেবের মেয়ে বাবাকে বলল – "মোটা অঙ্কের সালারী পেতে হলে এই সব কিছু সহ্য করতেই হবে।" পরের দিন সকালে অর্পন বাড়ী ফিরতেই সবাইকে সু-সংবাদ জানিয়ে বলল যে, কোম্পানী ওকে একটা ফ্ল্যাট, গাড়ী আর বেতনে ইন্ক্রিমেন্ট দিয়েছে।

খান্না সাহেবের পত্নী বললেন – "আমাদের বাড়ী তো এই দিল্লীতে আর তুই সেখানে, গুড়গাঁওতে ফ্ল্যাট নিয়ে একা-একা কি করবি ?" অর্পন মাকে বুঝিয়ে বলল – "মা ! রোজ অফিস যেতে-আসতেই বেশ কয়েক ঘন্টা বর্বাদ হয়ে পড়ে। তাই আমি ঠিক করেছি যে, এবার থেকে কেবল ছুটীর দিনগুলোতেই আমি বাড়ী আসব।" ছেলের মুখে এমন কথা শুনে মায়ের পায়ের নীচ থেকে মাটি সরে গেল। উনি ছেলেকে বুঝিয়ে বললেন – "এখন হয়তো তুই বুঝতে পারবি না... কিন্তু মা-বাবার কাছে সব থেকে কষ্টের দিন সেটা হয়, যেদিন তাদের ছেলে তাদের ছেড়ে চলে যায়। তুই যদি একান্তই আলাদা থাকতে চাস... তাহলে তুই যত শীঘ্র সম্ভব বিয়ে করে নে।" অর্পন মনে-মনে এমনটা চিন্তা করল যে, নিজের মনের কথা মা-বাবার সামনে খুলে বলার এটাই হচ্ছে সব থেকে ভালো সুযোগ। ও বলল – "তোমরা আমাকে ভুল বুঝো না... কিন্তু তোমরা নিজেদের মন থেকে আমার বিয়ের চিন্তা বার করে দাও। বিয়ে করে সংসার পাতার পরে লোকেদের সমস্যা ছাড়া আর কিছুই প্রাপ্ত হয় না।" মা অবাক হয়ে উঠে বললেন – "তাহলে কি তুই সারাটা জীবন অবিবাহিত থাকবি ?" "তুমি একেবারে চিন্তা কোর না, মা !" অর্পন বলল –

"আমাদের অফিসে একটা মেয়ে আমার সাথে কাজ করে এবং আমরা দুজন একে-অপরের সঙ্গে 'লিভ-ইন্-রিলেশনশিপ'-তে থাকব বলে ঠিক করেছি।" শ্রীমতি খান্না বললেন – "এ তুই কোন্ নতুন রোগের নাম নিচ্ছিস ? এই 'লিভ-ইন্-রিলেশনশিপ' আবার কি জিনিষ ?"

খান্না সাহেবের মেয়ে মাকে বলল – "মা ! এটা হচ্ছে নতুন যুগের চলন... যেটা এখন আমাদের সমাজেও দাদাদের মত চিন্তাধারার লোকেদের কারণে সম্ভব হচ্ছে। আজকের যুগের নতুন প্রজন্ম বিয়ে করে সংসারের দায়িত্ব মাথায় চাপানোর বদলে বিয়ে না করে এক সাথে থাকতে শুরু করেছে।" "কিন্তু কোন মা-বাবা নিজেদের সন্তানদের এমনটা করার অনুমতি কি করে দিতে পারে ?" অর্পনের মা বললেন। অর্পন বলল – "কিন্তু মা ! এতে খারাপের কি আছে ? এটাও আজকের যুগের এক অংশ হয়ে উঠেছে।" খান্না সাহেব নিজের ছেলেকে এই ব্যাপারে কিছু বলার আগেই, অর্পনের এক বন্ধু এসে পড়ল। সব পরিস্থিতি বুঝে নেওয়ার পরে সে অর্পনকে বলল – "তুই প্রেমের যে নেশায় চুর হয়ে রয়েছিস... সেটা কিছু সময়ের জন্য ভালো লাগে। কিন্তু যেদিন তোর এই নেশা কেটে যাবে... সেদিন তুই নিজেই এর হাত থেকে মুক্তি পাওয়ার জন্য হাত-পা ছুঁড়তে লাগবি। যুগ-যুগ ধরে আমাদের পূর্বপুরুষেরা বিয়ের যে প্রথা তৈরী করেছেন... সেটার দ্বারা এই পবিত্র সম্পর্ক সমাজের সম্মান আর মান্যতা প্রাপ্ত হয়েছে।"

অর্পন নিজের বন্ধুর প্রতি রাগত স্বরে বলল – "তুই এক শিক্ষিত ছেলে হয়েও গাঁইয়াদের মত কথা বলছিস ?" ওর সেই বন্ধু বলল – "তুই তো নিজেকে অত্যন্ত চালাক-চতুর মনে করিস। তুই আমাকে একটা কথা বল যে, যদি তোর বোনও এই ভাবে বিয়ে না করে কারো সাথে থাকতে শুরু করে... তাহলে সেটা তোর কেমন লাগবে ?" অর্পন বলল – "এটা ওর ব্যক্তিগত মামলা। আমার এতে কোন কিছুই যায়-আসে না।" "ঠিক আছে। আমি এটা ধরে নিচ্ছি যে, এতে তোর কোন কিছুই যায়-আসে না। কিন্তু তুই আমাকে এটা বল যে, আজ তুই নিজের মা-বাবার ভালবাসাকে লাথি মেরে আলাদা থাকার কথা বলছিস। কিন্তু ওনারা যদি তোকে 25-টা বছর ভালবেসে বড় না করে তুলতেন... তাহলে কি তুই সেই জায়গায় পৌঁছতে পারতিস, যেখানে তুই আজ দাঁড়িয়ে রইছিস ? আজ তুই ঐ মেয়েটাকে পছন্দ করতে লেগেছিস... তাই তুই এই সম্পর্কে খারাপ কিছুই দেখতে পাচ্ছিস না। তুই নিজের পরিবারের এত দিনের কৃতজ্ঞতাকে এক মুহূর্তের মধ্যে ভুলে গেছিস। নিজের দোষ স্বীকার না করে তুই আজ আমাদের সবাইকে দোষী সাব্যস্ত করছিস।"

খান্না সাহেব নিজের রাগ চেপে রেখে ভারী মনে অর্পনকে বললেন – "আমি তোমাকে আটকাচ্ছি না... কিন্তু আমি এতটা অবশ্যই বলতে চাইব যে, যেদিন তোমার এই খেলা শেষ হয়ে পড়বে... সেদিন তুমি এটা বুঝতে পারবে যে, যে মৌজ-মস্তি আর চাপমুক্ত জীবনের প্রাপ্তির নেশায় তুমি আজ আমাদের ত্যাগ করে চলে যাচ্ছ – সেই জীবন তো তোমার প্রাপ্ত হয়-ই নি... উল্টে সমাজের সাথেও সকল সম্পর্ক বিচ্ছিন্ন হয়ে পড়েছে। যেদিন তোমার এই স্বপ্ন ভেঙে যাবে, সেদিন এত বড় দুনিয়ায় তুমি একেবারে একা হয়ে পড়বে। তুমি এই মুহূর্তে যা-ই বলো না

কেন... আজ পর্যন্ত এই দুনিয়ায় এত বড় ধনবান জন্ম গ্রহণ করেনি, যে সমাজকে অস্বীকার করে বেঁচে থাকতে পেরেছে।" অর্পন নিজের বাবাকে বলল – "বাবা! তুমি চিন্তা কোর না। আমি কোনদিনও সহায়তার জন্য তোমার কাছে আসব না। তুমি হয়তো এটা জানো না যে, সম্পর্ক টাকা-পয়সা দ্বারা নয়... ভালবাসা দ্বারা গড়ে ওঠে!" জলি আঙ্কল ভণ্ড প্রেমের রাগ আলাপ করতে থাকা লোকেদের উদ্দেশ্যে এই সতর্কবাণী ছুঁড়ে দিতে চান যে, এমন সম্পর্ক প্রেম প্রদর্শন করার জন্য নয়... বরং কেবলমাত্র স্বার্থসিদ্ধি করার জন্যই গড়ে তোলা হয়!

■■■

ব্যক্তি প্রেম করার জন্য আর জিনিষ ব্যবহার করার জন্য হয়। কিন্তু আজকাল লোকেরা জিনিষের প্রতি প্রেম আর ব্যক্তিকে ব্যবহার করতে লেগেছে!

32

ছোট্ট ভুল

জ্ঞানপ্রকাশ জী আজ প্রায় 35 - 40 বছর পরে নিজের নাতির সাথে শহর থেকে নিজেদের পৈত্রিক গ্রাম যাচ্ছিলেন। রাস্তায় পুলিশ ওনাদের গাড়ী আটকে চালান কাটাতে বললে জ্ঞানপ্রকাশ জী প্রশ্ন করলেন – "ভাই! আমাদের কি ভুল হয়েছে ?" পুলিশের লোকেরা নিজেদের ভাষায় বলে উঠল – "আপনারা কোন ভুল না করলে আমরা কি আপনাদের ভুলের জন্য অপেক্ষা করে থাকব না কি ?" কোন মতে এই ঝামেলার হাত থেকে মুক্তি পেয়ে গ্রামের মাটিতে পা রাখতেই ওনার চোখ দিয়ে জল পড়তে লাগল। ওনার নাতি কিছুটা অবাক হয়ে উঠে নিজের দাদুকে প্রশ্ন করল – "দাদু, কি হয়েছে ? আপনার শরীর ঠিক আছে তো ? আপনি বাচ্চাদের মত কাঁদছেন কেন ?" জ্ঞানপ্রকাশ জী চোখ মুছে বললেন – "আমার পুরো শৈশব এই গ্রামের মাটিতে খেলা করে কেটেছে।" নাতি বলল – "তাতে কি হয়েছে ? আপনি তো খুবই সাহসী... আপনার মত লোকেদের চোখে জল শোভা পায় না।" নাতির সাথে কথা বলতে-বলতে জ্ঞানপ্রকাশ জী-র দৃষ্টি সামনে লাগানো হাই স্কুলের বোর্ডের ওপরে গেল। কয়েকটা মুহূর্ত সেটাকে ভালো করে দেখার পরে জ্ঞানপ্রকাশ জী নিজের নাতিকে বললেন – "আমি নিজের পড়াশোনা এই স্কুল থেকেই করেছিলাম। আমি যখন স্কুলের পড়াশোনা শেষ করে বেরিয়েছিলাম... তখন আমি এমনটা কখনো চিন্তা করিনি যে, এত বছর পর্যন্ত আমার এই গ্রামে আসাই হবে না। তুমি যদি কিছু মনে না করো... তাহলে আমি কিছুক্ষন স্কুলের ভেতরটা ঘুরে আসতে চাই।"

নাতি বলল – "কিন্তু এখন আপনাকে এখানে কে চিনবে ? ফালতু ভেতরে গিয়ে আপনি সময় বর্বাদ করবেন।" জ্ঞানপ্রকাশ জী বললেন – "এক বার ভেতরে গিয়ে দেখতে বড়ই ইচ্ছা করছে।" দাদু জেদ করায় নাতি ওনাকে সঙ্গে নিয়ে স্কুলের ভেতরে গেল। জ্ঞানপ্রকাশ জী কিছুক্ষন এদিক-ওদিক ঘোরার পরে সোজা প্রিন্সিপালের

ঘরের দিকে এগিয়ে চললেন। দরজায় চাপড়াশী ওনাকে বাধা দিয়ে বলল – "সাহেব এখন এক মীটিং-য়ে রয়েছেন। আপনি কিছুক্ষন অপেক্ষা করুন।" এর কিছুক্ষন পরে প্রিন্সিপাল চাপড়াশীকে দিয়ে জ্ঞানপ্রকাশ জী-কে ভেতরে ডেকে পাঠালেন। জ্ঞানপ্রকাশ জী নিজের পরিচয় দিয়ে বললেন – "সমাজের ভালো করার উদ্দেশ্যে আমি কিছু কাহিনী আর পুস্তক লিখেছি।" প্রিন্সিপাল সাহেব কিছু বিখ্যাত পুস্তকের নাম নিয়ে জ্ঞানপ্রকাশ জী-কে প্রশ্ন করলেন – "এগুলো কি আপনার লেখা ?" জ্ঞানপ্রকাশ জী 'হ্যাঁ' বলতেই প্রিন্সিপাল সাহেব নিজের চেয়ার ছেড়ে উঠে ওনাকে প্রণাম করার জন্য এগিয়ে এলেন।

জ্ঞানপ্রকাশ জী-ও আশীর্বাদ দিয়ে বললেন – "আপনার মত অধ্যাপককে এখানে দেখতে পেয়ে আমার মন সত্যিই অত্যন্ত খুশী হয়ে উঠেছে।" প্রিন্সিপাল সাহেব হাত জোড় করে জ্ঞানপ্রকাশ জী-কে বললেন – "আমি তো কখনো স্বপ্নেও এমনটা ভাবিনি যে, যে মহান লেখকের পুস্তক আমরা বহু বছর ধরে বাচ্চাদের পড়িয়ে আসছি... সেই মহান লেখকের সাথে হঠাৎ এই ভাবে পরিচয় হয়ে পড়বে।" ততক্ষনে চা-জলখাবার এসে গিয়েছিল। চায়ের কাপে চুমুক মারতে-মারতে প্রিন্সিপাল সাহেব জ্ঞানপ্রকাশ জী-কে বললেন – "আপনি জীবনকে অত্যন্ত কাছ থেকে ভালো ভাবে দেখেছেন আর বুঝেছেন। আপনার অনুমতি হলে আমি আপনার থেকে একটা জিনিষ জানতে চাই।" জ্ঞানপ্রকাশ জী চায়ের কাপে চুমুক দিয়ে বললেন – "আপনার মনে কোন শংকা থেকে থাকলে আপনি মন খুলে আমাকে সেটা জানাতে পারেন।" প্রিন্সিপাল সাহেব বললেন – "জীবনে সব কিছু প্রাপ্ত করার পরেও এমন কোন্ জিনিষ থাকে... যেটা আমাদের শান্তিতে বেঁচে থাকতে দেয় না ?"

এক মুহূর্ত দেরী না করে জ্ঞানপ্রকাশ জী প্রিন্সিপাল সাহেবকে বলতে লাগলেন – "জ্ঞানতঃ বা অজ্ঞানতঃ আমাদের দ্বারা হওয়া ছোট-ছোট ভুলই আমাদের জীবনে সব থেকে বেশী অস্থির করে মারে। আমরা প্রায়ই সেই সময় এমন ভুল করে বসি... যখন আমরা এমনটা ধরে নিতে লাগি যে, আমরাই সব কিছু জানি আর বাকী সবাই বোকা ! যখন কি বাস্তবিকতা হচেছ এটা যে, এই দুনিয়ায় এমন কোন ব্যক্তি নেই... যিনি সব কিছু জানেন। আমাদের এটাও ভুলে যাওয়া উচিত নয় যে, প্রতিটি ব্যক্তি কিছু-না-কিছু অবশ্যই জানে। সাধারণতঃ আমরা আরও একটা বড় ভুল এটা করে বসি যে, আমরা অন্যদের কথা সব সময় অর্দ্ধেক শুনি... অন্যের বক্তব্যের এক-চতুর্থাংশও আমরা ভালো করে বুঝি না আর লোকেদের বক্তব্যের ওপরে ভাবনা-চিন্তা না করেই আমরা ঝট্ করে সেটার ওপরে নিজেদের প্রতিক্রিয়া ব্যক্ত করে ফেলি।"

এবার প্রিন্সিপাল সাহেব জানতে চাইলেন – "এর থেকে মুক্তি কি ভাবে পাওয়া যেতে পারে ?" জ্ঞানপ্রকাশ জী নিজের জ্ঞানের খাজানা খুলে ধরে বললেন – "ভুল ছোট হোক্ বা বড়... সেটাকে সংশোধন করার একমাত্র পদ্ধতি এটাই হয় যে, সেই বিষয়ের ব্যাপারে পূর্ণ জ্ঞান প্রাপ্ত করা যাক। এমনিতে সঠিক সময় আর বুদ্ধিমত্তা – দুটো এক

সাথে খুব কম লোকেরই প্রাপ্ত হয়। আপনি নিশ্চয়ই এটা লক্ষ্য করে থাকবেন যে, প্রায়ই সময় মত মাথায় বুদ্ধি আসে না আর বুদ্ধি আসতে-আসতে সঠিক সময় চলে যায়। এজন্য জীবনে কখনোই অন্যদের দোষ-ত্রুটি খুঁজে বার করার ভুল করবেন না... কারণ আপনি যতক্ষন এমনটা করে চলবেন, ততক্ষন আপনি অন্যদের ভুল তো দূরের কথা, নিজের ভুলও সংশোধন করতে পারবেন না।" জ্ঞানপ্রকাশ জী-র থেকে এমন জ্ঞানের ঝলক প্রাপ্ত করার পরে জলি আজকল এটাই বুঝতে পারছেন যে, সারাটা জীবন আমরা কেবল ভুলই করে এসেছি। ধূলো আমাদের মুখে লেগে ছিল... কিন্তু আমরা কেবল আয়না পরিস্কার করে গেছি !

■■■

অন্যের ভুল বার করার জন্য বুদ্ধির প্রয়োজন হয় আর নিজের ভুল স্বীকার করার জন্য সাহসের প্রয়োজন হয় !

33

নতুন বাড়ী

চাকর এসে শমশের সিং-কে বলল যে, কেউ ওনার সাথে দেখা করতে এসেছেন। শমশের সিং দরাজার দিকে তাকালে দেখতে পেলেন যে, ওনার অফিসের এক সহকর্মী হাতে মিষ্টির প্যাকেট আর নিমন্ত্রণ পত্র নিয়ে দাঁড়িয়ে রয়েছে। নিজের সহকর্মীর সাথে কথা বলে শমশের সিং এটা জানতে পারলেন যে, তিনি নিজের নতুন বাড়ী বানিয়েছেন আর সেই বাড়ীর গৃহপ্রবেশ উপলক্ষে উনি ওনাকে নিমন্ত্রণ জানাতে এসেছেন। শমশের সিং আন্তরিকতার সাথে সেই ব্যক্তিকে বললেন – "আমিও পরের বছর অবসর নিতে চলেছি... কিন্তু আজ পর্যন্ত আমি নিজের বাড়ী তৈরী করার ব্যাপারে ভাবনা-চিন্তাও করিনি।" ওনার পুত্র আর পুত্রবধু বলল – "আমরা তো আপনাকে কত বার বলেছি যে, আপনিও যত শীঘ্র সম্ভব নিজের এক বাড়ী বানিয়ে নিন। আপনি যতদিন চাকরী করছেন... ততদিন বাড়ী তৈরী করতে আপনার কোন অসুবিধা হবে না। এক বার চাকরী থেকে অবসর নিয়ে নেওয়ার পরে তো অনেক লোক বাধা দেওয়ার জন্য এসে হাজির হয়।" শমশের সিং নিজের ছেলেকে বললেন – "আজকাল বাড়ী বানানোর জন্য প্রচুর টাকার প্রয়োজন পড়ে।" ওনার ছেলে ঝট্ করে বলে উঠল – "আপনি এক বার বলে তো দেখুন... ব্যাঙ্কের লোক বাড়ীতে এসে আপনাকে লোন দিয়ে যাবে। আপনার ছুটোছুটি করার কোন প্রয়োজনই হবে না।" এবার বাড়ী তৈরী করার জন্য শমশের সিং-য়ের পত্নীও ওনার ওপরে চাপের সৃষ্টি করতে লাগলেন। সরল-সাধাসিধে শমশের সিং নিজের পত্নী আর বাচ্চাদের খুশীর জন্য তাদের এই দাবীর কাছে মাথা নত করে নিলেন।

পরের দিন থেকেই ওনার ছেলে কিছু লোকের সাথে শলা-পরামর্শ করে বাড়ী তৈরীর কাজ শুরু করিয়ে দিল। বাড়ী তৈরী করার জন্য শমশের সিং ব্যাঙ্ক থেকে মোটা লোন নিয়ে ছেলের হাতে তুলে দিলেন। যেমন-যেমন শমশের সিং-য়ের চাকরী

থেকে অবসর নেওয়ার দিন এগিয়ে আসতে লাগল... ওনার ছেলে বাড়ী তৈরীর কাজ আরও দ্রুত করে তুলল... যাতে শমশের সিং সরকারী বাংলো ছেড়ে সোজা নিজের বাড়ীতে প্রবেশ করতে পারেন। এক দিন হঠাৎ শমশের সিং নিজের পত্নীকে বললেন – "বেশ কয়েক বছর হল, আমরা কোথাও ঘুরতে যাইনি। তুমি বললে চাকরী থেকে অবসর নেওয়ার আগে সরকারী খরচে আমরা কোথাও ঘুরে আসতে পারি।" ওনার ছেলে আর ছেলের বৌ বলল – "শুভ কাজে দেরী করে কি লাভ ? এর থেকে ভালো আর কি হতে পারে ? আপনারা দুজনে যত দিনে ফিরে আসবেন... তত দিনে বাড়ীও তৈরী হয়ে পড়বে।" ওরা দুজনে তখুনি এক ট্রাভেল এজেন্সীকে বলে ওনাদের দুজনের জন্য এক দারুণ ছুটী কাটানোর প্রোগ্রাম বানিয়ে ফেলল। ট্যুরের সময় ফোনে ছেলে আর ছেলের বৌ-য়ের সাথে লাগাতার বাড়ী তৈরীর ব্যাপারে ওনাদের কথা হতে লাগল। এর কিছু সময় পরে যখন শমশের সিং আর ওনার পত্নী ট্যুর থেকে ফিরে এলেন... তখন ওনারা নিজেদের সুন্দর বাড়ী দেখে অত্যন্ত প্রসন্ন হয়ে উঠলেন। বাইরে থেকে ভালো করে পুরো বাড়ীটা দেখার পরে ওনারা বাড়ীর ভেতরে প্রবেশ করলেন।

বাড়ীর সৌন্দর্য দেখার পরে শমশের সিং প্রশ্ন করলেন – "আমাদের ঘর কোন্‌টা ?" ওনার ছেলে বলল – "আপনি এ কী বলছেন, বাবা ? পুরো বাড়ীটাই তো আপনার... আপনারা আলাদা করে ঘরের কথা কি বলছেন ?" পুত্রবধূ যখন ওনাদের খাবার খাওয়ার জন্য ডাকল... তখন শমশের সিং বললেন – "আমি অত্যন্ত ক্লান্ত হয়ে উঠেছি। প্রথমে স্নান করে নিই... তারপর আরাম করে বসে খাবার খাব।" উনি আরও বললেন – "তোমরা এক কাজ করো... আমাদের জিনিষ-পত্র আমাদের ঘরে পৌঁছে দাও।" এই শুনেই শমশের সিং-য়ের ছেলে ফোন করার অজুহাত দেখিয়ে ঘরের বাইরে বেরিয়ে গেল। পুত্রবধূও এড়িয়ে চলার চেস্টা করতে লাগল। শমশের সিং-য়ের পত্নী প্রশ্ন করলেন – "কি ব্যাপার ? তুমি এমন করছ কেন ?" পুত্রবধূ বাড়ীর ড্রাইভারকে ডেকে পাঠিয়ে ইশারায় ওনাদের জিনিষ-পত্র বাড়ীর পেছন দিকে তৈরী ঘরে নিয়ে যেতে বলল। এই দেখে শমশের সিং আর ওনার পত্নীর পায়ের নীচ থেকে মাটি সরে গেল। পুত্রবধূ অজুহাত দেখিয়ে বলল – "আসলে আপনাদের জন্য যে কামরাটা বানানো হয়েছিল, আপনাদের ছেলে সেটায় নিজের অফিস বানিয়ে নিয়েছে। এই জন্য আপনাদের জন্য আলাদা করে বাড়ীর পেছন দিকে একটা ঘর বানাতে হয়েছে।" সারাটা জীবন আরামে সরকারী বাংলোয় কাটানো শমশের সিং নিজের পত্নীর সাথে চুপচাপ বাড়ীর পেছন দিকে চাকরদের জন্য তৈরী ঘরে থাকার জন্য চলে গেলেন।

সেই ঘরে ঢুকতেই শমশের সিং-য়ের পত্নী ওনাকে বললেন – "সারাটা জীবন ধরে আমি তোমাকে বলে এসেছি যে, এতটা নম্র হোও না... অন্যথা এক দিন এই

দুনিয়া তোমাকে গিলে খাবে। এটা তোমার সরলতারই পরিণাম যে, আজ তোমার ছেলে আর ছেলের বৌ তোমাকে এই ভাবে নাচাচ্ছে।" শমশের সিং নিজের পত্নীকে স্বান্তনা দিয়ে বললেন – "মনে হচ্ছে, তুমি সেই প্রবাদবাক্য শোননি – যদি কেউ তোমার মনে দুঃখ দেয়, তাহলে সেটার জন্য মন খারাপ কোর না... কারণ প্রকৃতির নিয়মই হচ্ছে এটা যে, যে গাছের ফল সব থেকে মিষ্টি হয়... সেই গাছকেই সব থেকে বেশী পাথরের আঘাত সহ্য করতে হয়।" শমশের সিং-য়ের ধৈর্য্যের উদ্দেশ্যে সেলাম জানিয়ে জলি আঙ্কল ওনার পুত্র আর পুত্রবধূকে এটা বলতে চান – "মাতা-পিতা তো সেই অমূল্য রত্ন হন... যেটা আমাদের বিনা পয়সায় প্রাপ্ত হয়। কিন্তু সেটার মূল্য সেই দিন জানতে পারা যায়... যখন সেটা হারিয়ে যায়। আপনারা যে ভাবে ছল-কপট করে নিজেদের মাতা-পিতার থেকে তাঁদের নতুন বাড়ী কেড়ে নিয়েছেন... তার জন্য আপনারা আজ থেকেই সাবধান হয়ে উঠুন – অনথা খুব শীঘ্র আপনাদের বাড়ীও কেউ-না-কেউ আপনাদের থেকে কেড়ে নিতে পারে!"

■■■

ধৈর্য্য এমন এক যন্ত্র হয়... যেটা আপনাদের সারাটা জীবন না তো কারও দৃষ্টিতে আর না-ই কারও পায়ে পড়তে দেয়!

34

ফালতু কথা

অনেক দিন পর রেনুর এক বান্ধবী ওর সাথে দেখা করতে ওদের বাড়ীতে এল। রেনু নিজেদের চাকর ভোঁদুকে ডেকে বলল – "আজ আমার এই বান্ধবী অনেক দিন পরে এসেছে। তুমি ভালো করে চা-জলখাবার বানিয়ে নিয়ে এসো।" ভোঁদু চায়ের ট্রে টেবিলে রেখে বলল – "ম্যাডাম! আপনাকে এক কথা জিজ্ঞাসা করার ছিল।" রেনু বলল – "হ্যাঁ... বলো, কি বলতে চাও?" "ম্যাডাম! বেশ কয়েক দিন ধরে আমার মনে একটা প্রশ্ন উঠছে যে, হাওয়াই জাহাজ যেখান থেকে ওঠে-নামে... সেই জায়গাটাকে হাওয়াই আড্ডা বলা হয়। সব বাস যেখান থেকে আসা-যাওয়া করে... সেই জায়গাকে বাস আড্ডা বলা হয়। তাহলে যেখান থেকে রেলগাড়ী আসা-যাওয়া করে... সেই জায়গাটাকে রেল আড্ডা কেন বলা হয় না?" রেনু বলল – "আমি তোমাকে এর আগেও অনেক বার বলেছি যে, আমার সাথে এই ধরণের ফালতু কথা তুমি বলতে আসবে না... কিন্তু কে জানে আমার কথা তোমার মাথায় কবে ঢুকবে!" রেনুর বকুনি খেয়ে ভোঁদু তো সেখান থেকে চলে গেল... কিন্তু রেনুর বান্ধবী বলল – "ওর কথাগুলো শুনতে ফালতু লাগে ঠিকই... কিন্তু ওর কথাগুলো দৃষ্টি দেওয়ার মত।" রেনু নিজের বান্ধবীকে বলল – "তুমিও দেখছি ওর মতই পাগল হয়ে উঠলে। এক চাকরের ফালতু কথার ওপরে দৃষ্টি দিতে বলছ। আরে, আলতু-ফালতু কথা বলার পরিবর্তে যখনই সময় পাওয়া যাবে... আমাদের নিজেদের মধ্যে ছোট-ছোট বিচারধারার আদান-প্রদান করা উচিত। তবে সেগুলো রচনাত্মক হওয়া উচিত।"

চা খেতে-খেতে রেনু নিজের বান্ধবীকে প্রশ্ন করল – "হ্যাঁ... এবার তুমি এটা বল যে, এতদিন পরে আজ হঠাৎ আমার কাছে কি মনে করে?" ওর বান্ধবী বলল – "আমি তোমার পতির ব্যাপারে কিছু কথা বলার জন্য এসেছি। পাড়ার কিছু লোক ওনার ব্যাপারে অত্যন্ত অদ্ভূত-অদ্ভূত সব কথা বলে বেড়াচ্ছে।" রেনু বলল

– "তুমি যা বলতে এসেছ, সেসব কি সত্যি ?" ওর বান্ধবী বলল – "সত্যি কথা তো হচেছ এটা যে, আমি এটা বলতে পারব না যে, সেই সব কথার মধ্যে কতটা সত্য আছে আর কতটা মিথ্যা... কারণ আমি সেসব কথা কেবল এদিক-ওদিক থেকে শুনেছি।" রেনু নিজের বান্ধবীকে প্রশ্ন করল – "তুমি আমাকে যা কিছু বলতে চাও, সেসব কি আমার পক্ষে ভালো ? সেসব থেকে কি আমার কোন ভালো হবে ? সেই সব কথার মধ্যে কি এমন কিছু আছে... যার থেকে আমার কিছু লাভ হতে পারে ?" এই সব শোনার পরে রেনুর বান্ধবী চমকে উঠে ওকে দেখতে লাগল। যখন রেনু আবার এক বার নিজের প্রশ্নের পুনরাবৃত্তি করল... তখন ওর বান্ধবী বলল – "সেই সব কথা না তো তোমার পক্ষে ভালো আর না-ই সেসব থেকে তোমার কিছু ভালো হবে।"

এবার রেনু বলল – "সেই সব কথা আলোচনা করে কি লাভ... যাতে কারও কোন লাভই হবে না। যেসব কথা অন্যের পক্ষে কেবল সমস্যা আর চিন্তার কারণ হয়ে ওঠে... সেই সব কথাকে কখনো গুরুত্ব দিতে নেই।" রেনুর বান্ধবী রেনুর মধ্যে এত বড় পরিবর্তন দেখে অত্যন্ত অবাক হয়ে উঠছিল। ও মনে-মনে এটাই চিন্তা করছিল যে, কাল পর্যন্ত সর্বদা মৌজ-মস্তি আর দুষ্টুমীতে সবাইকে পেছনে ফেলে দেওয়া রেনুর মধ্যে এত বড় পরিবর্তন হল কি করে ?! ও যখন আর নিজেকে নিয়ন্ত্রণ করে রাখতে পারল না... তখন ও এই ব্যাপারে রেনুকে প্রশ্ন করেই বসল। রেনু ওকে জানাল – "দিনের বেলা যখন সংসারের সব কাজ সেরে আমি খালি হয়ে পড়তাম... তখন আগে আমি টি.ভি.-তে শাশুড়ী-বৌমার আর সংসারে একে-অপরকে হেয় করা সিরীয়াল দেখতাম। তারপর কিছুদিন আমি এক মহাপুরুষের প্রবচন শুনি। ওনার কথাগুলো আমার বুকের গভীর পর্যন্ত ঢুকে পড়েছিল। এখন তো ধীরে-ধীরে এটা আমার স্বভাব হয়ে উঠেছে যে, ফালতু গল্প-গুজব করার বদলে কিছু ভালো কাজ করা যাক।"

রেনুর বান্ধবী বলল – "মেয়েদের তো অভ্যাসই এমন হয় যে, যতক্ষন না দু-চারজনের নিন্দা আর সমালোচনা করা হচেছ... ততক্ষন পর্যন্ত তাদের খাবার হজমই হতে চায় না। একজন মেয়ে হয়ে, তুমি নিজেকে এই সব কিছু থেকে দূরে কি করে সরিয়ে রাখতে পারছ ?" রেনু নিজের বান্ধবীকে বলল – "এটা তেমন মুশ্কিল কাজও নয় আর এর জন্য কোন মন্ত্র শেখারও প্রয়োজন পড়ে না। কারও নিন্দা করার থেকে দূরে সরে থাকার একটাই উপায় আছে আর সেটা হচেছ এই যে, অন্যদের দোষ-ত্রুটি বার করা বন্ধ করে দেওয়া। আমাদের সব ভালো কাজ আর ভালো চিন্তাধারা সেই সময় ব্যর্থ হয়ে ওঠে... যখন আমরা ফালতু কথা বলে অন্যদের সমালোচনা করা শুরু করে দিই। ভালো কথা বলতে আর মিষ্টি কথা বলতে আমাদের একটা পয়সাও খরচ করতে হয় না... এজন্য আমাদের সর্বদা এই চেষ্টাই করা উচিত যে, আমরা কেবল প্রেমপূর্ণ, মধুর আর সত্য কথাই বলব।" রেনুর

বান্ধবী বলল – "যেসব কথা তুমি এত সহজে বলে চলেছ... সেগুলো কি জীবনে গ্রহণ করা সম্ভব ?" রেনু বলল – "চলো... তোমার এই প্রশ্নের উত্তর জলি আঙ্কলের থেকেই জেনে নেওয়া যাক যে, এই ব্যাপারে ওনার কি মতামত ?" ওদের দুজনের কথাবার্তা শুনে জলি আঙ্কল বলছেন – "আমি কোন বিশেষজ্ঞ তো নই... কিন্তু আমার মতে যে ব্যক্তি লাগাতার প্রচেষ্টা চালিয়ে যান আর সাহস হারান না... তিনি এক দিন কেবল মানব জাতির ভালো চিন্তা করেই মধুর বাণী বলতে লাগেন না... বরং ফালতু কথা বলে এড়িয়ে চলে নিজের অমূল্য সময়ও বর্বাদ হয়ে পড়া থেকে বাঁচিয়ে নেন !"

■■■

জীবন কেবল তাঁকেই পুরস্কার প্রদান করে... যিনি ফালতু কথা বলা এড়িয়ে চলে নিজের কাজ সম্পূর্ণ নিষ্ঠার সাথে করে চলেন !

35

ফুলের কথা

এক বার কিছু হাস্য শিল্পী প্রোগ্রাম করার জন্য বাসে চেপে মুসৌরী যাচ্ছিলেন। বাসের ড্রাইভার অত্যন্ত দ্রুত গতিতে আর উল্টো-পাল্টা ভাবে বাস চালাচ্ছিল। বাসে বসে থাকা সকল শিল্পীরা বার-বার এদিক-ওদিক পড়ে যাচ্ছিলেন। একজন শিল্পী বাস ড্রাইভারের উদ্দেশ্যে চেঁচিয়ে বলে উঠলেন – "একটু আস্তে বাস চালাও... কারণ এই বাসে সব শিল্পীরা বসে রয়েছেন। আমার এমনটা মনে হচ্ছে যে, তুমি হয়তো এটা জানো না যে, শিল্পীরা ফুলের মতই অত্যন্ত কোমল হন।" বাস ড্রাইভার রাবণের মত জোরে হেসে উঠে বলল – "আপনারা যদি নিজেদের ফুল মনে করেন... তাহলে আপনারা মুসৌরী কি জন্য যাচ্ছেন? আপনাদের তো হরিদ্বার যাওয়া উচিত ছিল।" ড্রাইভার এমনটা এজন্য বলল... কারণ পবিত্র অস্থিকেও 'ফুল' বলা হয় আর সবাই সেটাকে হরিদ্বারের গঙ্গার জলেই প্রবাহিত করেন। আরে এ কী! সুগন্ধ ছড়ানো ফুলের ব্যাপারে কথা বলতে-বলতে আমরা তো নিজেদের অজান্তে মৃত্যুর ব্যাপারে কথা বলতে লেগেছি। হুজুর! কোন বাচ্চার জন্মদিনের উৎসব হোক্ বা কারও অন্তিম যাত্রার... ফুল তো সকল উপলক্ষ অনুসারে নিজের সুগন্ধ ছড়ায়!

বাড়ী, অফিস বা পরিবারে খুশীর কোন উপলক্ষ আসলে পরিবেশকে সুন্দর করে তোলার জন্য আর গোটা পরিবেশকে সুগন্ধে ভরিয়ে তোলার জন্য তাজা-সুগন্ধিত ফুলের থেকে বেশী উপযোগী আর কিছুই হতে পারে না। ফুলের সৌন্দর্যের ব্যাপারে এখনও পর্যন্ত সকল কবি আর লেখকেরা নিজেদের কলম আর যোগ্যতা অনুসারে গুণগান করেছেন। আলাদা-আলাদা প্রকার আর রং-য়ের ফুল যখন এক জায়গায় একত্রিত হয়ে মালা বা গুচ্ছের রূপ গ্রহণ করে... তখন একে-অপরের সাথে মিলিত হতেই সেগুলোর সুগন্ধ আর সৌন্দর্য যেন আরও বেশী বেড়ে ওঠে। নিজের সুগন্ধ আর সৌন্দর্য দ্বারা গোটা দুনিয়াকে প্রলোভিত করে তোলা ফুলের মধ্যে অহংকার নামের কোন জিনিষই থাকে না। ফুল অহংকার প্রকাশ করবেই বা কি করে? কোমল এই সব ফুলকে সারাটা জীবন কাঁটার সাথে কাটাতে হয়। সর্বদা কাঁটার মধ্যে থেকেও কোন ফুল কখনো যন্ত্রণা হওয়ার অভিযোগ

করে না... না-ই কখনো কোন ফুল দেখে আপনাদের সেটার যন্ত্রণার অনুভূতি হয়।

প্রেমিক-প্রেমিকার প্রথম মিলন হোক্ বা নেতা জী-র জয়ের কোন উৎসব... সুন্দর ফুল ছাড়া সব কিছুই যেন কেমন অপূর্ণ মনে হয়। ঈশ্বরও না জানি ফুলেদের ভাগ্য কোন্ কলম দিয়ে লিখেছেন যে, একই বাগানে ফোটা সকল প্রকারের ফুল কখনো প্রেমিক-প্রেমিকাদের খুশী করে তোলে... কখনো কেউ এই সব ফুল বিবাহের উৎসবে ঘর সাজাতে, তো কেউ নিজেদের প্রিয়জনের অন্তিম যাত্রায় ব্যবহার করে। কিছু লোক পীর-ফকিরদের মাজারে চাদর চড়ানোর জন্য আর কেউ নাচ-গান করতে থাকা বাঈজীদের খুশী করে তোলার জন্য ফুলের সহায়তা গ্রহণ করে। আমাদের যখনই ভগবানের থেকে নিজেদের পরিবারের জন্য বিশেষ কিছু চাওয়ার প্রয়োজন হয়... আমরা ভগবানকে খুশী করে তোলার জন্য দামী ফুলের মালা পরাই। এই দুনিয়ায় ভগবান বোধহয় সব থেকে উদার হৃদয় ফুলকেই প্রদান করেছেন। আমি এমনটা এতটা জোরের সাথে এজন্য বলছি... কারণ ফুলের দিকে হিন্দু-মুসলমান-শিখ-খ্রীষ্টান আর অন্য যে কোন ধর্মের লোকেরাই হাত বাড়াক না কেন... ফুল সবাইকেই হাসি মুখে স্বাগত জানায়। ফুল মন্দির, মসজিদ, গুরুদ্বারা বা চার্চ – যেখানেই যাক না কেন... সেখানে পৌঁছনোমাত্র এর সুগন্ধ চার পাশে ছেয়ে যায়।

এতে কোন দ্বিমত থাকতে পারে না যে, সবাইকে খুশী আর সৌন্দর্য প্রদান করা ছোট-বড়, সকল রং-য়ের ফুল প্রকৃতির অমূল্য উপহারগুলোর অন্যতম। শুধু তাই নয়... যখন কোন রোগের কোন চিকিৎসা সম্ভব হয় না, সেখানে ফুলের সহায়তায় তৈরী কিছু ঔষধি আমাদের জীবনে আবার এক বার খুশী ফিরিয়ে নিয়ে আসে। ফুল এক দিকে যেমন নিজের রং-রূপের মাধ্যমে মুহূর্তের মধ্যে আমাদের প্রকৃতির কাছাকাছি নিয়ে যায়... অন্য দিকে প্রেমপূর্ণ হাসি হাসতে থাকা ফুল যেন আমাদের এটা বলতে চায় যে, কয়েক মুহূর্তের জন্য হলেও এক বার আমাদের দিকে ভালো করে তাকাও... কেবল তোমাদের মুখ-চোখেরই নয়, তোমাদের জীবনের সকল সমস্যা আর চিন্তা এক মুহূর্তের মধ্যে হাসিতে পরিবর্তিত হয়ে পড়বে। ঈশ্বর সৌন্দর্যের সাথে ফুলেদের এতটা শান্তিপ্রিয় স্বভাব প্রদান করেছেন যে, সেগুলো গাছের ডালে ঝুলে থাকুক বা কেউ সেগুলোকে মাটিতে ফেলে দিক – ফুল সর্বদাই নিজের স্বভাব অনুসারে সুগন্ধ ছড়াতে থাকে।

সুন্দর ফুল দেখার সময় আমাদের প্রত্যেকেরই এমনটা অনুভব হতে থাকে যে, ফুল যেন সমস্ত মানব জাতির উদ্দেশ্যে এমন বার্তা দিতে চাইছে যে, জীবনে যত সমস্যাই আসুক না কেন... সর্বদা হাসি-খুশী থাকা উচিত। এমনটা মনে হয় যে, মুখে কিছু বলতে না পারা সত্ত্বেও প্রতিটি ফুল নীরব ভাবে এমন ভাবনা ব্যক্ত করছে যে, সততা হচ্ছে সেই ফল... যেটা ব্যক্তির জীবন রূপী বৃক্ষকে অমর করে তোলে। আমাদের বাচ্চারাও ঠিক কোন ফুলের মতই কোমল হয়। যদি কোন ভালো মালীর মত তাদের সঠিক লালন-পালন করা যায়... তাহলে তাদের জীবন আর ভবিষ্যতও ফুলের মতই চার দিকে সুগন্ধ ছড়াতে থাকবে। গোলাপ ফুল গোটা দুনিয়াকে খুশী প্রদান করে চলে নিজের সারাটা জীবন কাঁটার মধ্যেই সুরক্ষিত ভাবে কাটিয়ে দেয়। সব

কিছু দেখেও আমরা ফুলের স্বভাব অনুসারে নিজেদের তৈরী করার ওপরে ভাবনা-চিন্তা করি না। যে কোন ব্যক্তি জ্ঞানের পুস্তক না পড়েও ফুলেদের থেকে এটা শিখতে পারেন যে, সত্যিকারের আনন্দ কাউকে কষ্ট দিয়ে নয়... বরং কষ্ট সহ্য করে চার পাশে নিজের ভালো কাজের সুগন্ধ ছড়িয়ে দিয়ে প্রাপ্ত করা যেতে পারে। এমনটা এজন্য বলা হয়ে থাকে... কারণ এই দুনিয়া প্রতিটি ব্যক্তিকে কেবল তাঁর ভালো কাজ দ্বারাই চেনে। জলি আঙ্কল বিভিন্ন রং-য়ের ফুল দেখে এমনটাই অনুভব করছেন যে, যদি আমরা কোন ফুলকে ভালো ভাবে বোঝার চেস্টা করি... তাহলে আমরা এটাই বুঝতে পারব যে, আমাদের সবার প্রতি এক রকমের স্নেহ করা উচিত... একমাত্র তাহলেই বিনম্রতার প্রাপ্তি হতে পারে!

■■■

প্রতিটি ফুল সুগন্ধ ছড়ায়। আমরাও চাইলে ফুলের মতই সবাইকে খুশী করে তুলতে পারি!

36

উদ্দেশ্য

সক্কাল-সক্কাল ডাক্তার রাস্তোগী চায়ের কাপে চুমুক মারতে-মারতে খবরের কাগজে প্রকাশিত খবরগুলোকে বড়ই মনোযোগের সাথে দেখছিলেন। এমন সময় ডোর বেল বেজে উঠে ওনাকে প্রচণ্ড চমকে দিল। না চাওয়া সত্ত্বেও খবরের কাগজ এক পাশে সরিয়ে রেখে ডাক্তারবাবুকে দরজা খোলার জন্য উঠতেই হল। দরজা খুলতেই উনি দেখতে পেলেন এক সাধু বাবা গেরুয়া পোশাক পরে হাতে কমণ্ডল নিয়ে দাঁড়িয়ে রয়েছে। ডাক্তারবাবুকে দেখেই সে বলল – "দু দিন ধরে কিছু খাইনি... খু-উ-ব ক্ষিধে পেয়েছে। আমাকে কিছু ভালো-ভালো খাবার খাওয়ান।" ডাক্তার সাহেব নিজের মনে-মনে বিড়বিড় করে উঠলেন – "এ যেভাবে আমার ওপরে হুকুম চালাচ্ছে... সেই ভাবে তো আমি জীবনে কখনো কোন হোটেলের ওয়েটারকেও অর্ডার করিনি।"

ডাক্তার সাহেবও মজা করে বলে উঠলেন – "বাবা! আজ আমি তোমাকে খাবার খাওয়াতে পারব না... কারণ আমার পত্নী বাড়ীতে নেই।" সাধু বাবা বলল – "বেটা! আমি তোমার থেকে খাবার চেয়েছি... তোমার পত্নীর থেকে নয়।" অনেক বার মানা করা সত্ত্বেও যখন ডাক্তার রাস্তোগী এটা দেখলেন যে, সেই সাধু বাবা সেখান থেকে যাওয়ার নাম নিচ্ছে না... তখন উনি বললেন – "গতকালের বাসী খাবার চলবে?" এক মিনিট কিছু একটা চিন্তা করার পরে সাধু বাবা বলল – "এমনিতে তো আমি সর্বদা তাজা খাবারই খাই... কিন্তু তোমার কথায় আমি আজ গতকালের বাসী খাবারই খেয়ে নেব।" এবার ডাক্তার রাস্তোগী বললেন – "তুমি তাহলে কাল এসো।" সাধু বাবা রেগে উঠে বলল – "বেটা! আমার সাথে তামাশা কোর না আর তাড়াতাড়ি আমাকে খাবার খাওয়াও। তুমি আমাকে চেনো না... আমার কাছে প্রচুর জাদু-শক্তি আছে। আমার আশীর্বাদ বা অভিশাপ কখনো ব্যর্থ হয় না। আমার মুখ থেকে বার হওয়া প্রতিটি কথা সর্বদা সত্যি হয়। তুমি হয়তো এটা জানো না যে, আমার সাথে এই প্রকার তামাশা করে তুমি আমার ঘোর অপমান করেছ। আমি যদি এক বার তোমাকে অভিশাপ দিয়ে দিই... তাহলে তুমি বেশ কয়েক জন্ম পর্যন্ত মনুষ্য যোনিতে জন্ম নেওয়ার জন্য অস্থির হয়ে

উঠবে। আমাকে এই ভাবে অপমান করার শাস্তি হিসেবে তোমাকে নরকে গিয়ে অনেক কস্ট ভোগ করতে হবে।''

ওনাদের দুজনের মধ্যে এই প্রকার গরমাগরম তর্কাতর্কি চলছিল... এমন সময় ডাক্তার সাহেবের পত্নী মন্দির থেকে ফিরে এলেন। নিজের স্বামীকে এক সাধু বাবার সাথে এই ভাবে তর্ক করতে দেখে উনি বললেন – ''তুমি বাড়ীর ভেতরে এসো।'' নিজের পত্নী বার-বার বলা সত্ত্বেও ডাক্তার সাহেব নিজের জেদ ত্যাগ করে বাড়ীর ভেতরে গেলেন না। এতে সাধু বাবা আরও বেশী ক্রুদ্ধ হয়ে উঠে বলল – ''এবার তুমি যা-ই করে নাও না কেন... তুমি কখনো মুক্তি পাবে না।'' ডাক্তার সাহেবের পত্নী সাধু বাবার ক্রোধ শান্ত করে তুলে সামনে পড়ে থাকা চেয়ারে বসার জন্য বললেন আর হাত জোড় করে সাধু বাবার থেকে ক্ষমা চেয়ে নিয়ে বলতে লাগলেন – ''বাবা! আমার স্বামী ভুল করে ফেলেছে। আপনি এক বার আমার স্বামীকে ক্ষমা করে দিন। আমি আপনার জন্য ভালো খাবারের ব্যবস্হা করছি।'' সাধু বাবা আরও রেগে উঠে বলতে লাগল – ''এখন আর কিছুই হতে পারে না... কারণ এক বার আমার মুখ দিয়ে যা কিছু বেরিয়ে পড়ে... আমি সেটাকে আর ফেরত নিতে পারি না।'' এই শুনে ডাক্তার সাহেবের পত্নীর বুকের ভেতরটা 'ধ্বক্' করে উঠল আর উনি ভয়ের চোটে থর-থর করে কাঁপতে লাগলেন। ডাক্তার সাহেব যখন সাধু বাবার এমন ব্যবহার আর সহ্য করতে পারলেন না... তখন উনি ধাক্কা দিয়ে সাধু বাবাকে ওনাদের বাড়ী থেকে চলে যাওয়ার জন্য বললেন। সাধু বাবা এতে আরও বেশী রেগে উঠে ডাক্তার সাহেবকে বলল – ''আজ পর্যন্ত তো তুমি লোকেদের চিকিৎসা করে এসেছ... কিন্তু আজকের পর তুমি বরাবরের জন্য রোগী হয়ে জীবন কাটাবে আর তোমার কোন চিকিৎসাও হবে না।''

ডাক্তার সাহেব নিজের পত্নীকে বুঝিয়ে বললেন – ''তুমি এত শিক্ষিতা হওয়া সত্ত্বেও না জানি কেন এই সব ধোঁকাবাজদের চক্করে ফেঁসে যাও। আজ থেকে কিছুদিন আগে যখন তোমার বাবা আমাদের এখানে এসেছিলেন... তখন উনি তোমার সামনেই বলেছিলেন যে, যে ব্যক্তি কিছুটা ভয় পায়... দুনিয়া তাকে আরও বেশী করে ভয় দেখায়। এমন সাধু বাবাদের দোকানদারী লোকেদের মনের মধ্যে আতংক সৃষ্টি করেই চলে। এটা কত আশ্চর্য করে তোলার মত ব্যাপার যে, তুমি জীবিত থাকা সত্ত্বেও মৃত্যুর পরের সময়কে নিয়ে এত বেশী ভয় পাচ্ছ। এটা সত্যি যে, মৃত্যুর ভয় অন্য আর সব ভয়ের তুলনায় বেশী ভয়ভীত করে তোলে। প্রতিটি ব্যক্তি মৃত্যুকে এজন্য ভয় পায়... কারণ তাদের এই পৃথিবী লোক ছাড়া অন্য কোন লোকের ব্যাপারে কোন জ্ঞানই থাকে না। তোমার বাবার একটা কথা আমার সব থেকে ভালো লেগেছিল যে, কোন ব্যক্তি কিছুটা জ্ঞানী হলে সে না তো কাউকে ভয় পায় আর না-ই কাউকে ভয় পাওয়ায়। আমি তো তোমার চিন্তাধারা দেখে আশ্চর্য হয়ে উঠছি যে, বিজ্ঞান আজ মানুষকে চাঁদ আর মঙ্গল গ্রহে পৌঁছে দিয়েছে... কিন্তু তোমাদের মত লোকেদের চিন্তাধারা আজও বহু যুগ পুরোন অন্ধবিশ্বাসে পরিপূর্ণ হয়ে রয়েছে। আর সেটারই লাভ এই ধরণের ভণ্ড সাধু বাবারা ওঠাচ্ছে।''

''যখন তোমার মত বুদ্ধিমতী মহিলারাও এই প্রকারের ভণ্ড সাধু বাবাদের জালে

ফেঁসে গিয়ে তাদের কিছুটা সম্মান দিতে থাকে... তখন এই সব ভণ্ডরা পাগল হয়ে ওঠে। এদের হাতে কিছু পয়সা আসতেই এরা বেকাবু হয়ে উঠতে লাগে। কোথাও থেকে চার লাইন জ্ঞানের কথা শুনে নিলে এরা অন্যদের উপদেশ দিতে শুরু করে। ভুল করেও যদি কেউ এমন ভণ্ড সাধু বাবাদের একটু-আধটু জী-হুজুরী করতে শুরু করে... এরা নিজেদের শক্তি দ্বারা কারও ভালো করার বদলে তাদের বর্বাদ করে তোলার ব্যাপারে ভাবনা-চিন্তা করতে থাকে। আমি তোমার মত প্রায়ই কোন-না-কোন সাধু-সন্তদের প্রবচন শুনতে যাই না ঠিকই... কিন্তু আমার এতটা জ্ঞান অবশ্যই আছে যে, আমাদের এই জীবন ঠিক কোন বাজী ধরার মত হয়। হার-জিত আমাদের হাতে থাকে না... কিন্তু বাজী ধরাটা তো আমাদের হাতে থাকে। এজন্য জীবনকে সর্বদা বাড়িয়ে চলার পরিবর্তে সেটাকে উন্নত করে তোলার চেষ্টা করো।" ডাক্তার রাস্তোগীর কথাগুলোকে আরও একটু স্পষ্ট করে তুলে জলি আঙ্কল নিজের মতামত ব্যক্ত করে বলছেন – "আমরা মৃত্যুর পরের সময়ের ভয়ে ভয়ভীত হয়ে উঠে নিজের হাতে নিজেদের জীবন শেষ করে দেওয়ার আগে আমাদের এটা জেনে নেওয়া জরুরী যে, আমাদের এই জীবনের উদ্দেশ্যটা ঠিক কি ?"

■■■

বিনা উদ্দেশ্যে আপনারা নিজেদের জীবন ময়দানের এদিক-ওদিকে ছুটে বেড়িয়ে কাটিয়ে দেবেন... কিন্তু একটাও গোল করতে পারবেন না!

37

প্রেমের ভাষা

উকিল সাহেবের পত্নী নিজের পতির উদ্দেশ্যে চেঁচিয়ে উঠে বললেন – "আসার সময় রান্নাঘর থেকে স্যালাডের প্লেটটা নিয়ে এসো।" এর কিছুক্ষন পরে ঘরে ঢুকে উকিল সাহেব বললেন – "রান্নাঘরে আমি তো কোথাও স্যালাডের প্লেট দেখতে পেলাম না।" ওনার পত্নী বললেন – "আমি আগে থেকেই এটা জানতাম যে, তোমার দ্বারা কোন কাজ ঠিক ভাবে হয় না। তাই আমি আগেই স্যালাডের প্লেট নিয়ে এসেছিলাম। এবার তুমি আরাম করে বসে খাবার খাও।" উকিল সাহেব সবেমাত্র খাবারের থালা নিজের দিকে টেনে নিয়েছেন... এমন সময় ওনার পত্নী ওনাকে বললেন – "আমাদের মেয়ের বিয়ের জন্য পাত্রপক্ষের তরফ থেকে আজ আবার এক বার ফোন এসেছিল। ওনারা যত শীঘ্র সম্ভব আমাদের সাথে দেখা করে বিয়ের ব্যাপারে সব কিছু ফাইনাল করে ফেলতে চান।" উকিল সাহেব নিজের পত্নীকে বললেন – "আমরা দুজনেই এটা জানি যে, আমাদের মেয়ে আর এই ছেলেটা একই অফিসে অনেক দিন ধরে এক সাথে কাজ করছে। তুমি আমাকে এটাও জানিয়েছ যে, ওরা দুজন দুজনকে পছন্দও করে... কিন্তু আমার সমস্যা হচ্ছে এটা যে, আমি এই সব কিছু আমার বাবাকে খোলাখুলি ভাবে জানাতে পারছি না। ওনার স্বভাব তো তুমি ভালো করেই জানো যে, যতক্ষন না উনি এই ছেলেটার পরিবারের সবার জন্ম কুণ্ডলী দেখে নিচ্ছেন... ততক্ষন উনি এই বিয়ের ব্যাপারে রাজী হবেন না।" উকিল সাহেবের পত্নী বললেন – "যাই হোক্ না কেন... এই কেসে আর ডেট দেওয়া সম্ভব নয়। তাই তুমি আজই বাবার সাথে কথা বলে পাত্রপক্ষের লোকেদের সাথে দেখা করার দিনক্ষন ঠিক করে ফেলো।"

পরের দিনই উকিল সাহেব নিজের পরিবারের লোকেদের সাথে পাত্রপক্ষের বাড়ী পৌঁছে গেলেন। রাস্তায় উকিল সাহেব নিজের বাবাকে পাত্রের শিক্ষাগত যোগ্যতা থেকে শুরু করে তার পরিবারের অন্যান্য লোকেদের ব্যাপারে বিস্তারিত ভাবে জানালেন। এর সাথে-সাথে উকিল সাহেব নিজের বাবাকে প্রভাবিত করে তোলার জন্য ওনাকে এটাও জানালেন যে, পাত্র এক দিকে যেমন মাসে 2 লক্ষ টাকা উপার্জন করে... অন্য দিকে সে

হিন্দী আর ইংরাজী ছাড়াও আরও 5 - 6 বিদেশী ভাষাও বলতে পারে। উকিল সাহেব আর ওনার পত্নী মনে-মনে এমন প্রার্থনা করছিলেন যে, উকিল সাহেবের বাবা যেন নিজের রুঢ়িবাদী বিচারধারার কারণে এই বিয়েতে ফালতু কোন ঝামেলা খাড়া না করেন।

এর কিছুক্ষন পরে ওনারা সবাই বিয়ের কথা পাকা করার জন্য পাত্রপক্ষের বাড়ীতে বসে ছিলেন। ওনাদের মধ্যে ঘর-পরিবারের কথাবার্তা চলছিল... এমন সময় বাড়ীর চাকর চা-জলখাবারের ট্রে হাতে ঘরে এসে ঢুকল। ও চায়ের ট্রে টেবিলের ওপরে রাখতে যাচ্ছিল... এমন সময় ওর পা মেঝের কার্পেটে আটকে গেল আর সমস্ত চা সেখানে বসে থাকা অতিথিদের জামা-কাপড়ের ওপরে পড়ে গেল। চাকরের এই ভুলকে উপেক্ষা করার বদলে ভাবী পাত্র তাকে হিন্দী আর ইংরাজীর ভাষার বেশ কয়েকটা গালি এক সাথে দিয়ে ফেলল। পাত্রের মা ইশারায়া তাকে চুপ করার জন্য বললে ও উল্টে আরও রেগে উঠল আর এবার ও চাকরকে ধরে পিটতে শুরু করে দিল। মামলা যখন কিছুটা শান্ত হল... তখন উকিল সাহেবের বাবা নিজের ছেলে আর ছেলের বৌকে চোখের ইশারায় উঠে পড়তে বললেন। ওনারা সেখান থেকে উঠে আসার আগে পাত্রের মাতা-পিতা ওনাদের কাছে জানতে চাইলেন – "তাহলে বাকী কথাবার্তা কবে হবে ?" উকিল সাহেবের বাবা বড়ই বিনম্রতার সাথে হাত জোড় করে বললেন – "আমরা নিজেদের মধ্যে আলোচনা করে আপনাদের জানিয়ে দেব !"

গাড়ীতে বসতেই উকিল সাহেবের বাবা বললেন – "এই ছেলে আমাদের মেয়ের যোগ্য নয়।" উকিল সাহেবের পত্নী বললেন – "এ আপনি কি বলছেন ? ছেলে অত্যন্ত শিক্ষিত, মাসে 2 লক্ষ টাকা রোজগার করে। জমি-জায়গারও কোন অভাব নেই। লোকেরা তো একটা ভাষা ভালো করে বলতে পারে না... এই ছেলেটা বেশ কিছু ভাষা জানে। এর থেকে বেশী কোন মা-বাবা নিজেদের মেয়ের জন্য আর কি চাইতে পারে ?" উকিল সাহেবের বাবা বললেন – "ছেলের যোগ্যতার ওপরে আমার কোন সন্দেহ নেই। তোমরা যা কিছু বলছ... সেসবও ঠিক আছে। কিন্তু তোমরা কি একটা জিনিষ লক্ষ্য করেছ যে, ছেলে পয়সা কামানোর নেশায় দুনিয়া-ভরের ভাষা তো শিখে নিয়েছে... কিন্তু ভালো ভাবে জীবন কাটানোর জন্য সব থেকে জরুরী প্রেমের ভাষা শেখা তো দূরের কথা... ও কোনদিন সেটার আশপাশ দিয়েও যায়নি।"

উকিল সাহেবের বাবা নিজের পুত্রবধূকে সম্বোধিত করে বললেন – "কোন বাচ্চার কথা বলা শেখার জন্য দু বছর সময় লাগে... কিন্তু এটা শিখতে তার পুরো জীবন কেটে যায় যে, তার কি বলা উচিত আর কি বলা উচিত নয় ? এই ছেলেটা দুনিয়ার মোটা-মোটা বই পড়েও এই জিনিষটাই শিখতে পারেনি। ও যদি প্রেমের আড়াই অক্ষর পড়ত... তাহলে ওর এই জ্ঞান হয়ে পড়ত যে, কেবলমাত্র নিজের জন্য নয়... অন্যদের জন্যও কি ভাবে বেঁচে থাকা যায়।" উকিল সাহেবের পত্নী নিজের শ্বশুরের কথার উত্তরে বললেন – "সব দোষ তো ঐ চাকরটার ছিল। এই ছেলেটার জায়গায় অন্য কেউ থাকলে সে-ও এমন ব্যবহারই করত। আপনার মতে তো বাড়ীর চাকর যা খুশী করতে থাকবে... বাড়ীর লোকেদের কিছুই বলার অধিকার থাকবে না।"

উকিল সাহেবের বাবা বললেন – "আমি তো এমনটা বলিনি। আমি কেবল এমনটা বলি যে, কোন ব্যক্তির এতটা নম্র হওয়া উচিত নয় যে, তাকে যে কেউ দড়ি দিয়ে বেঁধে ফেলতে পারবে আর তার এতটা শক্তও হওয়া উচিত নয় যে, কেউ তাকে বাঁশের মত ভেঙে ফেলবে। আমি কেবল এমনটা মানি যে, শিক্ষা দ্বারা আমরা কেবল তথ্যই প্রাপ্ত করি... কিন্তু প্রেমের ভাষা বলতে থাকা ব্যক্তি সবাইকে আপন করে তোলার দক্ষতা শিখে নেয়। এই দুনিয়ায় কেবল প্রেমের ভাষাই হচ্ছে এমন একমাত্র ভাষা... যার প্রতিটি শব্দের মধ্যে দুঃখী আত্মাকেও শান্ত করে তোলার ক্ষমতা রয়েছে। ভুল তো সবার দ্বারাই হতে পারে... কিন্তু জ্ঞানী ব্যক্তি তিনিই হন, যিনি সেই ভুলকে ভালবেসে ক্ষমা করতে জানেন। কোন ব্যক্তি এক বার প্রেমের ভাষার প্রয়োগ শিখে নিলে তার আচরণ আপনা থেকে বদলে যেতে লাগে।" উকিল সাহেবের বাবার কথা শুনে জলি আঙ্কল প্রেমের ভাষার গুরুত্ব বুঝে কেবল এইটুকুই জানাচ্ছেন যে, এই অক্ষর সবার ছোট হওয়া সত্ত্বেও অত্যন্ত বড়। সারা দুনিয়া এমন ব্যক্তিদের অন্তর থেকে ভালবাসে... যাঁরা নিজেদের জীবনে প্রেমের ভাষা গ্রহণ করার রহস্য শিখে নেন!

■■■

প্রসন্নতা অন্য কারও ওপরে নয়... আমাদের প্রেমের ভাষার ওপরে নির্ভর করে!

38

বিচ্ছেদ

রাস্তা দিয়ে গাড়ী চালানোর সময় ট্রাফিক সিগনালে কিছু তথাকথিত ভদ্র পুরুষেরা নিজেদের গাড়ী থেকে আশপাশের গাড়ীতে বসে থাকা সুন্দরী মহিলাদের এত প্রেমপূর্ণ দৃষ্টিতে দেখতে থাকেন... যেন তাঁরা না জানি অন্য কোন লোক থেকে আসা কোন পরী! ট্রাফিক পুলিশ কর্মচারীদের অনেক সময় সুন্দর স্বপ্নে হারিয়ে যাওয়া এমন লোকেদের এমনটা বলতে হয় – 'ট্রাফিক সিগনাল এর থেকে বেশী সবুজ আর হবে না। আপনারা যার দিকে এক দৃষ্টিতে তাকিয়ে ছিলেন... তিনি তো এতক্ষনে হয়তো নিজের বাড়ী পৌঁছে গেছেন। এবার আপনারাও একটু এগোনোর চেস্টা করুন... কারণ আপনাদের গাড়ীর পেছনে অন্যান্য গাড়ীর লম্বা লাইন লেগে গেছে।" আজকের যুগের এই চাপপূর্ণ পরিবেশ আর বেশ কয়েক প্রকারের মানসিক চাপের কারণে প্রায়ই লোকেরা রেডলাইটেও গভীর চিন্তায় ডুবে যান। মুসদ্দীলাল জী-ও আজ থেকে কিছুদিন আগে এমনই এক রেডলাইটে গাড়ী থামিয়ে সঙ্গীতের আনন্দ উপভোগ করছিলেন। গাড়ীর রেডিয়োয় পঙ্কজ উধাসের বিখ্যাত গজল 'চিঠ্ঠী আঈ হ্যায়, আঈ হ্যায়, বতন সে চিঠ্ঠী আঈ হ্যায়...' বাজছিল। যেমন-যেমন পঙ্কজ উধাসের গজল এগিয়ে চলেছিল... তার সাথে-সাথে মুসদ্দীলাল জী কানাডায় বসবাসকারী নিজের ছেলের স্মৃতিতে নিজেকে হারিয়ে ফেলছিলেন। পঙ্কজ উধাসের হৃদয় স্পর্শ করা কন্ঠস্বর আর গজলের হৃদয়স্পর্শী শব্দগুলোর জাদু ওনার দু চোখে জলের বন্যা নিয়ে এল। উনি এটা জানতেই পারলেন না যে, এর মধ্যে কখন আর কত বার ট্রাফিক লাইটের রং পরিবর্তিত হয়েছে। ওনার গাড়ীর পেছনে দাঁড়িয়ে থাকা অনান্য গাড়ীগুলোয় বসে থাকা লোকেরা ওনার ওপরে রাগে ফুঁসছিল। সবাই জোরে-জোরে হর্ন বাজাচ্ছিল। মুসদ্দীলাল জী দীন-দুনিয়া থেকে বে-খবর হয়ে চোখের জল ফেলতে-ফেলতে নিজের ছেলের মিষ্টি স্মৃতিতে ডুব লাগাচ্ছিলেন।

যখন চার পাশে প্রচণ্ড চেঁচামেচি শুরু হয়ে পড়ল... তখন এক ট্রাফিক পুলিশ অফিসার এসে মুসদ্দীলাল জী-কে জোরে বকাবকি করে উঠলে মুসদ্দীলাল জী

ঘাবড়ে উঠে রেডলাইট ভেঙে নিজের গাড়ীকে রাস্তার মাঝখানে নিয়ে এলেন। এতে পুলিশ অফিসারের রাগ আরও বেড়ে উঠল। নিজের অভ্যাস অনুসারে কিছু পুলিশী ভাষার প্রয়োগ করে সেই পুলিশ অফিসার নিজের চালান বই বার করে মুসদ্দীলাল জী-কে গাড়ী রাস্তার এক সাইডে নিয়ে আসার জন্য বললেন। মুসদ্দীলাল জী নিজের স্বপক্ষে কোন অজুহাত দেখানোর আগেই, পুলিশ অফিসার বললেন – "বাড়ীতে বৌ-য়ের সাথে ঝগড়া করে বাড়ী থেকে বেরিয়েছেন, না কি নেশা করে গাড়ী চালাচ্ছেন ? রাস্তার ঠিক মাঝে এই ভাবে গাড়ী দাঁড় করিয়ে বসে থাকার অর্থ কি ?"

মুসদ্দীলাল জী নিজের মনের ভাবনার ওপরে নিয়ন্ত্রণ রেখে নিজের চোখ আর চশমা সাফ করে নিলেন। নিজের ভুলের জন্য ক্ষমা চেয়ে নিয়ে উনি সেই ট্রাফিক পুলিশ অফিসারকে বললেন – "আমার এমনটা করা মোটেই উচিত হয়নি। আমার অনেক বড় ভুল হয়ে গেছে। আপনি নিজের ডিউটী করুন আর আমার এই ভুলের জন্য চালান কেটে দিন।" সেই ট্রাফিক পুলিশ অফিসার কোন পদক্ষেপ গ্রহণ করার মুসদ্দীলাল জী-র দুঃখী আর ভারী হয়ে ওঠা মনের মধ্যে উঁকি মেরে ওনার চিন্তার কারণ জানতে চাইলেন। মুসদ্দীলাল জী ভেজা চোখে ওনাকে বললেন – "আজ হঠাৎ ছেলের বিচ্ছেদের দুঃখে ডুবে থাকা পঙ্কজ উধাসের এই গজলটা শুনতে-শুনতে লম্বা সময় ধরে বিদেশে বসবাস করতে থাকা নিজের ছেলের স্মৃতিতে আমার মনটা ভরে উঠেছিল।" সেই ট্রাফিক পুলিশ অফিসার বললেন – "লোকেরা পুলিশদের সম্বন্ধে না জানি কত কি ভাবে। যতই হোক্, আমরাও মানুষ আর আমাদের বুকের ভেতরেও একটা হৃদয় আছে। আপনাদের মত আমাদেরও ঘর-পরিবার রয়েছে। আমাদের মনেও বাচ্চাদের প্রতি অত্যন্ত ভালবাসা রয়েছে আর তাদের বিচ্ছেদে আমাদের মনটাও ঠিক আপনাদের মতই কেঁদে ওঠে। বাচ্চাদের এক ঝলক দেখা পাওয়ার জন্য আমাদের হৃদয়ও ছট্‌ফট্ করে ওঠে।"

ট্রাফিক পুলিশ অফিসার কাছের এক দোকান থেকে মুসদ্দীলাল জী-র জন্য জল আনালেন আর অত্যন্ত নরম কণ্ঠস্বরে সম্মানের সাথে বললেন – "আপনি অত্যন্ত ভাগ্যবান যে, আপনার ছেলে বিদেশে চাকরী করছে। সে আজ নয়তো কাল আপনার কাছে ঠিকই ফিরে আসবে। আমি তো এক অত্যন্ত অভাগা বাপ... আমার জওয়ান ছেলে আজ থেকে কয়েক বছর আগে ডলার কামানোর নেশায় কোন এজেন্টের জালে ফেঁসে গিয়ে বিদেশ গিয়েছিল। সেদিন থেকে আজ পর্যন্ত ওর ব্যাপারে কোন খবরই পাওয়া যায়নি যে, ও কোথায় আছে আর কেমন অবস্থায় আছে ? আমার ছেলে তো পুরো পরিবারের লোকেদের চোখে বরাবরের জন্য জল ভরে দিয়ে গেছে। আমার পত্নী হিন্দীর সেই গানটা – 'চন্না বে ঘর আ জা বে, ডোলা বে ঘর আ জা বে...' শুনতেই পাগলের মত কাঁদতে আর প্রলাপ বকতে থাকে। যখনই কেউ এই গানটা গায়... পুরো পরিবারের পক্ষে আমার পত্নীকে সামলানো মুশ্‌কিল হয়ে ওঠে। বাচ্চারা না থাকলে ঘরের সাথে-সাথে মা-বাবার বুকের ভেতরটাও খালি হয়ে ওঠে। চোখ দুটো সর্বদা দরজার ওপরে এক দৃষ্টিতে তাকিয়ে থাকে আর প্রিয় সন্তানের এক ঝলক পাওয়ার জন্য ছট্‌ফট্ করে। আজও যদি কেউ

আমার পত্নীর সাথে ভুল করেও আমাদের ছেলের ফিরে আসার ব্যাপারে কথা বলে... আমার পত্নীর চোখ-মুখের সাথে-সাথে ওর রান্নাঘরের বাসন-পত্রের ওপরেও এক আলাদা চমক এসে পড়ে।"

"আমি আপনার ছেলের বিচ্ছেদের যন্ত্রণা ভালো করেই বুঝতে পারছি। এক পুলিশ অফিসার হওয়া সত্ত্বেও আমি এটা ভালো করেই জানি যে, বাচ্চারা পরিবারের সেই সুন্দর প্রদীপ হয়... যেটা কাছে আসামাত্র গোটা পরিবার আলোয় উজ্জ্বল হয়ে ওঠে আর পরিবারের চার পাশে খুশী ছড়িয়ে পড়ে। মা-বাবার দৃষ্টিতে তো বাচ্চারা এক কোমল ফুলের মত হয় আর তাদের ভালবাসা মধুর থেকেও বেশী মিষ্টি হয়।" জলি আঙ্কলও এমনটা অনুভব করছেন যে, কোন ব্যক্তি নিজে তো সকল প্রকারের দুঃখ-কষ্ট সহ্য করতে পারে... কিন্তু বাচ্চাদের সাথে বিচ্ছেদের অসহনীয় দুঃখ যেন ঈশ্বর কাউকে কখনো না দেন! এবার তো ওনার কলম থেকে শব্দ বার হওয়ার পরিবর্তে এই প্রার্থনাই বার হচ্ছে যে, ভগবান যেন কাউকে কখনো প্রিয়জনেদের সাথে বিচ্ছেদের দুঃখ না দেন... কারণ এই বিচ্ছেদ যদি কিছুটা দীর্ঘ হয়ে পড়ে, তাহলে সম্পর্কের সাথে-সাথে শ্বাসের যোগসূত্রও ছিঁড়ে পড়তে থাকে!

■■■

'সম্পর্ক'-য়ের ওপরে মূল্যের লেবেল লাগানো থাকে না... কিন্তু যখন সম্পর্কের স্থান বিচ্ছেদ নিয়ে নেয়, তখন সেটার মূল্যের অনুভূতি হয়!

39

আগরবাতি (ধূপ)

মিশ্র জী নিজের কিছু বন্ধুর সাথে কলোনীর সমস্যার ওপরে আলাপ-আলোচনা করছিলেন। এমন সময় ওনার নাতনি এসে বলল যে, আগামীকাল ওদের স্কুলে ডিবেট প্রতিযোগিতা হতে চলেছে আর ওকে আগরবাতির ওপরে বলতে হবে। মিশ্র জী নিজের পুত্রবধূর উদ্দেশ্যে চেঁচিয়ে বললেন – "বৌমা ! তুমি একটু একে হেল্প করে দাও !" ওনার পুত্রবধূ জবাব দিল – "আমিই ওকে আপনার কাছে পাঠিয়েছি... কারণ আমার মাথায় এটা আসছে না যে, আগরবাতির ওপরে কি বলা যেতে পারে ? আমি তো আজ পর্যন্ত কখনো কোন স্কুলে আগরবাতির ওপরে এই ধরণের কোন প্রতিযোগিতা হয়েছে বলে শুনিনি।" "আরে বৌমা... তুমিও দেখছি অদ্ভূত ! বিষয় যাই হোক্ না কেন... সেটার ওপরে বলা এমন কি কঠিন ব্যাপার ? ছুঁচ থেকে শুরু করে উড়োজাহাজ পর্যন্ত, প্রতিটি জিনিষে যদি কিছু ত্রুটি থেকে থাকে... তাহলে সেগুলোর মধ্যে কিছু-না-কিছু বিশেষত্বও অবশ্যই থাকে। ব্যস্... সেই ভাবে তুমি নিজের মেয়েকে আগরবাতির ব্যাপারে ভালো করে বুঝিয়ে দাও, ওর ভাষণও আপনা থেকে তৈরী হয়ে পড়বে।" পুত্রবধূ মনে-মনে চিন্তা করল – "এবার এই ঢোল আমার গলায় ঝুলে পড়েছে... এবার আমাকেই এটা বাজাতে হবে।" ও নিজের মেয়েকে বলল – "চলো... দুজনে মিলে লেখার চেস্টা করা যাক। আমি যতক্ষন এটার ব্যাপারে চিন্তা করছি... ততক্ষন তুমি এর ব্যাপারে যা কিছু জানো, খাতায় লেখা শুরু করো।" মা-মেয়ে দুজনে মিলে নিজেদের মগজী ঘোড়া ছোটাতে শুরু করে দিল।

মিশ্র জী নিজের বন্ধুদের বিদায় জানিয়ে নিজের পুত্রবধূকে প্রশ্ন করলেন – "আমার প্রিয় নাতনির সমস্যার কোন সমাধান কি বার করা গেছে ?" পুত্রবধূ জবাব দিল – "আজ্ঞে আমি তো আগরবাতির ব্যাপারে কেবল এইটুকুই জানি যে, রোজ সকাল-সন্ধ্যায় পূজা করার সময় বাড়ী, দোকান ইত্যাদিতে এটা জ্বালানো হয়। আগরবাতি বিভিন্ন সুগন্ধ, যেমন – চন্দন, কেওড়া, গোলাপ ইত্যাদি দিয়ে তৈরী হয়। কিন্তু এর থেকে লাভ কি হয়, সেটার আমার জানা নেই। সত্যি কথা তো হচ্ছে এটা যে, আগরবাতি জ্বালালে পুরো ঘরের দেওয়ালগুলো এক দিকে যেমন এর ধোঁওয়ায়

খারাপ হয়ে পড়ে... অন্য দিকে এটা শ্বাসকষ্টের রোগীদের পক্ষেও বিপজ্জনক প্রমাণিত হতে পারে।" এর সাথে-সাথে মিশ্র জী-র নাতনি নিজের খাতা মিশ্র জী-র দিকে এগিয়ে ধরল। সে নিজের খাতায় আগরবাতির ব্যাপারে লিখেছিল – "অগর বত্তি চলী জায়ে, তো অন্ধেরা হো জাতা হ্যায় (লাইট চলে গেলে অন্ধকার হয়ে পড়ে)।"

মিশ্র জী নিজের পুত্রবধূকে বললেন – "এত লেখাপড়া করা সত্ত্বেও না জানি তোমার মধ্যে আত্মবিশ্বাসের এতটা অভাব কি করে হল ? তোমার কাছে যতটা জ্ঞান রয়েছে, সেই হিসেবে তো এই বিষয়ে লেখাটা তোমার কাছে বাঁ হাতের খেল্ হওয়া উচিত ছিল... কিন্তু তোমার নেতিবাচক চিন্তাধারার কারণে তুমি প্রতিটি ছোট-বড় জিনিষ নিয়ে বৃথা চিন্তা করতে শুরু করে দাও। চিন্তা করতে থাকা ব্যক্তি অন্যদের পথ দেখানো তো দূরের কথা... সে নিজেই এদিক-ওদিক অন্ধকারে ঘুরে বেড়াতে থাকে। তুমি নিজের জীবনে এমনটা নিশ্চয়ই অনেক বার দেখে থাকবে যে, বেশীর ভাগ লোক জ্ঞান আর প্রতিভার অভাবে হারেন না... বরং তাঁরা এজন্য হেরে যান, কারণ তারা জেতার আগেই ময়দান ছেড়ে পালিয়ে যান।" মিশ্র জী-র গুরুত্বপূর্ণ কথাগুলো ওনার পুত্রবধূর কাছে ঠিক কোন নেতার ভাষণের মত শোনাচ্ছিল। মিশ্র জী নিজের পুত্রবধূর মুখ-চোখের হাব-ভাব বুঝতে পেরে বললেন – "আমাদের সব থেকে বড় দোষ হচ্ছে এটা যে, আমরা পোশাক বদলাই, সম্পর্ক বদলাই, বাড়ী বদলাই, এমন কি কখনো-কখনো নিজেদের বন্ধুও বদলাই... কিন্তু আমরা কখনোই নিজেদের স্বভাব বদলানোর চেষ্টা করি না।"

মিশ্র জী-র নাতনি মাঝখানে বলে উঠল – "দাদু ! আমাকে প্রতিযোগিতায় আগরবাতির ওপরে বলতে হবে... নিজেদের পরিবারের দোষ-ত্রুটির ওপরে নয়।" মিশ্র জী নিজের নাতনির দিকে তাকিয়ে বললেন – "তোমার ভাষণ আমি এখুনি তৈরী করে দিচ্ছি... কিন্তু তার আগে তোমার মা-কে একটা জিনিষ বোঝানো অত্যন্ত জরুরী।" বৌমা কিছুটা রেগে উঠে বলল – "আমার মাথায় যা এসেছিল, আমি বলে দিয়েছি। এবার আপনি আমার কথা বাদ দিন আর তাড়াতাড়ি নিজের নাতনির ভাষণ লিখে দিন।" মিশ্র জী নিজের পুত্রবধূকে বললেন – "বৌমা ! এতে রাগ করার কিছু নেই। কিন্তু তোমার এতটা বুদ্ধি তো নিশ্চয়ই আছে যে, প্রতিটি ব্যক্তি নিজের ভেতরে অনেক ত্রুটি থাকা সত্ত্বেও নিজেকেই সব থেকে বেশী ভালবাসে। তাহলে অন্যদের মধ্যে একটু-আধটু ত্রুটি থাকলে আমরা তাদের খারাপ কি করে বলতে পারি ? এজন্য যতক্ষন আমাদের মধ্যে অন্যদের ত্রুটি খুঁজে বার করার অভ্যাস বজায় থাকবে... ততক্ষন পর্যন্ত আমরা অন্যদের ভালোর ব্যাপারে তো দূরের কথা, নিজেদের ভালোর ব্যাপারেও চিন্তা করতে পারব না।"

এবার মিশ্র জী নিজের সম্পূর্ণ মনোযোগ নিজের নাতনির প্রতি লাগিয়ে বললেন – "আগরবাতির প্রয়োগ রাজা-মহারাজারা প্রচীন কাল থেকে নিজেদের দরবারকে সুগন্ধিত করে তোলার জন্য করে আসছেন। এর সুগন্ধ সবার শরীর-মনকে মাতিয়ে তোলার সাথে-সাথে শরীরে এক প্রকারের ইতিবাচক এনার্জীরও সঞ্চার করে। বাড়ীতে সক্কালবেলা আগরবাতির সুগন্ধে এক দিকে যেমন সবাই তরোতাজা অনুভব করে...

অন্য দিকে আশপাশের পুরো পরিবেশও সজীব হয়ে ওঠে। তুমি আগরবাতির ব্যাপারে সব থেকে ভালো যে জিনিষটা বলতে পারো... সেটা হচ্ছে এই যে, আগরবাতি তো অল্প কিছুক্ষনের জন্য গোটা বাড়ীকে সুগন্ধে ভরিয়ে তোলে... কিন্তু যদি এই প্রকারের ভালো চিন্তাধারাকে কোন ব্যক্তি নিজের জীবনে গ্রহণ করে... তাহলে সে নিজের সাথে-সাথে সমাজের অন্য লোকেদের জীবনও আনন্দে ভরিয়ে তুলতে পারে। এমনটা এজন্যও বলা হয়ে থাকে... কারণ সুগন্ধ তো কেবল সেদিকে ছড়ায়, যেদিকে হাওয়া চলে... কিন্তু ভালো কাজের সুগন্ধ সব দিকেই ছড়িয়ে পড়ে।" মিশ্র জী-র সব কথা শোনার পরে ওনার নাতনি অবাক হয়ে উঠে বলল – "দাদু! তুমি তো সবাইকে নিজের মনের কথা কত ভালো ভাবে বলে দাও... তার বদলে তুমি কি পাও?" মিশ্র জী হেসে উঠে বললেন – "দূর পাগল! লেন-দেন তো ব্যবসায় করা হয়। যে জিনিষটা কাউকে দিয়ে তার প্রতিদানে কিছু পাওয়ার আশা না করা হয়... সেটাই সত্যিকারের সুগন্ধিত ভালবাসা হয়।" মিশ্র জী-র কথা শুনে জলি আঙ্কল ঈশ্বরের কাছে এই প্রার্থনা জানাচ্ছেন – "হে মালিক! যত সুগন্ধ তুমি আগরবাতিকে দিয়েছ... যদি সেটার ছোট্ট এক অংশও তুমি প্রতিটি মনুষ্যের ঝোলায় ঢেলে দাও, তাহলে গোটা দুনিয়া প্রেম-ভালবাসা আর নম্রতার সুগন্ধে ভরে উঠবে!"

■■■

সবার প্রিয় হয়ে ওঠার জন্য কোকিলের মত মিষ্টি কথা বলতে আর গোলাপের মত সুগন্ধ ছড়াতে শিখুন!

40

ভিখারী

প্রেম বাবুর গাড়ী রেড লাইটে থামতেই এক ভিখারী এসে ড্রাইভারের পাশের সীটে বসে থাকা ওনার পত্নীর দিকে হাত বাড়িয়ে বলল – "সুন্দরী ম্যাডাম! এই অন্ধের ওপরে দয়া করুন। চা খাওয়ার জন্য দশটা টাকা দিয়ে যান... বড় শীত করছে।" প্রেম বাবু ঝট্ করে পকেট থেকে একটা কুড়ি টাকার নোট বার করে সেই ভিখারীর দিকে বাড়িয়ে ধরলেন। এই দেখে প্রেম বাবুর পত্নী বললেন – "ও তো কেবল দশ টাকা চেয়েছিল... তুমি ওকে কুড়ি টাকা কেন দিয়ে দিলে? তুমি এদের চেনো না... এরা সবাই ভণ্ড হয়। ঐ ভিখারীটা অন্ধ হওয়ার নাটক করছিল।" প্রেম বাবু বললেন – "ঐ বেচারী তোমাকে সুন্দরী বলেছিল। ও সত্যি-সত্যি অন্ধ।" ওনার পত্নী রেগে উঠে বললেন – "তুমি নিজেকে বড় চালাক মনে করো... কিন্তু আজ ঐ ভিখারীটা তোমাকে বুদ্ধু বানিয়ে গেছে। কারণ দোকানে এক কাপ চা পাঁচ টাকায় পাওয়া যায়।" প্রেম বাবু ঝট্ করে সেই ভিখারীটাকে ডেকে এনে বললেন – "চা তো পাঁচ টাকায় পাওয়া যায়। তাহলে তুমি দশ টাকা কেন চাইলে?" ভিখারী উত্তর দিল – "কারণ আমার সাথে আমার গার্ল ফ্রেণ্ডও রয়েছে।" প্রেম বাবু বললেন – "বাহ... অপূর্ব! ভিখারী হওয়া সত্ত্বেও তুমি নিজের গার্ল ফ্রেণ্ডও বানিয়ে নিয়েছ!" ভিখারী বলল –"এমন ব্যাপার নয়, সাহেব! আসলে আমার গার্ল ফ্রেণ্ডই আমাকে ভিখারী বানিয়ে দিয়েছে।" সব কিছু শুনে প্রেম বাবুর পত্নীর মনে এক প্রকারের ঈর্ষার সৃষ্টি হল। উনি নিজের পতির উদ্দেশ্যে বললেন – "তুমি আমাকে এক বার টাকা দেওয়ার আগে দশ বার চিন্তা করো... কিন্তু রাস্তায় ভিখারীদের ওপরে এমন ভাবে দরাজ হৃদয়ে টাকা-পয়সা লোটাও... যেন ওরা তোমার নিকট আত্মীয়।"

প্রেম বাবু বললেন – "তুমি তো ধর্ম-কর্মে প্রচুর বিশ্বাস রাখো। প্রায়ই কোন-না-

কোন ভগবানের সাথে তোমার এ্যাপয়েন্টমেন্ট থাকে। আমার মনে হয় যে, এত দিনে তোমার মাথায় নিশ্চয়ই এটা ঢুকেছে যে, মানবতার সম্পর্কে অসহায় ব্যক্তিদের সহায়তা করাকে ভালো কাজ হয়। আমাদের ধর্মশাস্ত্রগুলোয় ভিখারীদেরও ভগবান নারায়ণের মর্যাদা প্রদান করা হয়েছে।" এই শুনে প্রেম বাবুর পত্নী বললেন – "এ তোমার আজ কি হয়েছে ? আমরা মন্দিরে যাচ্ছি আর তুমি জ্ঞানের কথা বলার জায়গায় আমাকে ভিখারীদের ব্যাপারে উপদেশ দিয়ে চলেছ !" প্রেম বাবু নিজের পত্নীকে শান্ত করে বললেন – "তুমি একটা কথা ভালো করে মাথায় ঢুকিয়ে নাও যে, জ্ঞানের প্রসাদ আমরা যে কোন সময় আর যে কোন জায়গায় পেতে পারি। আর ভিখারীদের কথা বলছ ? এই সব ভিখারীদের মধ্যে একটা বড় বিশেষত্ব এটা থাকে যে, এরা আমাদের মত কেবল নিজেদের ধর্ম আর জাতিকেই গুরুত্ব দেয় না... বরং ভিখারীরা সকল ধর্মকেই অন্তর থেকে সম্মান করে। প্রতিটি উৎসবে এরা সকল ধর্মের ভগবানকে প্রসন্ন করে তোলার জন্য সেই ভগবানের দ্বারে পৌঁছে যায়। জন্মদিন কোন শিখ গুরুর হোক্ বা কোন হিন্দু ভগবানের – এরা ঝড়-তুফান-বৃষ্টির পরোয়া না করে তাঁর জন্মদিন সম্পূর্ণ শ্রদ্ধার সাথে পালন করার জন্য ভক্তদের আগেই ধার্মিক স্থলগুলোয় পৌঁছে যায়। আমরা লক্ষ-লক্ষ টাকা খরচ করেও অনেক বার নিজেদের সন্তানদের সফল করে তুলতে ব্যর্থ হই... যখন কি ভিখারীদের বাচ্চারা প্রজন্মের-পর-প্রজন্ম ধরে নিজেদের খানদানী ব্যবসা ভালো ভাবে সামলে আসছে।"

নিজের পতির মুখে এমন ব্যাখ্যান শোনার পরে প্রেম বাবুর পত্নী বললেন – "তাহলে তুমি কি চাও ? আমরাও বাড়ী-ঘর ছেড়ে ভিক্ষা করতে শুরু করে দিই ?" প্রেম বাবু বড়ই প্রেমপূর্ণ কণ্ঠস্বরে বললেন – "এত সব কিছু করার কোন প্রয়োজন নেই... কারণ তোমার মত লোকেরা তো আগে থেকেই এদের থেকে অনেক বড় ভিখারী ! এমনটা আমি এজন্য বলছি... কারণ এতগুলো বছর তোমার সাথে কাটিয়ে আমি তোমাকে খুব ভালো ভাবেই চিনে নিয়েছি। এক দিকে তো তুমি এমনটা বলো যে, ভগবান আমাদের ব্যাপারে সব কিছু জানেন... উনি অন্তর্যামী ! আবার অন্য দিকে সকাল-সন্ধ্যায় তুমি নিজের আবশ্যকতার লিস্ট ভগবানের সামনে রেখে ওনার সাথে সৌদাবাজী করতে থাকো। ভগবান, আমাকে বড় বাড়ী দাও... আমি সেই বাড়ীতে তোমার এক ছোট্ট মন্দির বানাব। ভগবান, আমাকে ছেলেকে ভালো নম্বরের সাথে পরীক্ষায় পাশ করিয়ে দাও... আমি তোমার পূজা দেব। ভগবান তো সময়ে-সময়ে সবার ইচ্ছা পূরণ করেন... কিন্তু তোমাদের মত লোকেদের ইচ্ছা সেই আগুনের মত হয়, যাতে জল বা তেল... যা কিছুই ঢালা হোক্ না কেন,

সেটা আরও তীব্রতার সাথে প্রজ্জ্বলিত হয়ে বেড়ে উঠতে থাকে। তোমার মত চিন্তাধারার লোকেদের দিন-দিন লাগাতার বেড়ে চলা ইচ্ছাই তোমাদের ধনী হওয়া সত্ত্বেও ভিখারী বানিয়ে তোলে। আমাকে অত্যন্ত দুঃখের সাথে এমনটা বলতে হচ্ছে যে, আমাদের কাছে অগাধ দৌলত, প্রচুর অলংকার আর দুনিয়ার সকল প্রকারের সুখ থাকা সত্ত্বেও আমরা এই সব ভিখারীদের থেকে বড় কিছু নই। আজ পর্যন্ত কোন ব্যক্তি সব সময় ধনী হওয়ার প্রদর্শন করে ধনী হতে পারেনি। আমরা যতক্ষন না নিজেদের মন থেকে তৃষ্ণার ক্ষিধেকে শেষ করতে পারছি... ততক্ষন আমরা এই সব ভিখারীদের মত কাঙ্গালই থাকব।"

প্রেম বাবুর পত্নী নিজের পতির মুখে এই সব কথা শুনে আরও বেশী ক্ষেপে ওঠার আগে জলি আঙ্কল শুধু এইটুকু বলছেন – "ভগবানের থেকে চাওয়ার লোক তো অনেক হয়। কিন্তু এক বার যদি কোন ব্যক্তি ভগবানের থেকে ভগবানকে চেয়ে নেয়, তাহলে সেই ব্যক্তি জীবনে কখনো কারও সামনে ভিখারীদের মত হাত পাতে না... সে ঠিক কোন বাদশাহের মতই জীবন কাটায়!"

■■■

এই দুনিয়ায় আমরা সবাই ভিখারী। পার্থক্য কেবল এইটুকু যে, গরীব ভিখারীরা মন্দিরের বাইরে আর ধনী ভিখারীরা মন্দিরের ভেতরে ভিক্ষা চায়!

41

আমি-তুমি

বাসন্তী বীরুকে ওর জন্মদিনের অভিনন্দন জানানোর সাথে-সাথে ওকে চমকে দিয়ে বলল – "আমি তোমার জন্মদিনের জন্য এক দারুণ আর অত্যন্ত দামী গিফ্‌ট নিয়ে এসেছি।" বীরু বলল – "প্রিয়ে! আমি এর আগেও অনেক বার তোমাকে বলেছি যে, এই ধরণের ফর্মালিটি করার কোন প্রয়োজন নেই। তা তুমি কি একটু কষ্ট করে আমাকে এটা জানাবে যে, তুমি কি গিফ্‌ট এনেছ ?" বাসন্তী বলল – "দুটো মিনিট অপেক্ষা করো... আমি এখুনি সেটা পরে তোমাকে দেখাচ্ছি।" বীরু নিজের কপালে চাপড় মেরে বলল – "পরিবারে কোন একটা উপলক্ষ হলেই হল... এই মহিলা নিজেকে ছাড়া আর কিছুই দেখতে পায় না।" এর একটু পরে যখন বাসন্তী গলায় এক অত্যন্ত মূল্যবান হার পরে বীরুর সামনে এল... তখন বীরুর মনে নিজের জন্মদিনের যেটুকু খুশী ছিল... বাসন্তীর গলায় মূল্যবান হার দেখে ওর সমস্ত খুশী কর্পূরের মত উবে গেল। বীরু মনে-মনে এমনটা চিন্তা করতে লাগল যে, এই মহিলার ওপরে নিয়ন্ত্রণ কি করে প্রাপ্ত করা যেতে পারে ? বাসন্তীর গলায় ঝুলতে থাকা হার বীরুর পুরোন বেশ কিছু ক্ষতস্থানকে তাজা করে তোলার সাথে-সাথে সেগুলোর ওপরে নুন ছিটিয়ে দিয়েছিল। এমন সময় বাসন্তীর মাসী বীরুকে ওর জন্মদিনের অভিনন্দন জানানোর জন্য এলেন। মাসীকে দেখেই বীরু নিজের রাগকে নিজের ভেতরে চেপে রেখে মুখে হাসি ফুটিয়ে তোলার চেষ্টা করতে লাগল।

ঘরে পা দিতেই মাসীর বহু বছরের অভিজ্ঞতা আর বৃদ্ধ হয়ে ওঠা চোখ দুটো বীরু-বাসন্তীর হাব-ভাব দেখে এমনটা অনুমান লাগিয়ে নিল যে, এই মুহূর্তে সেখানকার পরিস্থিতি মোটেই ভালো নয়। বীরু-বাসন্তীও নিজেদের মধ্যে কোন কথাবার্তা বলছিল না। তবুও সব কিছুকে উপেক্ষা করে মাসী বীরুকে বললেন – "বাবা বীরু! বিয়ের পরে জীবনে যেমন কিছু সমস্যা আসে... তার সাথে-সাথে কিছু লাভও হয়। বীরু অবাক হয়ে উঠে প্রশ্ন করল – "বিয়ে করায় কি লাভ হতে পারে ?" মাসী বললেন – "প্রথম লাভ হচ্ছে এটা যে, যদি ভালো পত্নী পাওয়া

যায়... তাহলে জীবন সুখে ভরে ওঠে আর পত্নী যদি বাসন্তীর মত একটু বুদ্ধু টাইপের হয়... সে নিজের পতিকে পণ্ডিতের থেকেও বেশী জ্ঞানী বানিয়ে দেয়।" বীরু মাসীকে বলল – "আপনি আমাকে তো প্রতি বারই কিছু-না-কিছু বোঝাতে থাকেন... কখনো বাসন্তীকেও কিছু বোঝান।"

মাসী বললেন – "আমি কেবল বাসন্তীকেই নয়... নিজের আপন সব লোকেদেরই এটা বলি যে, দাম্পত্য সম্পর্কে একটু-আধটু খিট্‌পিট্‌ হতেই থাকে। কখনো একজন কিছু বলে বসল... তো অন্য জনের কোন একটা ব্যাপারে খারাপ লাগল। এমনিতে প্রতিটি ব্যক্তি কারও-না-কারও কাছে 'আমি' আর সামনের ব্যক্তি 'তুমি ' হয়। এই আমি-তুমির সম্পর্ক ঠিক গাড়ীর দুটি চাকার মত হয়। যদি এই দুই চাকা একে-অপরের সাথে সামঞ্জস্য বজায় রেখে ঠিকঠাক ভাবে চলতে থাকে... তাহলে জীবনের সফর সহজেই কেটে যায় আর যে কোন গন্তব্যে পৌঁছনোও সহজ হয়ে ওঠে। কিন্তু যখন দুটো চাকার মধ্যে কোন একটা চাকা ঠিক মত নিজের দায়িত্ব পালন করতে পারে না... সেই পরিস্হিতিতে এক পা-ও সামনে এগোন অত্যন্ত কঠিন হয়ে ওঠে। 'আমি-তুমি'-র জুটি পতি-পত্নীর হতে পারে... পিতা-পুত্রের হতে পারে বা এক সাথে কাজ করতে থাকা দুই সহকর্মীরও হতে পারে। এই সম্পর্কে এক দিকে যেমন ভালবাসা থাকে... অন্য দিকে কিছু মতপার্থক্যও থাকে। যে ব্যক্তি এই 'আমি-তুমি'-র গুরুত্ব জানেন... তিনি মতপার্থক্য গড়ে ওঠার আগেই প্রেম আর বিশ্বাসের বন্ধনকে মজবুত করে তোলেন। এই সম্পর্ক পালন করার সময় আমাদের একটা কথা সর্বদাই মাথায় রাখা উচিত যে, কোন ব্যক্তি কখনোই সকল কাজে নিপুণ হতে পারে না। এজন্য যখন 'আমি-তুমি'-র সম্পর্ক গড়ে উঠবে... তখনই আমাদের সামনের ব্যক্তিকে তাঁর সকল দুর্বলতা সমেত স্বীকার করে নেওয়া উচিত। আর যদি ব্যক্তি এমনটা করার বদলে অন্যদের বদলানোর চিন্তা নিজের মনের মধ্যে পালন করে... তাহলে তার সেই চিন্তাধারা 'আমি-তুমি'-র সম্পর্কে স্ফূলিঙ্গের রূপে শুরু হয়ে শীঘ্রই দাবানল হয়ে উঠে সম্পর্ককে পুড়িয়ে শেষ করে দেয়।"

"এক দিকে যেমন 'আমি-তুমি'-র সম্পর্ক একে-অপরের প্রতি প্রেম-ভালবাসা, বিশ্বাস আর সম্মানের ভাব তুলে ধরে... অন্য দিকে এটা সকল সীমা পার করে এক সাথে বাঁচা-মরার এক অদ্ভূত উদাহরণও কায়েম করে। যখনই কেউ সত্যিকারের হৃদয়ে 'আমি-তুমি'-র সম্পর্ক গড়ে তুলেছে... সেই সব লোকেরা এক নতুন ইতিহাস রচনা করেছে। এর সাথে-সাথে এটাও লক্ষ্য করা অত্যন্ত জরুরী যে, যখনই 'আমি-তুমি'-র সম্পর্কে কোন প্রকারের সন্দেহ জন্ম নিতে লাগে... তখন দুনিয়ার লোকেরা মনোমালিন্যের প্রাচীর গড়ে তুলতে এতটুকু দ্বিধা করে না। কিন্তু এই সম্পর্কে দৃঢ় বিশ্বাস কায়েম রাখতে পারলে এমন প্রচেস্টা করতে থাকা লোকেদের সর্বদাই পরাজয়ের মুখ দেখতে হয়। যে পরিবারে 'আমি-তুমি'-র সম্পর্কের মধ্যে সন্দেহ আবশ্যকতার থেকে বেশী বেড়ে ওঠে... সেখানে খুশীর জায়গায় অপূর্ণতার বিস্তার হতে থাকে। 'আমি-তুমি'-র থেকে কোন একজনের সঙ্গ হারিয়ে যেতেই আমাদের সকল শক্তি, দুর্বলতায় রূপান্তরিত হয়ে পড়তে লাগে।"

মাসীর সব কথা শোনার পরে বীরু ওনাকে বলল – "মাসী! এতটা তো আমিও জানি যে, আমরা যদি নিজেদের জীবনকে খুশীতে ভরিয়ে তুলতে চাই... তাহলে এটা আমাদের পক্ষে অত্যন্ত জরুরী হয় যে, আমরা পরিস্থিতি আর আবশ্যকতা অনুসারে সময়ে-সময়ে নিজেদের মধ্যে পরিবর্তন নিয়ে আসব। পরিস্থিতি আমাদের অনুকূল না হলে সেটার সাথে সংঘর্ষে না গিয়ে আমাদের পরিস্থিতির সাথে সামঞ্জস্য বজায় রাখার চেষ্টা করা উচিত। এই সব জিনিষ জানার জন্যই হয়তো আমি এটা জানতে পেরেছি যে, আমাদের এই জীবন অত্যন্ত ছোট। আমাদের সকল দুঃখ ভুলে গিয়ে হাসিমুখে জীবন কাটানো উচিত।"

মাসীর মুখে এত শিক্ষাপ্রদ কথা শুনে জলি আজ্কল তো নিজের মনে এমনটা স্হির করে নিয়েছেন যে, আজ থেকে ওনার কোন কাছের লোক ওনার ওপরে রাগ করলে উনি তৎক্ষনাত ওনার সেই রাগ দূর করে দেবেন... কারণ অহংকার আর জেদের কারণে প্রায়ই দূরত্বের সৃষ্টি হয়ে পড়ে। যখন কি 'আমি-তুমি'-র মধ্যেকার ভেদভাব মিটিয়ে ফেলতে পারলে আমাদের জীবনের বাগানে কেবল প্রেমই ফুটবে!

■■■

দুটি কড়া শব্দ উচ্চারণ করলে দূরত্ব বেড়ে ওঠে... যখন কি একটু হাসি দূরত্ব মিটিয়ে দেয়!

42

নামকরণ

যুগ-যুগ ধরে শুভ দিন আর শুভ মুহূর্তে নামকরণ করার প্রথার পালন করে আসা শর্মা জী-র পরিবারে এবার ওনার নাতির নামকরণের প্রস্তুতি চলছে। ওনার নাতির নামকরণের প্রস্তুতি প্রায় এক-দেড় মাস আগে থেকেই শুরু হয়ে পড়েছিল। পুরো বাড়ী রং করার কাজ শুরু হয়ে পড়েছে। বাড়ীর সাথে-সাথে বাড়ীর সামনের রাস্তাটাও ঠিক করানোর জন্য শর্মা জী দিন-রাত ছুটোছুটি বরে বেড়াচ্ছেন। নামকরণের আগেই পরিবারের সকল সদস্যরা বাচ্চার কোন-না-কোন নাম মনে-মনে ঠিক করে রেখেছেন আর প্রতিটি সদস্য এটাই চান যে, পণ্ডিত জী তাঁর ভেবে রাখা নামটার ওপরেই অন্তিম সীল-মোহর লাগিয়ে দিন। বাচ্চার পিতা, যিনি নিজের পত্নী আর পিতাকে খুশী করে তোলার জন্য এত বড় একটা উপলক্ষের রচনা করেছেন... তাঁর কাছে কিন্তু কেউ একবারের জন্যও এটা জানতে চাইছে না যে, তাঁর মনে কি রয়েছে ? পিতার নিজের পুত্রের থেকে বেশী চিন্তা আত্মীয়দের স্বাগত-সৎকার করার ব্যাপারে রয়েছে। গ্রাম থেকে এই প্রথম বার আসা আত্মীয়দের থাকার ব্যবস্হাও এখনও পর্যন্ত ঠিক ভাবে করে ওঠা যায়নি।

পণ্ডিত জী নামকরণ করে বাচ্চার জন্য যে নামই স্হির করুন না কেন... পরে অনেক বার বাচ্চার কাছে সেই নামটা ঠাট্টা-তামাশার কারণ হয়ে ওঠে। আমি এমন এক মহিলাকে জানি... যাঁর নাম ওনার মাতা-পিতা ভালবেসে 'সুনয়না' রেখেছিলেন। কিন্তু এক দুর্ঘটনায় সেই বেচারীর দুটি চোখই নস্ট হয়ে পড়েছিল। আমাদের পাড়ায় এক ফেরিওয়ালা সব্জী বিক্রী করতে আসে। একদিন আমি ওর নাম জানতে চাইলে ও নিজের নাম 'রামভুল' জানিয়েছিল। নামটা শুনে আমার কিছুটা অদ্ভূত লেগেছিল। আমি বলেছিলাম – "আমি আজ পর্যন্ত রামচন্দ্র, রামলাল, রামপ্রসাদ ইত্যাদি নাম তো শুনেছি... কিন্তু এই রামভুল নামটা আমি এই প্রথম বার শুনছি।" ও আমাকে বিস্তারিত ভাবে জানিয়েছিল – "আমার আগে আমার সাত ভাই-বোন ছিল। আমার মাতা-পিতা আর বাচ্চা চাইছিলেন না। কিন্তু তবুও আমার জন্ম হয়ে পড়লে

আমার মাতা-পিতা কোন পণ্ডিতের সাথে পরামর্শ না করেই আমার নাম রামভুল রেখে দিয়েছিলেন... কারণ আমি এই দুনিয়ায় রাম জী-র ভুলের কারণেই এসেছিলাম।"

শর্মা জী-র বাড়ীতে অতিথিদের আগমন শুরু হয়ে পড়েছিল। এক দিন সন্ধ্যায় সব বাচ্চারা বাড়ীর সামনের রাস্তায় খেলা করছিল... এমন সময় হঠাৎ এক অটো রিক্শা বাড়ীর সামনে এসে থামল আর সেটা থেকে এক বয়স্ক ব্যক্তির আওয়াজ ভেসে এল – "এই ছোঁড়ারা! ঘাসীরামের বাড়ীটা কোন্ দিকে ?" সব বাচ্চারা এক-অপরের মুখের দিকে তাকিয়ে দেখতে লাগল... কারণ ওরা কেউ-ই এই নামটা এর আগে কখনো শোনেনি। বাচ্চারা কিছুই না বলতে পারায় সেই বয়স্ক ব্যক্তি আরও অন্য কিছু লোকেদের ঘাসীরামের বাড়ীর ব্যাপারে প্রশ্ন করলে তারাও নিজেদের অসমর্থতা প্রকট করল। সেই বয়স্ক ব্যক্তি অটো রিক্শা নিয়ে সামনের দিকে এগিয়ে গেলেন। এর বেশ কিছুক্ষন পরে সেই বয়স্ক ব্যক্তি সেই অটো রিক্শায় চেপেই ঘাসীরামের বাড়ী খুঁজতে-খুঁজতে আবার একবার সেখানে এসে হাজির হলেন। উনি আর কাউকে প্রশ্ন করার আগেই, সামনের দিক থেকে মোহল্লার প্রধান শর্মা জী এসে গেলেন। শর্মা জী-কে দেখেই সেই বয়স্ক ব্যক্তির চোখ দুটোয় চমকের সৃষ্টি হয়ে পড়ল আর উনি দূর থেকেই চেঁচিয়ে উঠলেন – "দেড় ঘন্টা ধরে আমি তোর বাড়ী খুঁজে বেড়াচ্ছি, ঘাসীরাম। তুই তো বলেছিলি যে, দিল্লী শহরে তোর খুব নামডাক। এখানে তো দেখছি তোকে কেউ চেনেই না। আমি কম পক্ষে 50-জন লোককে তোর বাড়ীর ব্যাপারে প্রশ্ন করেছি।"

শর্মা জী বললেন – "আপনি কি প্রশ্ন করেছিলেন ?" সেই বয়স্ক ব্যক্তি বললেন – "তোর নাম ধরে প্রশ্ন করেছিলাম যে, ঘাসীরামের বাড়ীটা কোন্ দিকে ?" এই শুনেই শর্মা জী-র শরীরে যেন আগুন ধরে গেল। পুরো কলোনীতে উনি নিজেকে জি. আর. শর্মা (G. R. Sharma) হিসেবে পরিচিত করে রেখেছিলেন আর আজ সেই বয়স্ক ব্যক্তি ওনার বহু বছরের পুরোন মেহনতের ওপরে এক মিনিটের মধ্যে জল ঢেলে দিয়েছিলেন। শর্মা জী রাগে কাঁপতে-কাঁপতে বললেন – "ঘাসীরাম আবার কি ? জি. আর. শর্মা বলতে কি আপনার মুখে খুব ব্যথা হচ্ছিল ? আপনি পুরো এলাকায় আমার মান-সম্মান সব নষ্ট করে দিলেন।"

এত দূর থেকে আসা অতিথির স্বাগত-সৎকার করা তো দূরের কথা... শর্মা জী রাগে ওনাকে প্রচণ্ড অপমান করে বসলেন। সেই বয়স্ক ব্যক্তি কিছুক্ষন তো কিছুই বুঝে উঠতে পারলেন না যে, হয়েছেটা কি ? যে ঘাসীরামকে উনি ছোটবেলায় নিজের কোলে বসিয়ে খাবার খাইয়েছিলেন... আজ তাকে তার ছোটবেলার নামে ডাকতে ওর এতটা খারাপ কেন লাগছে ? যাক্গে... পণ্ডিত জী যখন বাচ্চার নামকরণ করবেন, তখন করবেন... কিন্তু গ্রাম থেকে আসা শর্মা জী-র সরল-সাধাসিধে আত্মীয়রা কোন প্রকারের পূজা-পাঠ ছাড়াই শর্মা জী-র আবার এক বার নামকরণ করে ফেললেন। যে শর্মা জী বহু বছর ধরে নিজের বাড়ীর দরজায় নেম প্লেটে অত্যন্ত গর্বের সাথে জি. আর. শর্মা লিখিয়ে এসেছিলেন... ওনার আত্মীয়রা আজ এক মিনিটের মধ্যে ওনাকে সেই পুরোন 'ঘাসীরাম' বানিয়ে দিয়েছিলেন। কিন্তু

কেবলমাত্র নাম বদলানেই কি কারও অস্তিত্ব বদলে যায় ?

নামের ব্যাপারে জলি আঙ্কলের এক অত্যন্ত বিখ্যাত প্রবাদবাক্যের কথা মনে পড়ে যাচ্ছে – "উজড়ে গাঁব তো বস জায়ে... মগর উজড়ে 'নাম' কভী না বসা করতে।' এজন্য এমন লোকেদের দেখে অত্যন্ত দুঃখ হয়... যাঁরা নিজেদের বাচ্চাদের বড়-বড় নাম তো রাখেন... কিন্তু তাঁরা বাচ্চাদের নিজেদের নামের যথার্থতা রক্ষা করার জন্য ভালো সংস্কার প্রদান করতে পারেন না। নামকরণের রীতি-রেওয়াজ পালন করার পরে আপনারা অন্যদের যে নামই রাখুন না কেন... আসলে আমাদের আনন্দ এই জিনিষটার ওপরে নির্ভর করে যে, আমরা অন্যদের হৃদয়ে কতটা প্রেম সঞ্চারিত করতে পারছি।

■■■

জীবনে সম্পর্ক পালন করাটা ততটাই কঠিন হয়... যতটা কঠিন হয় হাতের পাতায় নেওয়া জলকে মাটিতে পড়া থেকে বাঁচানো!

43

অস্হির মন

দীর্ঘ সময় পরে জগত বাবুর এক ঘনিস্ট বন্ধু যখন ওনার বাড়ীতে এলেন... তখন উনি টেবিলে মদের বোতল আর গ্লাস দেখে অবাক হয়ে উঠলেন। এই দৃশ্য দেখে উনি বললেন – "তুমি তো সব রকমের নেশার বিরোধী ছিলে। তাহলে তোমার বাড়ীতে মদের বোতল! ব্যাপারটা কি?" জগত বাবু নিজের বন্ধুকে বললেন – "আমি এই জীবন নিয়ে অত্যন্ত অস্হির হয়ে উঠেছি। যবে থেকে আমার বিয়ে হয়েছে... আমি নিজের পুরো উপার্জন পরিবারের লোকেদের সুখী করে তোলার জন্য খরচ করে দিয়েছি। কিন্তু এত সব কিছু করার পরেও আমি একটা মুহূর্তের জন্য শান্তি পাইনি।" ওনার বন্ধু সাহস জুগিয়ে বললেন – "কিন্তু মদ গলায় ঢাললেই তো সমস্যার সমাধান বার হয়ে আসবে না।" জগত বাবু বললেন – "আমি এর আগে দুধ পান করে দেখে নিয়েছি... তাতেও কোন লাভ হয়নি।" এমন সময় জগত বাবুর পত্নী প্রথম বার বাড়ীতে আসা অতিথির জন্য চা-জলখাবার নিয়ে ঘরে এসে ঢুকলেন। কিছুক্ষন পরে জগত বাবুর সেই বন্ধু জগত বাবুকে বললেন – "তোমার বৌ-ও তো তোমার সাথেই থাকে। ওনার হাব-ভাব দেখে তো আমার এমন কিছু মনে হল না যে, উনিও তোমার মত দুঃখী!"

জগত বাবু নিজের বন্ধুকে বললেন – "মেয়েদের চিন্তিত হওয়ার কি দরকার? মনে হচ্ছে, তুমি এই প্রবাদবাক্যটা শোননি – 'যে মহিলা নিজের স্বামীকে ভয় পায়, সে মৃত্যুর পরে স্বর্গে যায় আর যে মহিলা নিজের স্বামীকে ভয় পায় না... তার কাছে এই পৃথিবীটাই স্বর্গ হয়ে ওঠে।' আমার পত্নী আমাকে ভয় পাওয়ার বদলে উল্টে সর্বদা আমাকেই ভয় দেখাতে থাকে।" বন্ধুর সাথে কথা বলার সাথে-সাথে জগত বাবুর মদ্যপান করার গতি আর রাগের পারা – দুটোই তীব্র হয়ে উঠছিল। জগত বাবুর বন্ধুর মাথায় কিছুই ঢুকছিল না যে, কাল পর্যন্ত সকল বন্ধুদের মধ্যে সর্বদা হাসি-খুশী থাকা জগত বাবুর সাথে এমন কি হয়ে পড়ল যে, উনি নিজের নিয়ন্ত্রণের বাইরে চলে যাচ্ছেন? এই প্রথম বার বাড়ীতে আসা নিজের স্বামীর বন্ধুর সামনে

নিজের স্বামীর এমন অবস্থা দেখে জগত বাবুর পত্নীর খুবই খারাপ লাগছিল। জগত বাবুর বন্ধু মনে-মনে এটা ঠিক করে নিলেন যে, এই সময় জগত বাবুকে বোঝানো কোন যুদ্ধ জয় করার থেকে কোন অংশে কম কঠিন নয়। উনি ইশারায় জগত বাবুর পত্নীকে বললেন যে, জগত বাবুর সাথে পরের দিন সকালেই কথা বলাটা উচিত হবে।

পরের দিন সকালে যখন চা-জলখাবার খাওয়ার পালা মিটে গেল... তখন জগত বাবুর বন্ধু ওনাকে বললেন – "কাল পর্যন্ত তুমি সবাইকে সর্বদা হাসি-খুশী জীবন কাটানোর জন্য প্রেরিত করতে। আজ তোমার এতটা নেতিবাচক চিন্তাধারা দেখে আমার প্রচণ্ড অবাক লাগছে।" জগত বাবু সঙ্গে-সঙ্গে বলে উঠলেন – "ভাই! এখনও তোমার গলায় ঢোল বাঁধা হয়নি... সেজন্য তুমি আমার কথা ঠিক বুঝে উঠতে পারবে না। যেদিন তোমারও বিয়ে হয়ে পড়বে আর সকাল-সন্ধ্যে বৌ-য়ের খিট্‌খিট্ শুনতে হবে, সেই সময় তোমার এই অধমের কথা মনে পড়ে যাবে। বিয়ের আগে তো সবাই সুপারম্যান হয়। আর বিয়ের পরে সে-ই স্পাইডারম্যান হয়ে নিজেরই জালে ফেঁসে যায়। আরে ভাই... বিয়ের আগে সব কিছু চলে। কিন্তু বিয়ের পরে স্বামীদের সকালে মুর্গীদের মত উঠতে হয়... তারপর ঘোড়ার মত ছুটতে-ছুটতে অফিস পৌঁছতে হয়। সেখানে সারাটা দিন গাধার মত কাজ করতে হয় আর বাঁদরদের মত বসের ইশারায় নাচতে হয়।" এই ফাঁকে জগত বাবুর পত্নী বলে উঠলেন – "তারপর বাড়ী ফিরে এসে কুকুরদের মত চেঁচাতে শুরু করে দাও আর তারপর মোষের মত মদ গিলে ঘুমিয়ে পড়ো।"

জগত বাবুর বন্ধু ওনাদের দুজনের উদ্দেশ্যে হাত জোড় করে চুপ করে থাকার অনুরোধ জানিয়ে বললেন – "এটা সত্য যে, আমার এখনও বিয়ে হয়নি। কিন্তু আমি অনেক লোকেদের বিয়ে করতে দেখেছি। দুনিয়ার অনেক সফল লোকেদের জীবনকে অত্যন্ত কাছ থেকে পরীক্ষা করার পরে আমি এটা জানতে পেরেছি যে, পতি-পত্নীর সম্পর্ক কাঁচের পাত্রের মত হয়। সেটাকে সামলে না রাখতে পারলে সেটা খুব তাড়াতাড়ি ভেঙে যায় আর তারপর সারাটা জীবন কষ্ট পেতে হয়। কোন ব্যক্তি মানসিক শান্তি একমাত্র সেই সময় পেতে পারেন... যখন তিনি নিজে সেটা পেতে চাইবেন। আমরা নিজেদের অস্থির মনের জন্য অন্যদের যত দোষই দিই না কেন... বাস্তবিকতা হচ্ছে এটা যে, এই সব সমস্যার জন্য আমরা নিজেরাই দায়ী থাকি।" এত কিছু শোনার পরে যখন জগত বাবু রাগের মাথায় আরও কিছু বলতে উদ্যত হলেন, তখন ওনার বন্ধু ওনাকে বললেন – "তোমার মধ্যে এই জিনিষটার অভাব রয়েছে যে, তুমি নিজের মনের যন্ত্রণা ঠিক ভাবে প্রকাশ করতে পারো না। সেজন্যই তোমার মনের ওপরে সর্বদা এক বোঝার মত চেপে থাকে... যেটা তোমাকে অস্থির করে মারে।"

"জগত! তুমি এখনও যদি নিজেকে না বদলাও... তাহলে তোমার জীবন সেই সব লোকেদের মত হয়ে পড়বে... যারা কাঁদতে-কাঁদতে এই দুনিয়ায় আসে আর সারাটা জীবন নিরাশার পরিবেশে কাটিয়ে এক দিন এই দুনিয়াকে বিদায় জানিয়ে

চলে যায়। জীবনকে যদি ভালো ভাবে কাটাতে হয়... তাহলে একটা কথা মনে রেখো যে, আমাদের জীবনে সব কিছু আমাদের ইচ্ছামত হতে পারে না। এজন্য ভগবান তোমার ঝুলিতে যা কিছু ঢেলে দিয়েছেন... সেসব হাসিমুখে স্বীকার করতে শেখো।" জগত বাবুর বন্ধুর এত সুন্দর বিচারধারা শুনে জলি আঙ্কল তো জীবনের এই অর্থই বুঝতে পেরেছেন – 'ভালো করে দেখলে এই জীবন স্বপ্নের মত মনে হয়... মনোযোগ সহকারে পড়লে এই জীবন ঠিক কোন পুস্তকের মত মনে হয়... কান পেতে শুনলে এই জীবন জ্ঞানের মত লাগে... ভালো করে বুঝতে পারলে এই জীবন ঠিক কোন আশীর্বাদের সমান হয়!' যে ব্যক্তি এই ছোট্ট প্রবাদবাক্যকে নিজের জীবনে গ্রহণ করে নিতে পারেন... তাঁর মন কখনো অস্থির হতে পারে না!

■■■

ঠাণ্ডা আর অসম্মান যত বেশী করে অনুভূত হয়... মন ততই অস্থির হয়ে ওঠে!

44

সৎ ব্যক্তি

নিক্কু দাদা যেই মন্দিরের সিঁড়ি বেয়ে নেমে এল... ওর এক চামচা এসে ওকে জানাল – "ওস্তাদ! আজ আমি মন্দিরে একজন লোককে সিগারেট খেতে দেখে এতটা ঘাবড়ে উঠেছিলাম যে, আমার হাত থেকে মদের বোতল মাটিতে পড়ে গিয়েছিল।" নিক্কু দাদা ওকে গালি দিয়ে বলে উঠল – "তুই মদের বোতল নিয়ে মন্দিরে গিয়েছিলিস?" সেই চামচা বলল – "আমি তো লুকিয়ে-লুকিয়ে তোমার পেছন-পেছন এটা দেখার জন্য গিয়েছিলাম যে, আমরা যখনই কোন লুট করতে যাই, তার ঠিক আগে তুমি এখানে কার সাথে দেখা করতে আসো?" নিক্কু দাদা সেই চামচাকে ভবিষ্যতে আর কখনো এমনটা না করার পরামর্শ দিয়ে ওকে জীপ চালানোর জন্য বলল।

এর কিছুক্ষন পরে ওরা শহরের সব থেকে বড় শেঠের প্রাসাদের বাইরে দাঁড়িয়ে ছিল। চার পাশের পরিবেশ এক বার ভালো করে দেখে নেওয়ার পরে নিক্কু দাদা প্রাসাদে লুটপাট করার উদ্দেশ্যে ঢুকে পড়ল। প্রাসাদের দুজন চাকর ছাড়া আর কেউ ছিল না। এতে নিক্কু দাদার লুট করার কাজটা আরও সহজ হয়ে পড়ল। এর একটু পরেই নিক্কু দাদা নিজের সাথীদের সাথে লক্ষ-লক্ষ টাকা নগদ আর মূল্যবান অলংকারের সাথে নিজের আড্‌ডায় চলে এল। শীঘ্রই নিজের দলের লোকেদের সাথে মাল-পত্র ভাগ-বাঁটোয়ারা করে নিয়ে নিক্কু দাদা নিজের বাড়ীর উদ্দেশ্যে রওনা হয়ে পড়ল। বাড়ীতে ঢুকতেই দাই মা ওকে জানাল যে, নিক্কু দাদার পত্নী এক মেয়ের জন্ম দেওয়ার পরে স্বর্গে চলে গেছে। লক্ষ-লক্ষ টাকায় ভরা থলি এক পাশে ছুঁড়ে ফেলে দিয়ে নিক্কু দাদা নবজাত সেই ছোট্ট মেয়েটাকে নিজের বুকে জড়িয়ে ধরল। বাচচা মেয়েটাকে কোলে তুলে নিতেই নিক্কু দাদার ভেতরে মন্থনের মত ক্রিয়া শুরু হয়ে পড়ল। ওর মাথার ওপরে পাপী, দুরাচারী ইত্যাদি লেবেল লাগানো থাকা সত্ত্বেও কিছুক্ষনের মধ্যে নিক্কু দাদা এই ফয়সালা করে নিল যে, ওকে যে কোন মূল্যই দিতে হোক্ না কেন... ও এই বাচচাটাকে নিজের থেকে আলাদা হতে দেবে না।

নিক্কু দাদার এক সাথী ওকে এমন পরামর্শ দিল – "ওস্তাদ! তুমি এই মেয়েটাকে কোন অনাথ আশ্রমে রেখে এসো।" নিক্কু দাদা নিজের সেই সাথীকে গালি-গালাজ করে উঠে বলল – "এখনও আমি... এই মেয়েটার বাবা বেঁচে আছি আর তুই একে অনাথ বানানোর কথা কি করে চিন্তা করলি ? আর কেউ এমন কথা বললে সে আমার বন্দুকের গুলির থেকে রক্ষা পাবে না।" এক সাথী সাহস করে নিক্কু দাদাকে বোঝাল – "আমাদের মধ্যে কেউ এটা জানে না যে, সকালে আমাদের সাথে যারা-যারা রয়েছে... সন্ধ্যা হতে-হতে তাদের মধ্যে কতজন আমাদের সঙ্গ ছেড়ে চলে যাবে। এমন অবস্থায় এই ছোট্ট মেয়েটাকে আমরা কি করে সামলাব ?" যেমন-যেমন রাতের অন্ধকার ঘনিয়ে আসতে লাগল... ক্ষিধের চোটে সেই বাচ্চাটার কান্নাও তীব্র হয়ে উঠতে লাগল। নিক্কু দাদা মন থেকে চাওয়া সত্ত্বেও কিছুই করে উঠতে পারছিল না। শেষে ও বাচ্চাটাকে কোলে তুলে নিল আর মন্দিরের পূজারীর সাথে দেখা করার জন্য মন্দিরে এসে পৌঁছল।

পূজারী নিক্কু দাদাকে বললেন – "এখন তো ভগবানের বিশ্রাম করার সময় হয়ে পড়েছে... আপনি কাল সকালে আসবেন।" নিক্কু দাদা বলল – "আমি আজ আপনার সাথে দেখা করতে এসেছি। আমার নাম নেকচন্দ... কিন্তু সবাই আমাকে নিক্কু দাদার নামেই জানে।" এই নামটা শুনতেই পূজারী ঠিক গাছের কোন শুকনো পাতার মত থরথর করে কাঁপতে লাগলেন। নিক্কু দাদা বলল – "আপনার ভয় পাওয়ার কিছু নেই। আমি প্রচণ্ড সমস্যায় পড়ে গিয়েছি আর আপনার কাছে সাহায্যের আশায় এসেছি। আমার পত্নী এই বাচ্চা মেয়েটাকে জন্ম দিয়ে স্বর্গে চলে গেছে। আমি কিছুই বুঝে উঠতে পারছি না যে, আমি এই বাচ্চাটাকে নিয়ে কি করব!" পূজারী বললেন – "আমাদের এখানে তো এই ধরণের বাচ্চাদের মানুষ করার কোন ব্যবস্থা নেই।" নিক্কু দাদা বলল – "আমি নিজের বাচ্চাকে অন্য কারও হাতে তুলে দিতেও চাই না। আপনি আমাকে এটা তো বোঝান যে, আমি কি ভাবে একে বড় করে তুলতে পারি ?"

নিক্কু দাদা পূজারীর সামনে হাত জোড় করে বলল – "আমি কাল পর্যন্ত যা কিছু ছিলাম... সেসব আজ শেষ হয়ে পড়েছে। আমি আজ থেকে এই বাচ্চাটার জন্য নতুন জীবন শুরু করতে চাই। আপনি আমাকে পথ দেখান।" পূজারী নিক্কু দাদার মনের ভাবনা পড়লে উনি এটা স্পষ্ট বুঝতে পারলেন যে, এই লোকটা সত্যি-সত্যি নিজেকে বদলাতে চায়। পূজারী নিক্কু দাদার সহায়তা করার উদ্দেশ্যে বললেন – "যখন কোন ব্যক্তি এক বার ছল-কপটতার পথ ত্যাগ করে সৎ হয়ে ওঠার মনস্থির করে নেয়... তখন তাকে সেই পথে এগিয়ে চলতে কেউ-ই বাধা দিতে পারে না। ভগবান তোমাকে তো 'নেকচন্দ' নাম দিয়েছেন... যেটা নিজেই গুণের খনি! তোমাকে এক সৎ ব্যক্তি হয়ে ওঠার জন্য কেবল এই নামটার গুণগুলোকে নিজের মধ্যে গ্রহণ করতে হবে।"

নিক্কু দাদা বলল – "সমাজ কি আমাকে সত্যি-সত্যি এক সৎ ব্যক্তি হয়ে বেঁচে থাকতে দেবে ?" পূজারী বললেন – "এমন শংকা কেবলমাত্র সেই সব লোকেদের

মনের মধ্যে থাকে... যারা দুর্বল হয়। তোমার মত সাহসী লোক তো পাহাড়ের বুক চিরেও নিজের পথ করে নিতে পারে। আমি তোমাকে এই বিশ্বাস প্রদান করছি যে, যেদিন তুমি পরিশ্রম করে উপার্জন করা শুরু করবে... সেদিন তোমার পরিশ্রমের ঘাম তোমার কপালের রেখাগুলোকে বদলে দেবে। তোমাকে দেখে আমার মনে একটাই কথা ভেসে আসছে যে, তুমি নিজেকে বদলানোর জন্য যে পদক্ষেপ নিয়েছ – সেটা কিছুটা দেরী করে নিয়েছ ঠিকই... কিন্তু একেবারে সঠিক পদক্ষেপ নিয়েছ।'' লোকেরা যে যাই বলুক না কেন... জলি আঙ্কল এতটা না বলে থাকতে পারছেন না যে, আজ পর্যন্ত এমনটা শোনা ছিল যে পরশ পাথর লোহাকে সোনা করে তোলে... কিন্তু আজ এটা দেখে ঠিক কোন চমৎকার বলে মনে হচ্ছে যে, এক জ্ঞানী পূজারী পথভ্রস্ট হয়ে পড়া এক ব্যক্তিকে কি ভাবে এক মুহূর্তের মধ্যে সৎ ব্যক্তিতে রূপান্তরিত করে তুললেন !

■■■

শক্তির আবশ্যকতা সেই ব্যক্তির হয়, যে কোন কিছু খারাপ কাজ করতে চায়... সৎ ব্যক্তি তো প্রেম দ্বারাই সব কিছু প্রাপ্ত করে নেন !

45

মৌজী বাবা

রামভুলকে দুঃখী হয়ে থাকতে দেখে ওর এক বন্ধু ওর সমস্যার কারণ জানতে চাইল। রামভুল বলল – "তুমি তো জানোই যে, আমার ছেলে পড়াশোনা শেষ করার পরে অনেক দিন ধরে বাড়ীতে খালি বসে রয়েছে। আমি অনেক জায়গায় ওর চাকরীর ব্যাপারে কথা চালিয়েছি... কিন্তু আমার পত্নী সকাল-সন্ধ্যা কেবল এই জেদ ধরে বসে রয়েছে যে, ওকে যেন আমি ভালো কোন ব্যবসা শুরু করিয়ে দিই। আমার অবস্হা তো তুমি ভালো করেই জানে যে, ঘর চালানোর খরচ আমি কোন মতে জোগাড় করতে পারি... এই অবস্হায় আমি নতুন ব্যবসা শুরু করার জন্য লক্ষ-লক্ষ টাকার ব্যবস্হা কোথা থেকে করব ?" রামভুলের বন্ধু বলল – "তোমার ভাগ্য অনেক ভালো।" রামভুল বলল – "আমি এদিকে চিন্তায়-চিন্তায় অস্হির হয়ে উঠেছি আর তুমি বলছ যে, আমার ভাগ্য ভালো ?" ওর সেই বন্ধু জবাব দিল – "এমনটা আমি এজন্য বলছি... কারণ আজকাল পাশের গ্রামে মৌজী বাবা এসেছেন। ওনার কাছে সবার সব প্রকারের সমস্যার সমাধান রয়েছে।" 'ডুবন্ত ব্যক্তি খড়-কুটোও আঁকড়ে ধরে...' প্রবাদবাক্যটাকে চরিতার্থ করে তুলে রামভুল নিজের সেই বন্ধুকে ওকে সেই বাবার কাছে নিয়ে যাওয়ার জন্য বলল।

পরের দিনই সকালে ওরা দুজন মৌজী বাবার আশ্রমে গিয়ে পৌঁছল। সেখানে বারান্দায় এক ব্যক্তি বাবার এক চেলাকে প্রশ্ন করছিলেন – "শুনেছি যে, আপনাদের এখানে লোকেদের সকল প্রকারের সমাধান পাওয়া যায়।" বাবার চেলা উত্তর দিল – "বাবা অত্যন্ত উচ্চ শ্রেণীর। উনি সবার মনের কথা নিজের তৃতীয় চোখ দিয়ে দেখে মিনিটের মধ্যে তার সেই সমস্যার সমাধান করে দেন।" সেই ব্যক্তি বললেন – "আমি আমার মদ ছাড়াতে চাই।" চেলা বলল – "আমাদের বাবা অসংখ্য লোকেদের মদ, চরস আর অন্যান্য নেশা থেকে মুক্তি প্রদান করেছেন।" সেই ব্যক্তি বাবার চেলাকে বললেন – "ব্যাপার সেটা নয়। আসলে আমার কয়েক পেটী মদ পুলিশ বাজেয়াপ্ত করে নিয়ে গেছে। আমি পুলিশের হাত থেকে আমার মদ ছাড়াতে চাই।" এই ফাঁকে

চেলার চোখ রামভুল আর ওর বন্ধুর ওপরে গিয়ে পড়ল। দুজন নতুন খদ্দের দেখে চেলা সেই ব্যক্তিকে বলল – "এই আশ্রমে মদের নাম নেওয়াটাও পাপ। আপনি এই মুহূর্তে এই আশ্রম ছেড়ে চলে যান... নয়তো মৌজী বাবা আপনাকে এখানেই ভস্ম করে দেবেন।" রামভুলের বন্ধু সেই চেলার সাথে রামভুলের পরিচয় করিয়ে দিয়ে প্রশ্ন করল – "কি ব্যাপার! আজ বাবাকে কোথাও দেখতে পাওয়া যাচ্ছে না।" চেলা পুরোন পরিচয়ের সুবাদে বলল – "আপনাকে আর কি লুকোব ? আসলে গত কিছু সময় ধরে আমাদের বাবার ধান্ধা কিছুটা মন্দা চলছে। এজন্য উনি ব্যবসা এগিয়ে নিয়ে চলার জন্য নতুন কোন উপায় শিখতে নিজের গুরুর কাছে গেছেন।" রামভুল বাবার চেলাকে প্রশ্ন করল – "আপনাদের বাবা কি দোকানদারীতে এক্সপার্ট ? কারণ আমি নিজের ছেলেকে দিয়ে নতুন কোন ব্যবসা শুরু করাতে চাই।" চেলা বলল – "আপনি যদি কোন নতুন ব্যবসা শুরু করতে চান আর আপনার কাছে যদি কোন অভিজ্ঞতা বা প্ল্যাটফর্ম না থাকে... তাহলে চিন্তা করার কোন কারণ নেই। আপনাকে পুঁজির চিন্তাও করতে হবে না। আপনি কেবল দিন-রাত মোটা কামাই করে যাবেন।"

রামভুল বলল – "আমি এটা তো জানি না যে, আপনি কত দূর পড়াশোনা করেছেন... কিন্তু আপনি যেভাবে টাকা-পয়সা কামানোর উপায় বোঝাচ্ছেন... তাতে আমার এমনটা মনে হচ্ছে যে, ভালো-ভালো শিক্ষিত লোকেরাও আপনার সামনে ফেল করে যাবে।" চেলা বলল – "এই পাপী পেট সেই সব কিছুও শিখিয়ে দেয়... যেসব জিনিষ কোন স্কুল বা কলেজে পড়ানো হয় না। আগেকার দিনের লোকেরা কি ভাবে ব্যবসা সামলাতেন, সেটা আমি আনি না... কিন্তু আজকের যুগে যদি টাকা-পয়সা কামাতে হয়, তাহলে আপনাকে মিথ্যা থেকে শুরু করে সাম-দাম-দণ্ড-ভেদের পথে চলতে হবে। আপনাকে কেবল এক বার নিজের ক্লায়েন্টকে এই বিশ্বাস প্রদান করতে হবে যে, আপনি ভগবানের থেকেও বড়। ভগবান সেই ব্যক্তিকে যা কিছু দিতে পারেননি... সেই সব কিছু প্রদান করার ক্ষমতা আপনার মধ্যে রয়েছে। আপনি এক বার নিজের কথায় ক্লায়েন্টের মন জিতে নিলে তিনি নিজের সারা জীবনের উপার্জন হাসতে-হাসতে আপনাকে ভেঁট দিয়ে নিজেকে ধন্য অনুভব করবেন।" রামভুল বলল – "আমার কাছে তো এই ধরণের কোন জ্ঞান নেই যে, আমি এই ধরণের ব্যবসার কথা চিন্তা করতে পারব।"

চেলা একটুও সময় নষ্ট না করে বলল – "এতে চিন্তা করার কি আছে ? আপনি নিজের ছেলেকে কিছু সময়ের জন্য আমার কাছে ছেড়ে যান। আমি আপনার ছেলেকে এতটা সফল বাবা বানিয়ে দেব যে, সারা শহরে কেবল ওর নামেরই চর্চা হবে।" রামভুল এই প্রশ্ন না করে থাকতে পারল না যে, কোন প্রকারের জ্ঞান-ধ্যান ছাড়া 'বাবা' হওয়াটা কি এতই সহজ ? চেলা রামভুলকে বলল – "আপনি কেবল এই ধান্ধার প্রচার-প্রসার করার জন্য কিছু টাকা জোগাড় করে নিন... বাকী সব কিছু আমার ওপরে ছেড়ে দিন। আমি আপনার ছেলেকে এর পরের রাস্তা শিখিয়ে দেব। আজকালকার বাবারা কাউকে মন্দিরে পূজা দেওয়ার পরামর্শ দেন... তো কাউকে

শনি পূজা করতে বলেন। কাউকে মিষ্টি খেতে বলেন... তো কাউকে মিষ্টি খেতে মানা করেন। যে ব্যক্তি সাদা জামা-কাপড় পরে রয়েছেন... তাঁকে নীল বা হলুদ রং-য়ের পোশাক পরার পরামর্শ দেন। কাউকে গরু বা গাধাকে সকাল-সন্ধ্যায় খাবার খাওয়াতে বলেন। কেউ মানুক বা না মানুক... আমার এই ব্যাপারে পূর্ণ বিশ্বাস রয়েছে যে, আমাদের জীবনে সুখ-দুঃখ, হাসি-কান্না – সব কিছুই প্রভুর ইচছায় আসে... তবুও লোকেরা নিজেদের অন্ধবিশ্বাসের কারণে বাবাদের আশীর্বাদ পেতে চাইলে তাদের খুশী করে তোলার জন্য কিছু মিষ্টি-মিষ্টি কথা বলে মোটা টাকা কামাতে দোষ কোথায় ?"

চেলার এই সব কথা শোনার পরে রামভুল এই চিন্তায় ডুবে গেল যে, ও তো আজ পর্যন্ত গুরুজনেদের থেকে এটাই শিখে এসেছে যে, মেহনত করাটা আমাদের হাতে আর সফলতা প্রদান করা ওপরওয়ালার হাতে থাকে। কিন্তু কে জানে, আজকের যুগের চিন্তাধারা কেমন হয়ে পড়েছে! জলি আঙ্কল রামভুলের মনের ভাবনার কদর করে এটাই বুঝতে পেরেছেন যে, কোন ব্যক্তি নিজের ঘর-পরিবার চালানোর জন্য যে কাজই করুক না কেন... কিন্তু অন্যদের ধোঁকা দেওয়া কখনোই উচিত নয়। মৌজী বাবার মত লোকেদের এটা ভোলা উচিত নয় যে, লোভের লালসায় পড়ে যত অর্থই উপার্জন করা হোক্ না কেন... সেই অর্থ জীবনে কখনো সুখ এনে দিতে পারে না!

■■■

চমৎকারকে এজন্যই চমৎকার বলা হয়... কারণ এমনটা প্রতি বার হয় না!

46

জ্ঞান গঙ্গা

মন্ত্রী জী সবেমাত্র নিজের বাড়ীর ড্রইং রুমে এসে বসেছিলেন... ওনার সেক্রেটারী ওনার সামনে ওনার সারা দিনের প্রোগ্রামের লিস্ট এনে ধরলেন। এর সাথে-সাথে উনি মন্ত্রী জী-কে এটাও বললেন – "স্যার ! আপনি তাড়াতাড়ি রেডী হয়ে নিন... আজ আপনাকে দিল্লী ইউনিভার্সিটি যেতে হবে।" মন্ত্রী জী বললেন – "যা কিছুই হয়ে যাক না কেন... আমি ইউনিভার্সিটি কখনোই যাব না।" সেক্রেটারী অবাক হয়ে উঠে বললেন – "ছোট বাচ্চাদের স্কুলে যেতে ভয় পেতে তো দেখেছি... কিন্তু আপনি ইউনিভার্সিটি যেতে এত ভয় কেন পাচেছন ?" মন্ত্রী জী বললেন – "আমি আজ পর্যন্ত কলেজের পড়াশোনা ঠিক ভাবে শেষ করতে পারলাম না... এখন এই বয়সে ইউনিভার্সিটি গিয়ে আমি কি করব ?" সেক্রেটারী বললেন – "এটা তো আমি জানি যে, আপনি নিজে পড়াশোনা না করেও সারা দুনিয়াকে পড়াতে পারেন। কিন্তু আজ আপনাকে ইউনিভার্সিটি পড়াশোনা করার জন্য নয়... বরং সেখানকার ছাত্র-ছাত্রীদের কন্‌ভোকেশন সমারোহে ডিগ্রী প্রদান করার জন্য যেতে হবে।"

এর কিছুক্ষন পরেই মন্ত্রী জী-কে স্বাগত জানানোর পরে ছাত্র-ছাত্রীদের ডিগ্রী প্রদান করার অনুষ্ঠান শুরু হয়ে পড়ল। প্রতিটি ছাত্র-ছাত্রী অত্যন্ত অধীর হয়ে নিজেদের পালা আসার জন্য অপেক্ষা করছিল। এই ফাঁকে গণিতে প্রথম স্হান অধিকার করার জন্য রবানীর নাম ডাকা হল। ডিগ্রীর সাথে-সাথে, সবার প্রথম আসার এ্যাওয়ার্ড নিয়ে রবানী মঞ্চ থেকে নেমে আসতে যাবে... এমন সময় অন্য আরও একটি বিষয়ে প্রথম আসার এ্যাওয়ার্ড নেওয়ার জন্য ওর নাম আবার এক বার ডাকা হল। রবানী দ্রুত ফিরে এল আর দ্বিতীয় এ্যাওয়ার্ড নিয়ে অত্যন্ত খুশীর সাথে নিজের সীটের দিকে এগিয়ে চলতে লাগল। ও সবেমাত্র কয়েক পা এগিয়েছে... এমন সময় অত্যন্ত জোরে রবানীকে আরও একটি এ্যাওয়ার্ড প্রদান করার ঘোষণা করা হল। সেই ঘোষণায় পুরো হল হাততালিতে ফেটে পড়ল। এতে মন্ত্রী জী মজা করে রবানীকে বললেন – "তোমার হাতে এক সাথে এতগুলো এ্যাওয়ার্ড তুলে দিয়ে

আমার এখন এই ভয় লাগছে যে, বিরোধী পক্ষ একেও কোন স্ক্যামের রং না দিয়ে দেয়।'' সমারোহ সমাপ্ত হতেই কলেজের উচ্চস্থানীয় প্রশাসকেরা রবানীর সাথে দেখা করে বললেন – ''আপনি পড়াশোনায় প্রথম স্থান অধিকার করে এক দিকে যেমন নিজের পরিবারের নাম উজ্জ্বল করেছেন... অন্য দিকে আমাদের কলেজের পক্ষেও এটা অত্যন্ত গর্বের বিষয়। আপনি যদি আমাদের কলেজের প্রোফেসরের পদ গ্রহণ করে আমাদের কলেজের সাথে যুক্ত হয়ে পড়েন... তাহলে আমরা অত্যন্ত আনন্দিত হব।'' রবানীর কাছে এর থেকে আনন্দের খবর আর কি হতে পারত!

কিছুক্ষন পরে ও নিজের এক বান্ধবীর সাথে নিজের বাড়ী পৌঁছলে ওর সেই বান্ধবী রবানীর পরিবারের সদস্যদের উদ্দেশ্যে বলল – ''আমি আপনাদের এক অত্যন্ত সুখবর শোনাতে চাই। সেই সুখবর হচেছ এই যে, রবানীকে আজই কলেজের পক্ষ থেকে প্রোফেসরের চাকরীর অফার দেওয়া হয়েছে। ও গতকাল পর্যন্ত যে কলেজে নিজে পড়তে যেত... আগামীকাল থেকে ও সেই কলেজেই ছাত্র-ছাত্রীদের পড়াবে।'' রবানীর পরিবারের সদস্যরা এত বড় একটা সুখবরকে জোরে-জোরে হাততালি দিয়ে স্বাগত জানাল আর মিষ্টি বিলি করতে শুরু করে দিল। রবানীর দাদুও মুখে মিষ্টি পুরে বললেন – ''ঈশ্বরের কাছে আমি এই প্রার্থনা জানাই যে, ভবিষ্যতেও তুমি যেন এমনই মেহনত করে নিজের জ্ঞান বৃদ্ধি করে চলো।'' রবানীর মা নিজের পতিকে বললেন – ''তুমি একটু বাবাকে এটা বোঝাও যে, আমাদের মেয়ে এখন কলেজের বড় প্রোফেসর হয়ে উঠেছে। এখন আর ওর পড়াশোনা করার কোন প্রয়োজন নেই... কারণ এখন থেকে তো ও অন্যদের পড়াবে।'' রবানীর পিতা নিজের বাবাকে কিছু বলার আগেই রবানীর দাদু বললেন – ''আমরা এই বিষয়ে পরে কখনো আলোচনা করব।'' বাড়ীতে আসা সকল অতিথিরা বিদায় নিয়ে চলে যাওয়ার পরে রবানীর দাদু পরিবারের সকল সদস্যদের নিজের সামনে বসিয়ে বললেন – ''আমি এটা খুব ভালো করেই জানি যে, আজকাল পরিবারের বড়দের পরামর্শ কারোরই পছন্দ হয় না।'' এই শুনেই রবানীর মা বললেন – ''আপনার মত লোকেরা যদি সর্বদা উল্টো-পাল্টা কথা বলে চলেন... তাহলে আপনাদের কথা কার পছন্দ হবে ? আপনি এটা ভালো করেই জানেন যে, রবানী পুরো দিল্লীর মধ্যে প্রথম স্থান পেয়েছে... তবুও আপনি ওকে আরও পড়ার, আরও শেখার জন্য বলে চলেছেন !''

রবানীর দাদু নিজের পুত্রবধূকে বললেন – ''সবার প্রথমে তুমি নিজের বাণীর ওপরে নিয়ন্ত্রণ রাখতে শেখো... কারণ কোন ব্যক্তির গুণ-দোষ তার বাণী দ্বারা জানতে পারা যায়। আমি রবানীকে আরও বেশী জ্ঞান প্রাপ্ত করার কথা এজন্য বলেছি... কারণ ভালো জ্ঞান ঠিক কোন পবিত্র ঝরনার মত হয়। যদি ঝরনা থেকে সব সময় তাজা আর স্বচছ জল প্রবাহিত হতে থাকে... তাহলে সেই ঝরনায় সর্বদা তরোতাজা ভাব বজায় থাকে। এই তরোতাজা ভাবের কারণে সেখানে সুগন্ধিত ফুল ফোটে... চার পাশে সেই সব ফুলের সুগন্ধ ছড়িয়ে পড়ে। কিন্তু যদি ঝরনার জল এক জায়গায় থেমে থাকে... তাহলে কিছু সময় পরে সেই জল পচে যেতে লাগে।

তাতে ফুল ফোটা তো দূরের কথা... উল্টে নোংরা দুর্গন্ধ আসা শুরু হয়ে পড়ে। বৌমা! তুমি যদি কখনো রামায়ণ পড়ে থাকো... তাহলে তুমি এটা নিশ্চয়ই জানো যে, যখন রাবণ নিজের অন্তিম শ্বাস নিচ্ছিলেন... তখন ভগবান রাম নিজের ভাই লক্ষ্মণকে বলেছিলেন – "যাও... রাবণের থেকে কিছু জ্ঞানের কথা শিখে নাও!" এতে লক্ষ্মণ অবাক হয়ে উঠে বলেছিলেন – "প্রভু! এ আপনি কি বলছেন?" সেই সময় ভগবান রাম লক্ষ্মণকে বলেছিলেন – "এটা সত্য যে, রাবণ অনেক খারাপ কাজ করেছেন। কিন্তু এটাও সত্য যে, ওনার কাছে জ্ঞানের ভাণ্ডার রয়েছে।" রবানীর সফলতায় ওকে অভিনন্দন জানিয়ে জলি আঙ্কল রবানীর দাদুর দ্বারা বলা কথাগুলোকে স্বীকার করে নিয়ে এমনটা মানতে লেগেছেন যে, জীবনে মহান হয়ে ওঠার জন্য আমাদের লাগাতার জ্ঞান গঙ্গার অমৃত পান করে চলা উচিত!

■■■

বিচারধারার ওপরে দৃষ্টি দিলে শব্দের সৃষ্টি হয়...
শব্দকে গ্রহণ করলে ভালো কর্ম হয়ে ওঠে!

47

নজর বট্টু

বহু বছরের মেহনতের পরে যখন ধর্ম সিং-য়ের নতুন বাড়ী তৈরী হয়ে পড়ল... তখন উনি নিজের প্রতিবেশী দয়ারামকে নিজের নতুন বাড়ীর গৃহপ্রবেশের নিমন্ত্রণ জানাতে ওনার বাড়ীতে গেলেন। সেখানে দয়ারামের পত্নী ধর্ম সিং-কে বললেন – "দাদা ! আপনার নতুন বাড়ী খুবই সুন্দর হয়েছে। আপনি যখন এক কিছু করলেন... তখন এবার আপনি নিজের বাড়ীকে লোকেদের খারাপ নজর লাগার হাত থেকে বাঁচাতে বাড়ীর ছাদে একটা 'নজর বট্টু'-ও লাগিয়ে নিন।" ধর্ম সিং বললেন – "এখন এই সব ব্যাপার পুরোন হয়ে গেছে। আমি এই সব কু-সংস্কারে মোটেই বিশ্বাস করি না।" দয়ারাম মজা করে বললেন – "তুমি যদি 'নজর বট্টু' লাগাতে না চাও, তাহলে কোন ব্যাপার নয়... তুমি নিজের বাড়ীর বাইরে নিজের একটা ফোটো টাঙ্গিয়ে দাও। সেটা দেখেই লোকেরা ভয় পেয়ে যাবে আর তাদের খারাপ নজর তোমার বাড়ীর কোন ক্ষতিই করতে পারবে না।" ধর্ম সিং বললেন – "বন্ধু ! আমি তো তোমাকে অত্যন্ত বুদ্ধিমান বলেই মনে করতাম। আমি তো কখনো এমনটা ভাবিনি যে, তুমি আমার সম্বন্ধে এত নোংরা চিন্তাধারা পোষণ করো। আমার মুখটা কি তোমার কাছে এতটাই খারাপ লাগে যে, তুমি 'নজর বট্টু'-র জায়গায় আমার ফোটো লাগাতে বলছ ?" ধর্ম সিং দয়ারামকে ভালোমতন উল্টো-পাল্টা কথা শুনিয়ে দিয়ে বলে উঠলেন – "আমি ঠিক এটা বুঝে উঠতে পারছি না যে, তোমার মাথায় সব সময় কি এমন পোকা ঘুরে বেড়াতে থাকে যে, তুমি এই ধরণের পাগলের মত কথা বলতে শুরু করে দাও !" দয়ারাম-ও ঠিক একই ভাষায় জবাব দিয়ে বললেন – "তোমার মত মিস্টি-মিস্টি কথা আমি বলতে পারি না। আমার মনে যা আসে, আমি লোকেদের মুখের ওপরে সেটা বলে দিই।" এর সাথে-সাথে উনি ধর্ম সিং-কে ধমকী দিয়ে বলে উঠলেন – "এবার তুমি নিজের মুখ বন্ধ করে ভালোয়-ভালোয় এখান থেকে কেটে পড়ো।" দেখতে-দেখতে ওনাদের দুজনের মধ্যে তর্কাতর্কি এতটাই বেড়ে উঠল যে, পাড়ার লোকেদের এসে মধ্যস্থতা করতে হল।

এই ফাঁকে মন্দিরের পূজারী জী ধর্ম সিং-য়ের বাড়ীতে পূজা করার জন্য এসে পৌঁছলেন... কিন্তু সেখানে পুরো পাড়ার লোকেদের এই ভাবে জড়ো হয়ে থাকতে দেখে ওনারও প্রচণ্ড আশ্চর্য লাগল। কিছুক্ষনের মধ্যেই যখন পুরো ব্যাপারটা জানতে পারা গেল... তখন উনি বললেন – "আজ আমি এখানে ধর্ম সিং-য়ের নতুন বাড়ীর গৃহপ্রবেশের পূজা করতে এসেছিলাম... কিন্তু আমার এখন এমনটা মনে হচ্ছে গৃহপ্রবেশের পূজা করার থেকে নিজেদের মধ্যে আলাপ-আলোচনা করাটা অনেক বেশী জরুরী। এজন্য আপনাদের সকলের অনুমতি হলে আমিও নিজের মনের কিছু কথা আপনাদের সাথে ভাগ করে নিতে চাই। আমি এটা জানি যে, আপনাদের মধ্যে কেউ-কেউ এই ভেবে অবাক হয়ে উঠছেন যে, আমি আবার এ কোন্ কাহিনী শোনাতে বসে পড়লাম। এর সরাসরি কারণ হচ্ছে এই যে, আপনাদের এই এলাকায় আমারও অনেক দিন থাকা হয়ে পড়েছে। আমার নিজের কোন ঘর-পরিবার তো এখানে নেই... আমি আপনাদেরই নিজের পরিবারের সদস্য হিসেবে মানি। এবার নিজের কোন আত্মীয় যদি কোন ভুল করে... তাহলে আমার সর্বপ্রথম কর্তব্য এটা হয় যে, তাকে তার ভুলের ব্যাপারে জানিয়ে আমি তাকে সেই কাজটা করা থেকে বাধা প্রদান করার চেস্টা করব। কারণ যেসব লোক ইতিহাসের ব্যাপারে জ্ঞান রাখেন... তাঁরা এটা খুব ভালো করেই জানেন যে, নিজের ভুলের ওপরে চোখ বন্ধ করে রাখার কারণেই মহাভারতের যুদ্ধ হয়েছিল!"

পূজারী জী-কে মাঝখানে বাধা দিয়ে ধর্ম সিং বললেন – "আমার এক প্রতিবেশী নিজের নাম রেখেছেন দয়ারাম... কিন্তু না তো ওনার মনে আর না ওনার ব্যবহারে দয়া নামের কোন জিনিষ আছে।" দয়ারাম-ও একটুও না ছেড়ে উল্টে ধর্ম সিং-য়ের ওপরেই সব দোষ চাপিয়ে দিয়ে বললেন – "তুমি যেসব ধর্ম-কর্মের কাজ করো... সেসবও কারো কাছে লুকোন নেই। দুনিয়ায় এমন কোন খারাপ কাজ নেই... যা তুমি করো না।" ধর্ম সিং কাছেই পড়ে থাকা একটা পাথর তুলে নিয়ে এই বলে দয়ারামের দিকে ছুটলেন – "আজ আমি এর একটা ব্যবস্হা করে তবে ছাড়ব। এ যবে থেকে এই পাড়ায় থাকার জন্য এসেছে... তবে থেকে সবাইকে অতিস্ট করে মারছে।" পূজারী জী ধর্ম সিং-য়ের হাত থেকে পাথর কেড়ে নিয়ে দূরে ছুঁড়ে ফেলে দিলেন আর উনি ধর্ম সিং-কে নিজের পাশে বসিয়ে বললেন – "আপনি তো জ্ঞানী মানুষ। আপনি তো ভালো-খারাপের মধ্যেকার পার্থক্য জানেন... তাহলে আপনি এটা কি করে ভুলে গেলেন যে, অন্য কেউ আপনাকে রাগিয়ে তুলতে সফল হয়ে উঠলে সেটার সরাসরি অর্থ এটা হয় যে, আপনি সেই ব্যক্তির হাতের পুতুল হয়ে উঠেছেন। আমাদের জীবনে বেশ কিছু ভালো-খারাপ ঘটনা ঘটতে থাকে। অনেকে আমাদের জ্ঞানতঃ বা অজ্ঞানতঃ দুঃখও দেয়। কিন্তু আমরাও যদি তেমনটাই করতে থাকি... তাহলে আমাদের মনের কি করে শান্তি প্রাপ্ত হবে? আমরা যখনই অন্যদের দোষ খুঁজে বার করি... তখন কি আমরা এটা চিন্তা করার চেস্টা করি যে, আমাদের হাতের একটা আঙ্গুল তো সামনের ব্যক্তির দিকে থাকে... কিন্তু বাকী তিনটে আঙ্গুল আমাদের নিজেদের দিকেই থাকে।"

দয়ারাম এটা চিন্তা করলেন না যে, পূজারী জী ধর্ম সিং-য়ের সাথে কি কথা বলছেন... উনি পূজারী জী-র ওপরে দোষারোপ করে বলে উঠলেন – "আপনার কি মনে হচ্ছে যে, সব দোষ আমার একার ?" পূজারী জী দয়ারামকে বললেন – "আপনি আজ থেকে একটা জিনিষ সর্বদা মনে রাখবেন যে, আমাদের দ্বারা বলা আগে শব্দ আমাদের গোলাম হয়... কিন্তু এক বার বলে ফেলার পরে ব্যক্তি শব্দের গোলাম হয়ে ওঠে। নিজেদের দ্বারা বলা কথার কারণেই কোন ব্যক্তি সমাজে ওপরের দিকে ওঠেন বা নীচের দিকে নেমে আসেন। উচ্চ শ্রেণীর বিদ্বানরা এমনটা মানেন যে, পাহাড়ের ওপর থেকে নীচের দিকে পড়া কোন ব্যক্তি তবুও সাহস করে আবার এক বার উঠে দাঁড়াতে পারেন... কিন্তু দুনিয়ার দৃষ্টিতে নীচে নেমে আসা ব্যক্তি আর কখনোই উঠে দাঁড়াতে পারেন না।" পূজারী জী-র কথাগুলো জলি আঙ্কলের হৃদয়ে এতটা গভীর ছাপ ছেড়ে গেছে যে, ওনার ভেতর থেকে এই আওয়াজ ভেসে আসছে – "বন্ধুত্বের অর্থ কেবল সেই ভালবাসা হয়... যেটা কখনোই ঘৃণার কথা বলে না। বন্ধুত্ব তো সেই প্রিয় হাসি হয়... যেটা কখনো ম্লান হয় না। বন্ধুত্ব সেই অনুভূতির নাম হয়... যেটা কখনো শেষ হয় না। এমন অবস্থায় আপনার কোন বন্ধু যদি মজা করে আপনাকে 'নজর বট্টু' বলেও দেয়... তাতেই বা কি আসে-যায় ?"

■■■

কিছু লোক এমন হন... যাঁদের মুখ দেখলেই আনন্দের অনুভূতি হতে থাকে!

48

জ্ঞানী রবানী

রবানীর বাবা অফিস থেকে বাড়ী এলে রবানী খুশী-খুশী বাবাকে নিজের এ্যাওয়ার্ড দেখাল। ওর বাবা প্রশ্ন করলেন – "তুমি এই এ্যাওয়ার্ড কোথা থেকে পেয়েছ ?" এর উত্তরে রবানী বলল – "আজ আমাদের স্কুলে এক হাস্য প্রতিযোগিতার আয়োজন করা হয়েছিল। আমিও একটা জোক্স শুনিয়েছিলাম। ব্যস্... তাতেই খুশী হয়ে উঠে প্রিন্সিপাল আমাকে এই এ্যাওয়ার্ড দিয়েছেন।" "তা তুমি কোন্ জোক্স শুনিয়েছিলে ?" বাবা জানতে চাইলেন। রবানী বলল – "আমার তো কোন জোক্স ইত্যাদি মনে ছিল না... তাই আমি সেই কাহিনীটা শুনিয়ে দিয়েছিলাম... যেটা তুমি নিজের বন্ধুদের শোনাতে থাকো।" রবানীর মা অবাক হয়ে উঠে বললেন – "কোন্ কাহিনী ?" রবানীর বাবা বললেন – "যখন এ খুব ছোট ছিল... সেই সময় রেডিয়োয় একটা বিজ্ঞাপন আসত যে, ওডোমস লাগাও... মশা তাড়াও। এক দিন এ আমায় প্রশ্ন করে যে, সত্যি কি ওডোমস লাগালে মশারা পালায় ? আমি একে বলেছিলাম যে, যখন এত বড় কোম্পানী বলছে... তখন নিশ্চয়ই পালায়। সেই সময় এ ঝট্ করে বলেছিল যে, কিন্তু আমরা মশাদের ওডোমস লাগাব কি করে ?" এই শুনে রবানীর মা হেসে উঠে বললেন – "কিন্তু এত মজার কাহিনী তুমি আমাকে তো কখনো শোনাওনি।" এবার রবানী গর্ব করে উঠে বলল – "এই কাহিনী শোনানোর জন্য স্কুল আমাকে এই এ্যাওয়ার্ড দিয়েছে।" মেয়ের জেতা এ্যাওয়ার্ডে চুমু খেয়ে রবানীর মা ভগবানকে ধন্যবাদ জানিয়ে বললেন – "এই সব কিছু ভগবানের কৃপারই ফল।" রবানীর বাবাও নিজের জামার কলার উঁচুতে উঠিয়ে বললেন – "এটা তো বলো যে, মেয়ে কার ?" রবানী বলল – "আমি যখনই কোন ভালো কাজ করে আসি... তোমরা দুজনেই খুব খুশী হয়ে ওঠো। কিন্তু কখনো-কখনো কোন পরীক্ষায় ফেল করলে মা ঝট্ করে বলে ওঠে যে, এমন স্কুলে আগুন লেগে যাক। বাবাও বলে যে, মায়ের আদরই আমাকে বিগড়ে দিয়েছে।" রবানীর বাবা রবানীকে বললেন – "তোমার স্কুলের পড়া এখনও শেষ হয়নি আর তুমি

ঠিক কোন ঠাকুমা-দিদিমাদের মত কথা বলছ !"

"আমার কাছেও একটা সুখবর আছে।" রবানীর বাবা বললেন – "আজ অফিস থেকে থেকে আমাকে 5000 টাকার ইন্‌ক্রিমেন্ট দেওয়া হয়েছে।" রবানীর মা এই শুনেই ভগবানকে ধন্যবাদ জানাতে লাগলেন। রবানী নিজের বাবাকে প্রশ্ন করল – "তোমাদের অফিসেও কি কোন হাস্য প্রতিযোগিতার আয়োজন করা হয়েছিল ?" রবানীর মা বললেন – "ওসব স্কুল-কলেজেই হয়। অফিসে তো যে কর্মচারী সব থেকে বেশী মেহনত করেন... তিনিই উন্নতি করেন।" রবানী বলল – "বাকীদেরও কি ইন্‌ক্রিমেন্ট হয়েছে ?" রবানীর বাবা বললেন – "না! এবার শুধু আমাকেই ইন্‌ক্রিমেন্ট দেওয়া হয়েছে।" "তুমি এমন কি বিশেষ কাজ করেছ যে, কোম্পানী কেবল তোমাকেই এত বড় ইন্‌ক্রিমেন্ট দিয়েছে ?" রবানী নিজের প্রশ্ন বজায় রেখে বলল। রবানীর মা বললেন – "এই সব জিনিষ জানার জন্য তুমি এখনও খুবই ছোট। তুমি এসব বুঝতে পারবে না।" কিন্তু ওর বাবাকে ওর জেদের সামনে হার মেনে নিতেই হল আর উনি বললেন – "আমাদের কোম্পানীর মালিকের টেণ্ডার পাশ করানোর জন্য সরকারী অফিস থেকে কিছু জরুরী তথ্য জানার আবশ্যকতা হয়ে পড়েছিল। সংযোগবশতঃ সরকারী অফিসে আমার চেনা কিছু লোক আছে। আমি তাদের এই সমস্যার ব্যাপারে জানাকে ওরা সমস্ত ফাইল তুলে আমাকে দিয়ে দেয়। ব্যস্... সেই ফাইল দেখেই আমাদের কোম্পানীর মালিক এত বেশী প্রভাবিত হয়ে উঠেছিলেন যে, উনি পুরস্কার স্বরূপ আমার ইন্‌ক্রিমেন্ট করে দিয়েছেন।"

রবানী বলল – "বাবা! তোমার কি এমনটা মনে হয় না যে, তুমি যা কিছু করেছ... সেসব ভুল ছিল ?" রবানীর মা ওকে চুপ করিয়ে বললেন – "এ তুমি কি কথা বলছ ? এখনও দুধের দাঁত পড়েনি... এখন থেকেই মা-বাবার মুখে-মুখে তর্ক করতে শুরু করে দিয়েছে ! তুমি কি কিছু জানো যে, আজকের যুগে পয়সা কামানো কত মুশ্কিল ! এ তো আমাদের ওপরে ভগবানের অশেষ কৃপা রয়েছে যে, তোমার বাবা এত ভালো কোম্পানীতে চাকরী পেয়েছেন।" রবানী নিজের কথা বলেই চলল – "তোমরাই তো আমাকে বোঝানোর সময় এমনটা বলো যে, ব্যক্তি যেমন-যেমন বড় হতে থাকে... তার বুদ্ধি তেমন-তেমন বাড়তে থাকে। কিন্তু আমি এটা লক্ষ্য করছি যে, আজকাল লোকেরা যত বড় হয়ে উঠছে... তারা তত বেশী মানবিকতার থেকে দূরে সরে যাচ্ছে আর আরও বেশী ধূর্ত হয়ে উঠছে।" ওকে বকে উঠে ওর মা বললেন – "এবার তুমি যদি আর একটাও শব্দ উচ্চারণ করো... তাহলে তুমি আমার হাতে প্রচণ্ড মার খাবে।" ছোট্ট রবানী বলল – "আমি ভুল তো কিছুই বলিনি। বাবা আমাকে সব সময় ভালো গুণ শেখার জন্য প্রেরিত করেন... কিন্তু আজ বাবা যা কিছু করেছে... সেসব তো ছল-কপটতা ছাড়া আর কিছুই নয়।" রবানীর বাবা ওকে বললেন – "মুখে বলা খুবই সহজ হয়... কিন্তু কাজে করে দেখানো অত্যন্ত কঠিন হয়। কাল যখন তুমি বড় হয়ে উঠবে আর তোমাকে এক-একটা পয়সা উপার্জন করতে হবে... সেই সময় তুমি এটা জানতে পারবে যে, পয়সা কত মুশ্কিলে রোজগার করতে হয়।"

রবানী নিজের বক্তব্যে অটল হয়ে থেকে বলল – "এক দিকে তোমরা আমাকে ভুল পথে উপার্জন করা টাকা-পয়সায় মানুষ করে তুলছ আর অন্য দিকে তোমরাই বলতে থাকো যে, সত্যই হচ্ছে আমাদের জীবনের সব থেকে বড় শৃঙ্গার ! সত্য কথা বলা আর সত্য কথা শোনা ব্যক্তিই জীবনে সব থেকে বেশী খুশী হয়। তোমরা আমাকে এটা ঠিক করে বলো যে, আমার গুণ গ্রহণ করা উচিত, না কি দোষ ? তোমরা যদি আমাকে সঠিক অর্থে গুণ শেখাতে চাও... তাহলে তোমরা নিজেদের জীবনে দোষকে কেন গ্রহণ করে রেখেছ ?" রবানী নিজের বাবাকে বলল – "কিছু লোক সব সময় ভগবানের ওপরে এমন আরোপ লাগাতে থাকে যে, ভগবান তাদের অন্যদের তুলনায় কম দিয়েছেন। কিছু লোক এমনও হয়... যাদের কাছে এক জোড়া ভালো জুতোও থাকে না আর তারা ঈশ্বরের কাছে অভিযোগ জানাতে থাকে। কিন্তু এমন লোকেদের কি সেই সব লোকেদের দেখে শিক্ষা গ্রহণ করা উচিত নয়... যাদের কাছে জুতো পায়ে দেওয়ার মত পা পর্যন্ত নেই !" মেয়ের মুখে এতটা শুনেই রবানীর বাবা জোরে-জোরে কেঁদে উঠে রবানীকে বুকে টেনে নিলেন। উনি এমন প্রতিশ্রুতিও দিলেন – "আজকের পর থেকে আমাদের বাড়ীতে ভুল পথে উপার্জন করা একটা পয়সাও আসবে না।" এই ছোট্ট মেয়েটার মুখে এত বড় গুরুত্বপূর্ণ কথা শুনে জলি আঙ্কল রবানীর মা-বাবাকে অভিনন্দন জানিয়ে এটাই বলতে চাইছেন – "আপনারা আগের জন্মে নিশ্চয়ই কোন পুণ্য কর্ম করেছিলেন... তাই এই জন্মে আপনাদের রবানীর রূপে এত জ্ঞানী মেয়ের প্রাপ্তি হয়েছে !"

■■■

মহান ব্যক্তিরা নিজেদের ভালো কাজের দ্বারা পরিচিত হন... অন্যথা ভালো কথা তো দেওয়ালেও লেখা থাকে !

49

জ্ঞানের মনোবিজ্ঞান

পবিত্র শেঠ নিজের পত্নীর সাথে পূজা করে মন্দির থেকে ফিরে এলে ওনার মা প্রশ্ন করলেন – "তোমরা কোথা থেকে আসছ ?" পবিত্র শেঠ বললেন – "মা ! একটু আগেই আমরা তোমাকে জানিয়ে মন্দিরে গিয়েছিলাম। তবুও তুমি এমন অদ্ভূত প্রশ্ন কেন করছ ?" মা বললেন – "আমি তো যখন মন্দিরে কিছুক্ষনের জন্যও সত্যিকারের মনে বসে আসি... আমার মন-মস্তিস্ক একেবারে শান্ত হয়ে আসে... কিন্তু তোমার চোখে-মুখে মানসিক চাপের ভাব দেখে আমার এমনটা মনে হচ্ছে যে, মন্দির নয়... তুমি কোন শ্মশান ঘাট থেকে আসছ।" পবিত্র শেঠ কিছুটা রেগে উঠে বললেন – "আমরা যখন মন্দিরে যাচ্ছিলাম... তখন দেখতে পেয়েছিলাম যে, আমাদের বাড়ীর চাকর নিজের বৌকে কোলে তুলে নিয়ে নাচছে। আমি যখন ওকে প্রশ্ন করি যে, এসব কি হচ্ছে... তখন ও বলে যে, ও আজ সকালে নাকি তোমার সাথে বসে টি.ভি.-তে এক মহাত্মার প্রবচন শুনছিল। সেই মহাত্মা নাকি প্রবচনে এমনটা বলেন যে, জীবনে কোন সমস্যা এলে সেটার থেকে দূরে না পালিয়ে সেটাকে আনন্দের সাথে নিজের হাতে তুলে নেওয়া উচিত। কিছুক্ষনের মধ্যে সেই সমস্যা আপনা থেকেই দূর হয়ে পড়বে। এজন্যই নাকি ও নিজের বৌকে কোলে তুলে নিয়েছিল।"

পবিত্র শেঠ নিজের সমস্যার ব্যাপারে জানিয়ে মা-কে বললেন – "মা ! গত জন্মে না জানি আমি কি এমন ভুল করে বসেছিলাম যে, ভগবান এই জন্মে আমার ভাগ্যে কেবল কষ্টই লিখে পাঠিয়েছেন। রাতটা তো আমি তাও ঘুমের ওষুধ খেয়ে কাটিয়ে নিই... কিন্তু সকাল হতেই বাড়ীর পরিবেশ দেখে আমার মাথার ভেতরটা ফেটে পড়তে থাকে। বহু বছর ধরে আমি নিজের মনের মধ্যে একটাই স্বপ্ন পালন করে এসেছি যে, ছেলে বড় হয়ে সংসারের সাথে-সাথে ফ্যাক্টরীর দায়িত্ব পালনেও আমাকে সহায়তা করবে... কিন্তু ওর চিন্তাধারা এমন অদ্ভূত যে, আমার কোন কথা গুরুত্ব সহকারে গ্রহণ করা তো দূরের কথা, উল্টে ও আমার সব কথাকেই হেসে

উড়িয়ে দেয়। কিছুদিন আগে যখন ওর এক বন্ধু ওর সাথে দেখা করতে এসেছিল... তখন ও নিজের বন্ধু চলে যাওয়ার সময় তাকে বলেছিল – "যখনই কেউ কোন কাজ করার জন্য বলবে... তখনই কিছুক্ষনের জন্য পাগলের মত অভিনয় করতে শুরু করে দিও। তাহলে সেই ব্যক্তি নিজেই সেই কাজটা করে নেবে। আর যদি আমার বাবার মত জেদী লোক বার-বার সেই কাজটা করার জন্য জেদ করতে থাকে... তাতেও ভয় পাওয়ার কিছু নেই। হ্যাঁ... এখানে একটা কথা সব সময় মনে রাখবে যে, তুমি কোন কাজ করো বা না করো... লোকেদের সামনে এমন একটা ভাব দেখাবে যে, সেই কাজটার ব্যাপারে তোমার খুবই চিন্তা রয়েছে।" ওর সেই বন্ধুটা ওকে বলে – "যদি কাজের ব্যাপারে চিন্তাই করব, তাহলে তো কাজটাও করতে হবে।" আমার গুণধর পুত্র জবাব দেয় – " আরে ভাই! আমি শুধু কাজের ব্যাপারে চিন্তা করার অভিনয় করতে বলেছি... বার-বার সেটার ব্যাপারে উল্লেখ করতে বলিনি। তুমি কি এটাও জানো না যে, যেসব লোক প্রয়োজনের থেকে বেশী কাজ করেন... তারা শীঘ্রই অসুস্হতার শিকার হয়ে পড়ে ভগবানের প্রিয় হয়ে পড়েন!" পবিত্র শেঠ নিজের কথা চালিয়ে গিয়ে বললেন – "মা! আমার মাথায় তো এটা ঢোকে না যে, নিজের ছেলের পালন-পোষণে আমার কি এমন ভুল হয়ে পড়েছে যে, ও কোন দায়িত্বই ওঠাতে চায় না!"

মা নিজের ছেলে পবিত্রকে বললেন – "আমি জানি যে, তুমি দুনিয়ার কাছে শেঠ হলেও আমার কাছে তুমি কেবল আমার ছেলে! তবুও যদি আমার কথাগুলো তোমার ভালো না লাগে... তাহলে তুমি আমাকে ক্ষমা করে দিও। কিন্তু বাস্তবিকতা হচ্ছে এটা যে, তুমি নিজেকে বড়ই চালাক-চতুর আর গুণী মনে করো... যখন কি তোমাদের মত লোকেদের চিন্তাধারা মহাপুরুষদের চিন্তাধারার তুলনায় অনেকটাই ছোট হয়। জ্ঞানের ব্যাপারে তুমি যেটুকু শিখেছ... সেটাকে নিজের জীবনে গ্রহণ করার বদলে তুমি সেটাকে উপেক্ষা করে দিয়েছ। আমার এটা খুব ভালো করে মনে আছে যে, তুমি নিজের ছেলেকে জ্ঞানের সাথে পরিচিত করানোর বদলে পয়সা কামানোর লোভে তাকে অনেক ক্ষেত্রে সফল করে তোলার জন্য অনেক বার নিজের চিন্তাধারায় পরিবর্তন নিয়ে এসেছ। তোমার ছেলের সাথে তোমার সব সময় সংঘর্ষের কারণও হচ্ছে তোমাদের দুজনের বিচারধারা আলাদা হওয়া। তুমি সর্বদা এমনটা চেয়েছ যে, তোমার এক আওয়াজে সবাই মাথা নীচু করে তোমার সামনে এসে দাঁড়িয়ে পড়ুক। তোমার ছেলেও সেই সবই শিখেছে... যেমন ব্যবহার তুমি নিজের গুরুজনেদের সাথে করেছ। তুমিও অনেক বার আমার কথা কান পেতে শুনেছ... কিন্তু সেগুলোকে জীবনে গ্রহণ করার বদলে তুমি সেগুলো এক কান দিয়ে শুনে অন্য কান দিয়ে বার করে দিয়েছ।" মা নিজের ছেলেকে বললেন – "এই সব জিনিষ এটারই প্রমাণ যে, তুমি সর্বদা নিজের পূর্বপুরুষদের দ্বারা দেখানো পথকে উপেক্ষা করেছ।"

পবিত্র শেঠ নিজের মাকে বললেন – "মা! তুমি কোন্ জ্ঞানের কথা বলছ? আজকালকার ভণ্ড সাধু-সন্তেরা সবাইকে নিজেদের স্বার্থের জন্য ব্যবহার করে সরল-সাধাসিধে জনতার থেকে পয়সা লোটা ছাড়া আর কি করছে?" মা নিজের ছেলেকে

মাঝপথে বাধা দিয়ে বললেন – "আজকালকার সাধু-সন্তদের ওপরে যদি তোমার বিশ্বাস না-ও থাকে... তবুও আজ তোমার চার পাশে জ্ঞানের সাগর প্রবাহিত হচ্ছে। অসংখ্য টি.ভি. চ্যানেল, হাজার-হাজার পুস্তক, ভালো-ভালো বিদ্বান লেখকেরা পর্যন্ত আজ সহজেই সাধারণ জনতা পর্যন্ত পৌঁছে যাচ্ছেন। এত সব কিছু হওয়া সত্ত্বেও যদি তুমি জ্ঞানের মহিমাকে উপেক্ষা করো... তাহলে তুমি না নিজেকে আর না-ই নিজের ছেলেকে কোন কিছুর যোগ্য করে তুলতে পারবে। জ্ঞানই একমাত্র মাধ্যম হয়... যেটার দ্বারা লোকেরা দুনিয়ার সকল সমস্যার সমাধান সহজেই বার করে আনতে পারে। ভালো আর সত্যিকারের জ্ঞানের মূল্য তোমার মত মূর্খ লোকেরা নয়... কেবল কোন জ্ঞানী ব্যক্তিই বুঝতে পারেন। জ্ঞানী ব্যক্তিরা দুনিয়াকে সর্বদাই এই বার্তা দিয়ে এসেছেন যে, কড়া মেহনত আর দৃঢ়তার সাথে যতক্ষন না জ্ঞানের মিলন হচ্ছে... ততক্ষন পর্যন্ত কোন কিছুই হাসিল করা যেতে পারে না।"

পালন-পোষণ, পড়াশোনা আর জীবন স্তরে উন্নতি নিয়ে আসার জন্য পবিত্র শেঠের মায়ের থেকে জ্ঞানের মনোবিজ্ঞান বোঝার পরে জলি আঙ্কল তো এই শিক্ষাই পেয়েছেন যে, যে প্রকার একটা প্রদীপ পুরো ঘরের অন্ধকার দূর করতে পারে... ঠিক সেই প্রকার জ্ঞানের সাগর থেকে বার হয়ে আসা পবিত্র বিচারধারা কোন ব্যক্তির আচরণকে ভালো করে তোলার সাথে-সাথে জীবনের প্রতিটি লক্ষ্যকে হাসিল করতেও সহায়ক প্রমাণিত হতে পারে!

■■■

বেকার চিন্তা আপনাদের জীবনকে জংলী ঘাসে ভরা জঙ্গল করে তুলবে!

50

আয়নায় দেখা মুখ

স্টাইল সিং নিজের বন্ধুকে দুঃখী হয়ে বসে থাকতে দেখে তাকে প্রশ্ন করলেন – "কি হয়েছে ? তোমাকে বড়ই চিন্তিত দেখাচ্ছে !" ওনার সেই বন্ধু গলায় মদ ঢেলে বলল – "আরে ভাই ! আর বোল না... মনে হচ্ছে আমার ভাগ্যটাই খারাপ চলছে।" স্টাইল সিং বললেন – "এমন কি হয়ে পড়েছে যে, তুমি এতটা ঘাবড়ে উঠেছ ?" বন্ধু কৃত্রিম দুঃখের প্রদর্শন করে বলল – "তুমি তো জানো যে, আজ থেকে তিন মাস আগে এক দিন হঠাৎ করে আমার দাদুর মৃত্যু হয়ে পড়েছিল।" স্টাইল সিং বললেন – "হ্যাঁ... আমার খুব ভালো করে মনে আছে যে, ওনার হঠাৎ হার্ট এ্যাটাক হয়ে পড়েছিল আর উনি এই পৃথিবী ছেড়ে চলে গিয়েছিলেন।" বন্ধু বলল – "কিন্তু দাদু একটা ভালো কাজ করে গিয়েছিলেন যে, উনি আমার জন্য পাঁচ লক্ষ টাকা রেখে গিয়েছিলেন।" স্টাইল সিং বললেন – "সেসব তো ঠিক আছে... কিন্তু এখন কি এমন গড়বড় হয়ে পড়ল ?" বন্ধু বলল – "তারপর আজ থেকে দু মাস আগে আমার ঠাকুমা এই পৃথিবী থেকে বিদায় নিয়ে চলে গেছেন আর উনিও আমার জন্য তিন লক্ষ টাকা আর কিছু গয়না রেখে গেছেন।" স্টাইল সিং বললেন – "হ্যাঁ, আমি জানি। উনি তোমাকে খুবই ভালবাসতেন। কিন্তু যাঁরা চলে গেছেন... তাঁদের কথা মনে করে সব সময় এতটা দুঃখী হোও না।" বন্ধু স্টাইল সিং-য়ের কাঁধের ওপরে হাত রেখে বলল – "গত মাসে আমার বাবাও আমার দাদু আর ঠাকুমার কাছে চলে গেছেন। উনিও আমার জন্য দু লক্ষ টাকা রেখে গেছেন।" স্টাইল সিং বললেন – "তিন মাসের মধ্যে পরিবারের তিন-তিন জন সদস্য স্বর্গে চলে গেছেন। এটা তো সত্যিই বড়ই দুঃখের ব্যাপার !" বন্ধু বলল – "না, ভাই ! তুমি ঠিক বুঝতে পারছ না। আমার দুঃখের আসল কারণ হচ্ছে এটা যে, আজ এই মাসের শেষ দিন আর আজ পর্যন্ত এই মাসে আমার কোন আত্মীয়ের এই দুনিয়া থেকে টিকিট কাটার খবর এলো না।"

বন্ধুর মুখে এত নীচ কথা শুনে স্টাইল সিং-য়ের আশ্চর্যের কোন সীমা-পরিসীমা

রইল না যে, এই বদমাশ আর স্বার্থপর ব্যক্তি বলছে কি ? স্টাইল সিং নিজের বন্ধুকে কিছু বলার আগেই, সেই বন্ধু স্টাইল সিং-য়ের চাপলুশী করে বলে উঠল – "ভাই ! তোমার মা-বাবাকে হাজার বার প্রণাম জানাতে ইচ্ছা হয় যে, ওনারা কত ভাবনা-চিন্তা করে তোমার এই নাম রেখেছেন। আজ পর্যন্ত না তো আমি এমন কোন নাম শুনেছি আর না-ই তোমার মত স্টাইলের কোন ব্যক্তি দেখেছি।" স্টাইল সিং বললেন – "এসব কথা তো তুমি এর আগেও অনেক বার বলেছ। আজ আবার এক বার এসব কথা বলার কি প্রয়োজন পড়ল ?" এবার স্টাইল সিং-য়ের বন্ধু নিজের আসল রূপে চলে এল আর ও বলল – "আমার 2 - 3 মাসের জন্য 50,000 টাকার অত্যন্ত প্রয়োজন হয়ে পড়েছে। যেই আমার কোন আত্মীয়ের এই দুনিয়া থেকে বিদায় নিয়ে চলে যাওয়ার খবর আসবে... সবার প্রথমে আমি তোমার টাকা শোধ করে দেব। আমি জানি যে, বন্ধুত্বের মর্যাদা রাখতে তোমার থেকে ভালো আর কেউ জানে না। আমার দৃঢ় বিশ্বাস যে, তুমি আমাকে এই টাকাটা দিতে কখনোই অস্বীকার করবে না।" স্টাইল সিং নিজের বন্ধুকে খুব ভালো করেই চিনতেন। উনি নিজের বন্ধুকে ভালো ভাবে বুঝিয়ে বললেন – "তুমি এসব কি বলছ ? আমাদের বন্ধুত্বের মূল্য 50,000 টাকার থেকে অনেক বেশী।" ওনার সেই বন্ধু বলল – "তাই যদি হয়... তাহলে তুমি ফটাফট্ আমাকে এক লক্ষ টাকা দিয়ে দাও।"

স্টাইল সিং নিজের বন্ধুকে বললেন – "তুমি কিছু মনে কোর না... কিন্তু বন্ধুত্বে টাকা-পয়সার লেন-দেনের ব্যাপারে আমার অভিজ্ঞতা খুব একটা ভালো নয়। বন্ধুত্বের মধ্যে যখনই টাকা-পয়সা চলে আসে... তখনই কোন-না-কোন বিবাদের সৃষ্টি অবশ্যই হয়ে পড়ে। আমি টাকা-পয়সার লেন-দেনের কারণে আমাদের এত বছরের বন্ধুত্বকে বাজী ধরতে পারব না।" বন্ধু বলল – "আমি তোমার থেকে এমনটা আশা করিনি যে, আমার খারাপ সময়ে তুমি আমাকে এই ভাবে প্রত্যাখ্যান করবে। আমি আজ পর্যন্ত তোমার সাথে বন্ধুত্ব বজায় রাখতে কোন ত্রুটি করিনি। এমনিতে তো বন্ধুত্বের নামে তুমি সর্বদাই বড়-বড় কথা বলো আর আজ যখন বন্ধুত্ব ধর্ম পালন করার সময় এল... তখন তুমি এক মিনিটের মধ্যে নিজের আসল রূপটা দেখিয়ে দিলে !" স্টাইল সিং-ও রেগে উঠে বললেন – "তুমি যা কিছু বলছ, সেসব বলার আগে এক বার নিজের ভেতরে উঁকি মেরে দেখে নাও। চেনা-অচেনা – প্রত্যেক ব্যক্তির থেকে টাকা ধার নিয়ে তুমি কত বার ঝামেলা খাড়া করেছ। তুমি এক বার পেছন ফিরে দেখলে তুমি এটা জানতে পারবে যে, একমাত্র আমিই হচ্ছি একমাত্র ব্যক্তি... যে আজ পর্যন্ত তোমার সাথে বন্ধুত্ব বজায় রেখে এসেছে। নয়তো পাড়ার লোকেদের থেকে শুরু করে আত্মীয়-স্বজন – প্রত্যেকে তোমার কেবল নিন্দাই করে।" স্টাইল সিং-য়ের বন্ধু বলল – "আমার চরিত্রের ওপরে আঙুল ওঠানোর আগে তুমি এক বার আয়নায় নিজের মুখটা দেখে নিলে নিজের আসল রূপটা তুমি দেখতে পেতে। মনে হচ্ছে তুমি সেই প্রবাদবাক্যটা শোননি – "যে নিজে কাঁচের ঘরে বাস করে... তার অন্যদের ঘরে পাথর ছোঁড়া উচিত নয়।' তোমার ভেতরে কত লজ্জা-শরম আছে,

আমি সব জানি।" মদের নেশায় অন্ধ হয়ে স্টাইল সিং-য়ের বন্ধু না জানি স্টাইল সিং-য়ের ওপরে উল্টো-পাল্টা কত অভিযোগ জানাতে লাগল।

কিছুক্ষনের মধ্যে ওদের দুজনের ঝগড়া এক বড় বিবাদের রূপ ধারণ করে নিল। এক মহাপুরুষ সেই সময় সেখান দিয়ে যাচিছলেন। উনি ওদের দুজনকে কোন ভাবে শান্ত করলেন। যখন পরিবেশ কিছুটা শান্ত হয়ে এল... তখন সেই মহাপুরুষ ওনাদের দুজনকে বললেন – "আজ এই সমস্যাটা কেবলমাত্র তোমাদের দুজনের নয়। আর প্রত্যেক ব্যক্তি নিজেকে হাতী আর অন্যদের পিঁপড়ে মনে করতে লেগেছে। অগাধ ধন-দৌলত লোকেদের অহংকার আর স্বার্থপরতাকে এতটা বাড়িয়ে তুলেছে যে, পারস্পরিক প্রেম... মিষ্টত্ব আর সম্পর্কের গরিমা কোথাও দেখতে পাওয়া যাচেছ না। ব্যক্তি সুখ প্রাপ্ত করার সাধন রূপী প্রতিটি বস্তুর দুরূপযোগ করে স্বর্গের মত এই পৃথিবীকে নরক করে তুলছে। যখন কি এক সত্যিকারের মনুষ্যের উচিত যে, সে নিজেকে ভালো করে তোলার জন্য এতটা সময় দেবে যে, তার কাছে অন্যদের দোষ-ত্রুটি খুঁজে বার করার মত সময়ই থাকবে না।" সেই মহাপুরুষের বহুমূল্য প্রবচন শুনে জলি আঙ্কল এই চিন্তায় ডুবে গেছেন যে, আমরা সর্বদা দুনিয়া বদলানোর কথা বলি... কিন্তু আমরা কখনো এটা ভাবি না যে, এই কাজটার সূত্রপাত আমাদের সেই মুখটার থেকে করা উচিত... যে মুখটা আয়নায় দেখতে পাওয়া যায়!

■■■

অপরাধ জেনেশুনে নয়... অজান্তে হয়ে পড়ে। কিন্তু সেটাকে ক্ষমা করা ব্যক্তি সত্যিকারের মহান হন!

51

দায়িত্ব

সাধু রাম জী-র সকল বন্ধুরা ওনার আসার জন্য অধীর ভাবে অপেক্ষা করছিলেন। বেশ কিছুক্ষন পরেও যখন উনি এলেন না, তখন ওনার এক বন্ধু বললেন – "ভগবান সাধু রাম জী-কে ওনার নাম বড় ভাবনা-চিন্তা করে দিয়েছেন। আজকের যুগে সবাইকে খুশী করে তোলার রহস্য ওনার থেকে ভালো আর কেউ শেখাতে পারে না।" ওনাদের মধ্যে এই সব কথাই চলছিল... এমন সময় সাধু রাম জী সেখানে এসে হাজির হলেন। ওনাদের এই মণ্ডলী কলোনীর এমন লোকেদের ছিল... যাঁরা নিজেদের সাংসারিক দায়িত্ব থেকে মুক্তি প্রাপ্ত করে খালি সময় কাটানোর জন্য আর গল্প-গুজব করার জন্য এখানে একত্রিত হতেন। কিছু বন্ধু প্রশ্ন করলেন – "সাধু রাম জী! আপনি তো রোজ ঠিক সময়ে চলে আসেন... তাহলে আজ এত দেরী কেন হল ?" উনি বললেন – "কাল সারা রাত আমার দাঁতে প্রচণ্ড যন্ত্রণা হচ্ছিল। তাই ভাবলাম, এখানে আসার পথে দাঁতের ডাক্তারকে দেখিয়ে আসি। আমি যখন ডাক্তারের চেম্বারে দাঁত দেখানোর জন্য চেয়ারে বসলাম... তখন ডাক্তার আমার সামনে আসতেই আমার মুখ দিয়ে আর্তনাদ বেরিয়ে এল। ডাক্তার বলল – "আপনি তো ঠিক কোন বাচ্চার মত ভয় পাচ্ছেন। আমি তো এখনও আপনার দাঁতের চিকিৎসা শুরুই করিনি আর আপনি চেঁচাতে শুরু করে দিয়েছেন।" আমি বললাম – "আপনি আমার পায়ের ওপরে দাঁড়িয়ে রয়েছেন... তাই আমি চেঁচাচ্ছি।" আমার দাঁত পরীক্ষা করে ডাক্তার বললেন – "আপনার দাঁত তুলতে হবে।" আমি দাঁত তোলার জন্য ডাক্তারের ফীস্ জানতে চাওয়ায় ডাক্তার বললেন – "আমার ফীস্ 500 টাকা।" আমি বললাম – "2 মিনিটের কাজের জন্য 500 টাকা! এটা তো অনেক বেশী।" ডাক্তার বললেন – "আপনি বললে আমি আপনার দাঁত ধীরে-ধীরে এক ঘন্টাতেও ওঠাতে পারি।"

সাধু রাম জী-র এক বন্ধু বললেন – "এই জন্যই সবাই আপনার প্রশংসা করে। প্রসঙ্গ যাই হোক্ না কেন... আপনার কাছে এমন এক জাদু আছে যে, আপনি

গোটা পরিবেশকে এক মুহূর্তের মধ্যে খুশীতে ভরিয়ে তোলেন। এই সময় সাধু রাম জী-র দৃষ্টি সামনে পড়ে থাকা খবরের কাগজের ওপরে গেল। সেদিনের খবরের কাগজে ওনার ছেলের এক সমারোহে এ্যাওয়ার্ড গ্রহণ করার ফোটো ছাপা হয়েছিল। সাধু রাম জী বড়ই গর্বের সাথে নিজের বন্ধুদের সেই ফোটো দেখালেন। এক বন্ধু বললেন – "আজকাল বিজ্ঞাপনের জগতে এই ছেলেটার প্রচণ্ড নাম-ডাক হয়েছে।" সেই বন্ধু সাধু রাম জী-কে বললেন – "আপনার ছেলে যখন মুম্বাই-য়ের এত বড় মডেল... তখন আপনি এখানে কি করছেন ? আপনি নিজের ছেলের কাছে চলে যাচেছন না কেন ?" সাধু রাম জী বললেন – "আমার আরেক ছেলে নিজের পরিবারের সাথে কানাডায় থেকে মাসে হাজার-হাজার ডলার উপার্জন করছে।" ওনার সেই বন্ধু ঠাট্টা করে বলে উঠলেন – "আমরা তো আপনাকে এক সাধাসিধে 'সাধু' জানতাম... কিন্তু আপনি তো দেখছি কোটিপতি শেঠ। এবার বুঝতে পারছি, যার ছেলে মাসে লক্ষ-লক্ষ টাকা কামায়... সেই ব্যক্তিই সর্বদা এতটা খুশী হয়ে থাকতে পারে !"

এর একটু পরে একজনকে বাদ দিয়ে বাকী সবাই যে যার কাজে চলে গেলেন। সেই বন্ধু সাধু রাম জী-কে বললেন – "সবাই কেবল আপনার হাসিই দেখতে পায়... কিন্তু কে জানে কেন, আমার এমনটা মনে হচেছ যে, আপনার এই হাসির পেছনে কোন গভীর যন্ত্রণা লুকিয়ে রয়েছে।" সাধু রাম জী প্রসঙ্গটা এড়িয়ে যাওয়ার অনেক চেস্টা করলেন... কিন্তু ওনার সেই বন্ধু বললেন – "আমার একটা কথা আপনি সব সময় মনে রাখবেন যে, যে ব্যক্তির সাথে আপনি হাসতে পারেন... তাঁর সাথে আপনি সারাটা দিন কাটাতে পারেন। কিন্তু যে ব্যক্তির সামনে আপনি কাঁদতে পারেন... তাঁর সাথে আপনি সারাটা জীবন কাটাতে পারেন।" বন্ধুর মুখে এই কথা শুনেই সাধু রাম জী-র এমনটা মনে হল যে, ওনার এই বন্ধু ওনার সব থেকে দুঃখের জায়গাটাকে স্পর্শ করে দিয়েছেন। ওনার সেই বন্ধু বিনতি করে বললেন – "আপনি আমাকে ঠিক করে বলুন যে, এত সব কিছু থাকা সত্ত্বেও আপনি এই রকম একাকী জীবন কাটাচেছন কেন ?"

সাধু রাম জী বললেন – "আজ থেকে কয়েক আগে পর্যন্ত আমিও বড় সুখের জীবন কাটাচিছলাম। তারপর বড় ছেলে কানাডা যাওয়ার জেদ ধরে বসল। আমার পত্নী ওকে বিদেশে পাঠানোর জন্য আমাকে এক মোটা অঙ্কের টাকা দিতে বাধ্য করে তুললেন। তারপর মেজো ছেলে পড়াশোনা ছেড়ে দিয়ে নাম আর যশ কামানোর জন্য মুম্বাই চলে গেল। ওকে সেখানে সেটল্ করানোর জন্য আমার অবশিষ্ট উপার্জনও খরচ করে ফেলতে হল। আমার পত্নী আগে এই নিয়ে চিন্তিত হয়ে থাকতেন যে, ওনার ছেলেরা ভালো করে খাবার খায় না... তারপর উনি এই দুঃখে এই পৃথিবী ছেড়ে চলে গেলেন যে, ওনার ছেলেরা ওনার ভালো করে খোঁজ-খবরও নেয় না। আজ থেকে কিছু সময় আগে আমি কানাডা যাওয়ার জন্য বড় ছেলের সাথে কথা বললে ও বলল – "তোমাকে এখানে নিয়ে আসা আমার পক্ষে সম্ভব নয়... কারণ আমি এই মুহূর্তে এতটা বোঝা বহন করতে পারব না।" তারপর

মুম্বইয়ের ছেলের সাথে কথা বললে ও প্রচণ্ড ঘাবড়ে উঠে বলল – "আমি তোমাকে এখানে কি করে নিয়ে আসতে পারি ? আমি এখানে আমার সকল বন্ধু-বান্ধবদের এটাই জানিয়েছি যে, আমি অত্যন্ত শিক্ষিত পরিবারের সন্তান। তুমি তো তাদের সাথে ভালো করে কথাও বলতে পারবে না।"

"শহরের বাজারে আমার একটা ভালো দোকান ছিল আর আমার ছোট ছেলে দোকান চালাতে আমাকে সহায়তা করত। কিন্তু যবে থেকে ওর বিয়ে হয়েছে... ও দোকান পুরো নিজের অধীন করে নিয়ে বলেছে – "এই দোকান থেকে অনেক কষ্টে আমার পরিবারের খরচ ওঠে। তুমি অন্য কোন কাজ দেখে নাও।" এবার এই বয়সে যখন কাছের লোকেরাই পাশ থেকে দূরে সরে গেল... তখন আমি অন্যদের থেকে আর কি আশা করতে পারি ?" সাধু রাম জী-র বন্ধু বললেন – "আজকালকার বাচ্চাদের না জানি কি হয়ে পড়েছে। যে মা-বাপ তাদের ভালবেসে বড় করে তোলে... তাদেরই এরা বোকা বানিয়ে নিজেদের স্বার্থ সিদ্ধি করে নেয়। মা-বাবার থেকে টাকা-পয়সা আদায় করার ব্যাপারে সব রকমের চালাকি করতে এরা ভালো করেই জানে... কিন্তু যখন সম্পর্কের গুরুত্ব বোঝার আর সেটাকে পালন করার সময় আসে, তখন এদের সেই বুদ্ধি না জানি কোথায় হারিয়ে যায়। আগেকার যুগে ছেলেরা নিজেদের প্রাণের বাজী লাগিয়ে পরিবারের মর্যাদা রক্ষা করত... কিন্তু আজকের যুগের ছেলেরা লাঠির জোরে কেবল নিজেদের আবশ্যকতা পূরণ করাতে জানে। যে মা-বাবা নিজেদের রক্ত জল করে এই সব বাচ্চাদের শিখরে পৌঁছিয়ে দেন... তাঁদের ভাবনার খুন করতে এই সব বাচ্চাদের এতটুকু কষ্ট হয় না।" জলি আঙ্কল আজকের যুগের যুবা প্রজন্মকে তাদের দায়িত্বের অনুভূতি প্রদান করানোর সাথে-সাথে ভগবানের কাছে এই প্রার্থনা জানাচ্ছেন যে, ঈশ্বর যেন এই সব বাচ্চাদের জীবনের প্রতিটি ক্ষেত্রে সফলতা আর বিজয় প্রদান করেন। কিন্তু তারা যেন এটা ভুলে না যায় যে, যদি তারা নিজেদের দায়িত্ব এড়িয়ে যাওয়ার কারণে মা-বাবার হৃদয় জয় করতে না পারে... তাহলে তারা বাজী জিতেও সব কিছু হেরে বসবে !

■■■

কেবল নিজের ভালোর কথা বলে চলা ব্যক্তি জীবনে কখনো বড় হতে পারেন না !

52

কারিগর

এক বার এক বাগানে এক বড়ই সুন্দর ফুল ফুটেছিল। সেই ফুলটার রং আর সুগন্ধে সবাই মুগ্ধ হয়ে উঠেছেল। সেই ফুলটার ঠিক সামনে একটা কালো রং-য়ের পাথর অনেক দিন ধরে পড়ে ছিল। পবাই সেই পাথরটার ওপরে পা রেখে সেই ফুলটাকে কাছ থেকে দেখার চেস্টা করত। যেমন-যেমন লোকেরা সেই ফুলটার সৌন্দর্যের প্রশংসা করত... তেমন-তেমন ফুলটার স্বভাবে অহংকার আসতে লাগল। এক দিন হঠাৎ সেখান দিয়ে এক মূর্তিকার গেলেন। উনি রাস্তায় পড়ে থাকা সেই পাথরটাকে কিছুক্ষন মন দিয়ে দেখলেন আর তারপর সেটাকে তুলে নিজের বাড়ী নিয়ে গেলেন। কিছুদিনের মধ্যেই উনি সেই কালো পাথরটাকে খোদাই করে ভগবানের সুন্দর মূর্তিতে রূপান্তরিত করে তুললেন। শীঘ্রই সেই মূর্তিকারের বানানো মূর্তিকে কাছের এক মন্দিরে স্হাপিত করে দেওয়া হল। এবার এক দিন এক ভক্ত সেই সুন্দর ফুলটাকে গাছ থেকে ছিঁড়ে সেই মূর্তির চরণে অর্পণ করে দিল। কাল পর্যন্ত ফুলগাছের পায়ের কাছে পড়ে থাকা পাথরের চরণে এসে পড়তেই সেই ফুলটার সকল অহংকার ভেঙে চুর-চুর হয়ে পড়ল। পাথর সেই ফুলটাকে ধীরে বলল – "ভিখারীকে রাজা আর রাজাকে ভিখারী বানানো... এই খেলা তো দুনিয়া সৃষ্টি করা সেই কারিগরের !"

সবাই নিজের স্বপ্নের বাড়ী তৈরী করার জন্য যথাসম্ভব চেস্টা করে। তা সত্ত্বেও খুব অল্প বাড়ী দেখেই এমনটা বলা যেতে পারে – "বাহ... দারুণ বাড়ী !" বাড়ী বানানোর জন্য মালপত্র তো প্রত্যেকে প্রায় এক প্রকারেরই আনেন... কিন্তু এমনটা হওয়ার পেছনে মুখ্য কারণ হয় বাড়ী তৈরী কারিগরের কামাল ! কিছু কারিগরের হাতে এমন জাদু থাকে যে, তাঁরা সাধারণ পাথর থেকেও এমন মূর্তি বানিয়ে দেন যে, সারা দুনিয়া সেই মূর্তির সামনে নিজেদের মাথা নীচু করে নেয়। আজ থেকে কিছু সময় আগে পর্যন্ত এক সাধারণ পাথরে লোকেরা ভগবানের রূপ দেখতে পেতেন। সাদা মার্বেল পাথর দিয়ে তৈরী তাজমহলের সুন্দর কারিগরির

উদাহরণ পুরো দুনিয়ায় আর একটা দেখতে পাওয়া যায় না।

এক ধনী শেঠের কাছে এমনই এক কারিগর কাজ করতেন... যাঁর হাতে জাদু ছিল। অত্যন্ত সাধারণ দেখতে পাথর দিয়েও সেই কারিগর এমন সব কাজ করতেন যে, কেউ ওনার কাজের প্রশংসা না করে থাকতে পারতেন না। যে শেঠের কাছে সেই কারিগর কাজ করতেন... সেই শেঠের কাজ ছিল বড়-বড় বিল্ডিং বানানো। পুরো শহরে এই কারিগরের কাজের জন্য সেই শেঠের খুবই নাম-ডাক হয়ে পড়েছিল। ওনার থেকে ভালো বিল্ডিং আর বাংলো পুরো শহরে আর কেউ বানাতে পারত না। সেই কারিগরও প্রতিটি কাজে নিজের সর্বশ্রেষ্ঠ প্রচেষ্টা লাগিয়ে দিতেন। উনি সেই শেঠের পরিবারের বেশ কিছু সদস্যদেরও জন্যও বেশ কিছু সুন্দর বাড়ী বানিয়েছিলেন... যেগুলো পুরো শহরে এক আলাদা প্রকারের উদাহরণ ছিল। কিছু লোক তো এমন বাড়ীগুলোকে এক চমৎকারের আখ্যা দিতেন। এই কারিগরের জীবনের অধিকাংশ সময় সেই ধনী শেঠের সেবা করেই কেটেছিল। শেঠ জী-ও কারিগরের সন্তানদের বিবাহ এবং অন্যান্য সকল উপলক্ষে সহায়তা করতেন। তাদের সকল সুখ-দুঃখে সম্পূর্ণ দায়িত্ব গ্রহণ করার সাথে-সাথে তাদের আর্থিক সহায়তাও শেঠ জী করতেন। এক দিন সেই কারিগর শেঠের কাছে এক প্রার্থনা নিয়ে গেলেন আর বললেন যে, এখন ওনার শরীর কাজ করতে অক্ষম হয়ে উঠেছে আর উনি বেশী কাজ করায় নিজের অসমর্থতা প্রকাশ করে ওনাকে কাজ থেকে অবসর প্রদান করার অনুরোধ জানালেন।

শেঠ জী ওনার সব কথা শোনার পরে সেই কারিগরকে বললেন – ''আজ পর্যন্ত আপনি আমার জন্য প্রচুর সুন্দর-সুন্দর বিল্ডিং তৈরী করেছেন। আমি আপনাকে যেতে বাধা দেব না... কিন্তু আমার ইচছা যে, আপনি কাজ থেকে অবসর নেওয়ার আগে আমার জন্য শেষ বার এক অত্যন্ত সুন্দর বাড়ী বানিয়ে দিন।'' বহু বছর পর্যন্ত শেঠ জী-র উপকারের তলায় চাপা থাকার কারণে সেই কারিগর মন থেকে না চাওয়া সত্ত্বেও মৌন হয়ে থেকে শেঠ জী-র প্রস্তাবে রাজী হয়ে পড়লেন। পরের দিন থেকেই সেই নতুন বাড়ী তৈরীর কাজ শুরু হয়ে পড়ল... কিন্তু এবার সেই কারিগরের কাজে মন লাগছিল না। প্রতিটি মুহূর্তে ওনার মনে একটাই চিন্তা উঁকি মারছিল যে, এই শেঠ না জানি আর কত দিন ওনার রক্ত চুষে চলবে। শেঠ জী অনেক বার বলা সত্ত্বেও কারিগর আগের মত কাজে আগ্রহ দেখাতে পারছিলেন না। শেঠ জী এই নতুন বাড়ী তৈরী করার জন্য অন্য শহর থেকে সকল প্রকারের ভালো-ভালো মাল-পত্র এনে দিলেন... কিন্তু কারিগর তো কোন মতে কাজটা শীঘ্র শেষ করার তালে ছিলেন। যেমন-যেমন করে কাজ শেষ করে উনি শেঠ জী-র থেকে ছুটী চাইলেন। শেঠ জী সেই নতুন বাড়ীটা ভালো করে দেখার পরে সেটার চাবি কারিগরের হাতে তুলে দিয়ে বললেন – ''আপনি সারাটা জীবন আমার জন্য যে কাজ করেছেন... আমি সেটার কোন মূল্যাংকন তো করতে পারব না। কিন্তু আমি নিজের তরফ থেকে এই বাড়ীটা আপনাকে উপহার দিচিছ। আজ থেকে আপনি নিজের পরিবারের সাথে এই বাড়ীতে থাকতে পারেন।'' এই শুনেই কারিগরের মাথা

ঘুরে উঠল। ওনার এত মনে প্রচণ্ড বড় আঘাত লাগল। উনি ভাবতে লাগলেন – "আমি যদি একবার এটা জানতে পারতাম যে, এই বাড়ীটা আমি নিজের জন্য বানাচ্ছি... তাহলে আমি এটাকে আরও সুন্দর ভাবে বানাতে পারতাম!"

আমরা নিজেদের জীবনে জ্ঞানতঃ বা অজ্ঞানতঃ এমন অনেক ভুল করে বসি... যেগুলোর জন্য আমাদের সারাটা জীবন ধরে আফশোষ করতে হয়। প্রকৃতি আমাদের এমন সুযোগ বার-বার দেন না। আমরা যতক্ষনে নিজেদের ভুল বুঝতে পারি... ততক্ষনে এত বেশী দেরী হয়ে পড়ে যে, আমরা হাজার চেস্টা করেও নিজেদের সেই ভুলের সংশোধন করতে পারি না। জলি আঙ্কল তো সর্বদাই এমনটা মেনে এসেছেন যে, আপনারা আজ যে কাজটা করছেন... সেটা সম্পূর্ণ সততা আর বুদ্ধিমত্তার সাথে করুন... কারণ এমনটা হতে পারে যে, আপনাদের ভবিষ্যত সেটার মধ্যেই লুকিয়ে রয়েছে!

■■■

শিল্পীর হাত এক সাধারণ পাথরকেও পূজনীয় প্রতিমা করে তুলতে পারে!

53

সাধু আর শয়তান

বহু বছর ধরে পরিবারের সদস্যের মত বাস করা সাধু কাকা বীরুর পঙ্গু মা-কে খাবার এনে দিতেই উনি ওকে বকে উঠে বললেন – "তুমি এত বছর ধরে এই বাড়ীতে কাজ করছ... তোমার কি এতটাও মনে নেই যে, ডাক্তার আমাকে তেল-ঘি দিয়ে তৈরী খাবার খেতে মানা করেছেন ?" চাপলুশী হাসি হেসে সাধু কাকা বলল – "আমাকে মাফ করে দেবেন, মা। তাড়াহুড়োয় আমি আমার নিজের খাবার আপনাকে এনে দিয়েছি।" সাধু কাকা ছোটবেলা থেকেই এই পরিবারের সেবা করতে-করতে এখন এতটা বড় হয়ে উঠেছে যে, কিছুদিনের মধ্যে ওর মেয়ের বিয়ে হতে চলেছে। ভালবাসা আর সত্যিকারের নিষ্ঠার সাথে পরিবারের সব কাজ ভালো ভাবে করার জন্য সাধু কাকা পরিবারের সকল সদস্যেরই প্রিয় হয়ে উঠেছে। বাড়ীতে কোন খুশীর উৎসব হোক্ বা দুঃখের কোন মুহূর্ত... সাধু কাকা পরিবারের সবার দায়িত্ব ভালো ভাবে পালন করত। এই সব জিনিযের জন্য ওর এমন কাজে রাগ করার বদলে সবাই হেসে উড়িয়ে দিত।

সেদিন সন্ধ্যায় যখন বীরু অফিস থেকে বাড়ী ফিরল... তখন ওর মা বললেন – "বীরু ! সাধুর মেয়ের বিয়ের দিন এগিয়ে এসেছে। আমি তোমাকে কত দিন ধরে ওর মেয়ের বিয়ের জন্য কিছু জিনিষ কিনে নিয়ে আসতে বলছি। তুমি এক কাজ করো... আজই মার্কেটিং সেরে ফেলো।" বীরু মা-কে বলল যে, এই সময় নিজের অসুস্হ আর মানসিক রূপে দুর্বল মেয়ে গুনগুনকে নিয়ে মার্কেটিং করতে গেলে কোন কাজই ঠিক ভাবে হতে পারবে না। মা ওকে বুঝিয়ে বললেন – "তোমরা গুনগুনকে বাড়ীতেই রেখে যাও... আমি আর সাধু ওর দেখাশোনা করে নেব।" এবার আর বীরু মা-কে মানা করতে পারল না আর ও নিজের পত্নীর সাথে সাধু কাকার মেয়ের

বিয়ের জন্য জরুরী মার্কেটিং করতে বেরিয়ে পড়ল। ছোট-বড় সব জিনিষ কিনতে ওদের বেশ কিছুটা সময় লাগল। রাতে বাড়ী ফিরতে বীরু আর ওর পত্নীর অনেক দেরী হয়ে পড়ল। বাড়ী পৌঁছলে সাধু কাকাই দরজা খুলে দিল আর প্রশ্ন করায় ও বলল যে, বীরুর মা আর গুনগুন খাবার খেয়ে ঘুমিয়ে পড়েছে। খাবার খাওয়ার আগে বীরু মার্কেটিং করে আনা সব জিনিষ সাধু কাকাকে দিয়ে দিল।

পরের দিন সকালে যেই বীরুর পত্নী গুনগুনকে স্কুলে পাঠানোর জন্য ঘুম থেকে ওঠাতে গেলেন... ছোট্ট আর অসহায় মেয়েটার শরীর, যন্ত্রণাদায়ক ক্ষতস্থান আর বিছানা এক সাংঘাতিক কাহিনী তুলে ধরল। এই সব দেখে বীরুর পত্নীর মুখ দিয়ে আর্তনাদ বেরিয়ে এল। সব দেখে বীরু ঝট্ করে সাধু কাকার ঘরের দিকে ছুটল... কিন্তু ততক্ষনে সে সব মূল্যবান জিনিষপত্রের সাথে বাড়ী থেকে পালিয়ে গিয়েছিল। এই ঘটনায় বাড়ীর সকল সদস্য পাগলের মত কাঁদতে লেগেছিল। বীরুর মা কাঁদতে-কাঁদতে বললেন – "জানি না সাধু এই ফুলের মত সরল বাচ্চা মেয়েটার সাথে এমন দুস্কর্ম করে আমাদের ওপরে কোন্ জন্মের বদলা নিল। কেউ রাস্তার নেড়ী কুকুরটাকেও কিছুদিন শুকনো রুটী খাওয়ালে জানোয়ার হওয়া সত্ত্বেও কুকুরটা সেই ব্যক্তির সাথে এমন ঘৃণ্য আচরণ করে না। যে চাকরকে আমরা পরিবারের সদস্যের মত ছোট থেকে মানুষ করে এতটা বড় করে তুললাম... আজ তাকে কুকুর বললেও কুকুরকে গালি দেওয়া হয়।"

পুলিশ অফিসার আর সেখানে দাঁড়িয়ে থাকা সকলে এই ঘটনার ব্যাপারে নিজের-নিজের মন্তব্য করে চলেছিলেন... কিন্তু বীরুর মা সবাইকে চুপ করিয়ে বলে উঠলেন – "এই ব্যাপারে অন্যদের দোষ দেওয়ার বদলে আমি নিজেদের দোষ বেশী মানি। আমাদের সবার মধ্যে একটা দুর্বলতা এটা রয়েছে যে, যতদিন এমন সাংঘাতিক ঘটনা অন্যদের সাথে ঘটে... আমরা সেই নিয়ে কোন চিন্তাই করি না। কিন্তু এমন কোন ঘটনা যখন আমাদের নিজেদের সাথে হয়... তখন আমরা চিন্তা করা শুরু করি। আজ সমাজে প্রত্যেকে ভালো সংস্কার ভুলে গিয়ে কেবল ভালো ঘর আর ব্যবসা চায়। আমাদের এটা কখনো ভোলা উচিত নয় যে, যে ব্যক্তি অন্যদের বিপদের সময় কাজে আসেন... তাঁর জীবনে কখনো বিপদ আসে না!"

ঈশ্বর আমাদের সবাইকে এক রকম ভাবে তৈরী করেছেন। এক দিকে যেমন ভালো কাজ আমাদের সাধারণ লোকের থেকে ওপরে তুলে ধরে সাধু-সন্তের মর্যাদা প্রদান করে... অন্য দিকে লোভ আর বাসনা মহান সাধু-সন্তদেরও এক মুহূর্তের মধ্যে শয়তান বানিয়ে দেয়। নিজের ইন্দ্রিয়গুলোর ওপরে সম্পূর্ণ নিয়ন্ত্রণই কোন ব্যক্তির সত্যিকারের বিজয় হয়। কামই আমাদের জীবনের সব থেকে বড় শত্রু হয় – এর

ওপরে বিজয় দ্বারাই কোন ব্যক্তি জগত জয় করতে পারে। পরিস্থিতি যেমনই হোক্ না কেন... সাহসই কঠিন পরিস্থিতিতে মনুষ্যের কাজে আসে। জলি আঙ্কল এই দুঃখদায়ক মুহূর্তে সমাজকে কেবল এই বার্তাই দিতে চান – বর্তমানে সমাজ, রাষ্ট্র আর গোটা বিশ্বের সব থেকে জটিল সমস্যার একমাত্র সমাধান হচ্ছে চরিত্র ! চরিত্র নষ্ট হয়ে পড়লে সাধু-সন্তরাও নিজেদের প্রতিষ্ঠা হারিয়ে মুহূর্তের মধ্যে শয়তান হয়ে পড়েন !

■■■

জীবনে এটা জরুরী হয় না যে, আমরা কত ভালো সম্পর্ক বজায় রাখি। সব থেকে গুরুত্বপূর্ণ এটা হয় যে, আমরা সম্পর্ককে কতটা ভালো ভাবে পালন করতে পারি !

54

ঈশ্বরকে অসংখ্য ধন্যবাদ

এক বার আমাদের প্রিয় বন্ধু মিশ্র জী-র, ফ্যাক্টরীতে কাজ করার সময় মেশিনে ফেঁসে গিয়ে হাত কেটে গেল। আমরা সবাই নিজেদের পরিবারের লোকেদের সাথে ওনার খোঁজ-খবর নেওয়ার জন্য ওনার বাড়ীতে গেলাম। মিশ্র জী-র বাঁ হাতে বেশ বড়সড় ব্যাণ্ডেজ বাঁধা দেখে আমরা দুঃখ প্রকাশ করে জানালাম যে, এটা খুবই খারাপ হয়েছে। পাশেই বসে থাকা মিশ্র জী-র এক আত্মীয় বললেন – "ঈশ্বরকে অসংখ্য ধন্যবাদ যে, বাঁ হাত কেটেছে... ডান হাতটা কাটা পড়লে দৈনন্দিন কাজগুলো করতে আরও বেশী মুশ্কিল হত।" মিশ্র জী-ও কিছুটা বাহাদুরী দেখানোর লোভে পড়ে বললেন – "আসলে মেশিনে তো আমার ডান হাতটাই ফেঁসে গিয়েছিল... কিন্তু আমি ঝট্ করে ডান হাতটাকে মেশিন থেকে বার করে এনে বাঁ হাতটাকে এগিয়ে দিয়েছিলাম। এই কারণে আমার ডান হাতটা কাটা পড়তে-পড়তে বেঁচে গেছে।"

মিশ্র জী-র সাথে এত বড় দুর্ঘটনা হওয়ার জন্য যখন ওনার সেই আত্মীয় আবার এক বার ঈশ্বরের উদ্দেশ্যে ধন্যবাদ জানালেন... তখন আমি কিছুটা অবাক হয়ে উঠলাম। কিছুক্ষন সেখানে বসে থাকার পরে যখন আমি আর নিজেকে নিয়ন্ত্রণ করে রাখতে পারলাম না... তখন আমি সেই ব্যক্তিকে প্রশ্ন করেই বসলাম – "মিশ্র জী সারাটা জীবনের জন্য পঙ্গু হয়ে উঠেছেন। এবার থেকে জরুরী কাজগুলোর ওনাকে অন্যের ওপরে নির্ভরশীল হয়ে থাকতে হবে। এমন পরিস্থিতিতেও আপনি মুখে হাসি ফুটিয়ে তুলে ঈশ্বরের উদ্দেশ্যে ধন্যবাদ জানাচ্ছেন! ? আমার তো এটা একেবারেই ভালো লাগেনি।" নিজের অভ্যাস অনুসারে উনি আবার এক বার হেসে উঠে বললেন – "স্যার! এ তো কিছুই হয়নি। আমি আপনাকে এর থেকেও ভয়ানক কাহিনী শোনাচ্ছি।"

"আজ থেকে কিছুদিন আগে আমার এক প্রতিবেশী ব্যবসার কাজে 8 - 10 দিনের জন্য শহরের বাইরে গিয়েছিলেন। কিন্তু কাজ তাড়াতাড়ি শেষ হয়ে পড়ার কারণে উনি 2 দিন আগেই বাড়ী ফিরে আসেন। উনি যখন বাড়ী ফিরে এলেন... তখন উনি দেখতে পেলেন যে, ওনার পত্নী নিজের এক প্রতিবেশীর সাথে হেসে-হেসে কথা বলছেন। মাথায় সন্দেহের পোকা নড়ে ওঠায় উনি কোন কিছু না জেনেই নিজের পিস্তল বার করে আনলেন আর নিজের পত্নীর সাথে-সাথে সেই প্রতিবেশীকেও গুলি করে দিলেন। দুজনকে গুলি করার পরে উনি নিজের গিয়ে পুলিশের কাছে আত্মসমর্পণ করে দিলেন। আর কিছুদিনের মধ্যেই ওনার ফাঁসী হওয়ার কথা রয়েছে !"

এত সব কিছু শোনার পরে আমি এক লম্বা দীর্ঘনিঃশ্বাস টেনে নিয়ে বললাম – "এটা তো সত্যিই অত্যন্ত দুঃখজনক ব্যাপার। দু-দুটো সুখী পরিবার বরাবরের জন্য শেষ হয়ে পড়ল। কিন্তু আমি তো এটা বুঝে উঠতে পারছি না যে, এতে আপনি ভালো কি দেখতে পেলেন ?" তখন মিশ্র জী-র সেই আত্মীয় বললেন – "আমি তো সব কিছুর মত এই ঘটনাটাকেও ভালো আর ঈশ্বরের আশীর্বাদ হিসেবে মানি।" এবার আমার মন অত্যন্ত অস্থির হয়ে উঠল আর শেষে আমি সেই ভদ্রলোককে প্রশ্ন করেই বসলাম – "দুজনের মৃত্যু হয়ে পড়ল... একজন সারাটা জীবনের জন্য জেলে চলে গেলেন আর আপনি সেটাকেও ভালো মনে করে খুশী হয়ে উঠছেন ? আমার তো এই সব কিছু বড়ই অদ্ভূত লাগছে।" সেই ভদ্রলোক বড়ই শান্ত মুডে বলতে শুরু করলেন – "যদি আমার সেই প্রতিবেশী আরও এক দিন আগে শহরে ফিরে আসতেন... তাহলে এতদিনে আমার মৃত্যু হয়ে পড়ত... কারণ এই ঘটনা ঘটার আগের দিন আমি কোন একটা কাজে ওনার বাড়ী গিয়েছিলাম !"

মিশ্র জী-র পত্নী যতক্ষনে আমাদের সবার জন্য চা-জলখাবার নিয়ে এলেন... ততক্ষন আমি কাছেই পড়ে থাকা এক খবরের কাগজ পড়তে শুরু করে দিলাম। সেই খবরের কাগজে একটা খবর ছাপা হয়েছিল যে, শহরের সব থেকে সুন্দর আর সব থেকে উঁচু বিল্ডিং-য়ে কাল রাতে আগুন লেগে যাওয়ার কারণে অনেক লোক পুড়ে গিয়ে প্রচণ্ড আহত হয়ে পড়েছেন। এতটা শুনতেই মিশ্র জী-র সেই আত্মীয় আবার এক বার বলে উঠলেন – "ঈশ্বরকে অসংখ্য ধন্যবাদ !" আমি প্রচণ্ড আশ্চর্য হয়ে উঠলাম যে, এই ভদ্রলোক সত্যিই অদ্ভূত... তখন থেকে ইনি কেমন-কেমন অদ্ভূত-অদ্ভূত কথা বলে চলেছেন ! এবার তো আমি ওনাকে বলেই বসলাম – "আপনি তো কামাল করছেন। পুরো বিল্ডিং-য়ে আগুন লেগে গেল... লক্ষ-কোটি টাকার সম্পত্তি আগুনে পুড়ে নষ্ট হয়ে পড়ল আর আপনি এখনও ঈশ্বরকে ধন্যবাদ জানাচ্ছেন !" মিশ্র জী-র সেই আত্মীয়

বললেন – "আমি এজন্য ঈশ্বরকে ধন্যবাদ জানাচ্ছি যে, দুর্ঘটনা ঘটার সময় আমরা কেউ সেই বিল্ডিং-য়ে ছিলাম না... নয়তো আপনি এটা চিন্তাও করতে পারবেন না যে, আমার পরিবার আর বাচ্চাদের সাথে কতটা খারাপ হত!"

মিশ্র জী-র সেই আত্মীয়ের সব কথা শোনার পরে আমার মনও এই ব্যাপারে সাক্ষ্য দিতে লেগেছে যে, ভগবান যা কিছু করেন... ওনার সেই সব কাজে আমরা কোন ভাবে দখলদারী তো করতে পারি না। তাহলে মানসিক শান্তির আনন্দ প্রাপ্ত করার জন্য নিজেদের মনকে বৃথা চিন্তায় কেন ফেঁসে যেতে দেব? এখানে দৃষ্টি দেওয়ার মত সব থেকে জরুরী ব্যাপার হচেছ এটা যে, কোন কাজ করার পরে নয়... সেটা করার আগেই সেটার লাভ-ক্ষতির ব্যাপারে আমাদের চিন্তা করে দেখা উচিত। এই দুনিয়ায় অস্থায়ী জিনিষ অনেক আছে... কিন্তু জীবনের মত অবিশ্বসনীয় কোন জিনিষ নেই!

এমন পরিস্থিতিতে জলি আঙ্কলের অভিজ্ঞতা তো এটাই বলে যে, ভগবানের লীলা অপরম্পার! উনি এই দুনিয়ার যে খেলা রচনা করেছেন... সেটাকে একদিন-না-একদিন অবশ্যই নষ্ট হতে হবে। এজন্য জীবনে কখনো আশা ত্যাগ না করে আমাদের সকল পরিস্থিতিতে সর্বদা হাসি মুখে এমনটাই বলা উচিত – "ঈশ্বরকে অসংখ্য ধন্যবাদ!"

■■■

প্রতিটি ছোট-ছোট ইচছাপূর্তিতে ঈশ্বরকে ধন্যবাদ জানাতে থাকুন... এতে মন সন্তুষ্টি প্রাপ্ত করে!

55

প্রতিশোধের ভাবনা

ফিল্ম নির্মাতা চৌধুরী সাহেব বেশ কয়েক ঘন্টা ধরে ফিল্মের লেখক মহাশয়ের জন্য অপেক্ষা করছিলেন... কিন্তু সেই সাহেবের আসার নামগন্ধই ছিল না। চৌধুরী সাহেব যখন তৃতীয় কাপ চা শেষ করে খালি কাপ টেবিলের ওপরে নামিয়ে রাখলেন... তখন লেখক মহাশয় মুখ নীচের দিকে করে ঘরে এসে ঢুকলেন। ফিল্ম নির্মাতা চৌধুরী সাহেব ওনাকে বললেন – ''এক দিকে তো আপনারা কাজ পাওয়ার জন্য সকাল-সন্ধ্যা ফোন করে-করে মাথা খারাপ করে তোলেন। অন্য দিকে আপনাদের যখন কাজের জন্য ডেকে পাঠানো হয়, তখন আপনারা গায়েব হয়ে পড়েন।'' লেখক মহাশয় ক্ষমা চেয়ে নিয়ে বললেন – ''আমি আমার পত্নীকে ওর স্কুলে ড্রপ করার জন্য যাচ্ছিলাম... রাস্তায় ট্রাফিক পুলিশ আমার গাড়ী আটকে ধরেছিল। পুলিশ ইন্সপেক্টর 500 টাকার চালান কাটার জেদ ধরে বসেছিল। আমি ওনার কাছে বার-বার অনুনয়-বিনয় করে মাফ করে দেওয়ার জন্য বলছিলাম... এমন সময় আমার পত্নী সেই পুলিশ অফিসারকে বলে ওঠেন – ''আমি এক স্কুল টীচার! আপনি কম পক্ষে এক টীচারকে তো এই ভাবে অতিষ্ট করবেন না!'' টীচারের নাম শোনামাত্র সেই পুলিশ অফিসারের মেজাজ আরও গরম হয়ে ওঠে আর উনি বলেন – ''আমি যখন স্কুলে পড়তাম... তখন আমার এক ছোট্ট ভুলের জন্য টীচার আমাকে একটাই লাইন 100 বার লিখিয়েছিলেন। আমি যবে থেকে পুলিশ ইন্সপেক্টর হয়েছি, তবে থেকে আমি হয়তো অনেকের ভুল মাফ করে দিয়েছি... কিন্তু আমি আজ পর্যন্ত কোন টীচারকে মাফ করিনি। তাই হাত জোড় করে ক্ষমা চাওয়া বন্ধ করুন আর ফটাফট্ এই লাইনটা 200 বার লিখে দেখান – ''আমি আজকের পর আর কখনো ট্রাফিক নিয়মের উল্লংঘন করব না।'' সেই ইন্সপেক্টরের না জানি টীচারদের ওপরে কিসের এত রাগ ছিল যে, আমরা লাখ অনুরোধ করা সত্ত্বেও উনি আমাদের দিয়ে সেই লাইনটা 200 বার লিখিয়ে তবে আমাদের ছেড়েছিলেন।''

এই সব কিছু শোনার পরে ফিল্ম নির্মাতা চৌধুরী সাহেব জোরে-জোরে হেসে উঠে

বললেন – "আমি অনেক দিন ধরে নিজের নতুন ফিল্মের কাহিনী আর সেটার নামের ব্যাপারে চিন্তা-ভাবনা করছিলাম। আজ আপনার এই ঘটনা আমার মাথায় ফিল্মের এক অত্যন্ত সুন্দর নাম এনে দিয়েছে আর সেই নাম হচ্ছে – 'বদলার ভাবনা'। এবার আপনি এই নামের ওপরে এক ভালো কাহিনী লিখে আমাকে দিন। সেই কাহিনী দুটো এমন আলাদা-আলাদা ধর্মের পরিবারের কাহিনী হওয়া উচিত... যারা বেশ কয়েক প্রজন্ম ধরে এক সাথে মিলে-মিশে রয়েছে... কিন্তু বাচ্চাদের তুচ্ছ ঝগড়ার কারণে দুটি পরিবার আজ বদলার আগুনে পুড়ে মরছে। আপনি নিজের কলমের সহায়তায় সেই আগুনকে এতটা বাড়িয়ে তুলুন, যাতে সেটা গলি-মোহল্লা থেকে বেরিয়ে সমাজের প্রতিটি অংশে ছড়িয়ে পড়ে। আপনার কলমের ডগা থেকে বদলার আগুনের শিখা এতটাই তীব্র ভাবে বার হওয়া উচিত... যাতে গোটা দেশ জুড়ে চাঞ্চল্যের সৃষ্টি হয়ে পড়ে। প্রতিটি ব্যক্তিকে যেন একে-অপরের রক্তের জন্য পিপাসার্ত দেখায়... তা তার এই ব্যাপারে কিছু সংযোগ থাকুক বা না-ই থাকুক। সারা দেশ যেন পুলিশ থেকে শুরু করে সরকারের প্রতি রেগে ওঠে। দেশের প্রতিটি ব্যক্তির চোখে-মুখে যেন ক্রোধ আর বদলার ভাবনা দেখতে পাওয়া যায়।"

ফিল্ম নির্মাতা চৌধুরী সাহেবের চিন্তা-ভাবনা শুনে লেখক অত্যন্ত গভীর চিন্তায় ডুবে গেলেন। লেখককে এই ভাবে গম্ভীর হয়ে বসে থাকতে দেখে চৌধুরী সাহেব বললেন – "আপনার আর বেশী কিছু বলার প্রয়োজন নেই। এই নিন এ্যাডভান্স আর কাহিনী লেখা শুরু করে দিন।" লেখক অনেক দিন পরে এত বড় কোন ফিল্ম নির্মাতার থেকে কাহিনী লেখার প্রস্তাব পেয়েছিলেন। এজন্য উনি কিছু বলতে ভয় পাচ্ছিলেন। তবুও উনি কিছুটা সাহস সঞ্চয় করে চৌধুরী সাহেবকে বললেন – "স্যার! আমি ভাবছিলাম যে, এসব কিছু তো আগে থেকেই আমাদের দেশে হচ্ছে। এর ওপরে আমি যদি এই ধরণের কাহিনী লিখি... তাহলে সেই কাহিনী আমাদের দেশে এখনও পর্যন্ত যেটুকু ভ্রাতৃত্ববোধ অবশিষ্ট রয়েছে, সেটাকেও শেষ করে ফেলার জন্য আগুনে ঘি ঢালার কাজ করবে।" ফিল্ম নির্মাতা চৌধুরী সাহেব বললেন – "আপনি এই সব বেকার কথা ভুলে যান। আজকের যুগের দর্শকদের এই সব কিছুই ভালো লাগে। তাছাড়া সমাজ সংশোধন করার দায়িত্ব আমরা নিয়ে রাখিনি। আমরা ফিল্ম তৈরী করতে যে কোটি-কোটি টাকা খরচ করি... সেটা আমরা কেবল এজন্য করি, যাতে তার থেকে আমাদের মোটা লাভ হতে পারে!"

লেখক বললেন – "স্যার! আমি যতটা জীবনকে বুঝেছি... বদলার ভাবনা কখনো কাউকে সুখে-শান্তিতে বেঁচে থাকতে দেয় না। শত্রুতার বীজ এক বার যার মনের মধ্যে জন্ম নেয়... সেই ব্যক্তি দুনিয়ার সকল প্রকারের সুখ-সুবিধার মধ্যে থেকেও নরকের মত জীবন কাটাতে থাকে। ব্যক্তির ভেতরের সকল প্রকারের ভাবনার মধ্যে সব থেকে বিপজ্জনক ভাবনা হচ্ছে এই বদলার ভাবনা। এটা এমন এক আগুনের মত হয়... যেটা সব কিছু পুড়িয়ে ছাই করে দেয়। বদলার ভাবনা এক দিকে যেমন সবার মনে ঘৃণার সৃষ্টি করে... অন্য দিকে ব্যক্তিকে ভেতরে-ভেতরে ফাঁপা করে তোলে। এটা এমন এক মানসিক রোগ হয়... গোটা দুনিয়ায় যার

কোন চিকিৎসা নেই। এই রোগে পীড়িত ব্যক্তি নিজেকে ভালো প্রমাণিত করার জন্য নিজের শত্রুর দোষ-ত্রুটিকে বাড়িয়ে-চড়িয়ে তুলে ধরতে শুরু করে।''

ফিল্ম নির্মাতা চৌধুরী সাহেব লেখককে বললেন – ''আমি আপনার অত্যন্ত সম্মান করি। কিন্তু আপনার এই বেকার কাহিনীর ওপরে আমি কোটি-কোটি টাকার বাজী ধরতে পারব না।'' লেখক মহাশয় অত্যন্ত বিনম্রতার সাথে বললেন – ''স্যার! আপনি এক বার আমার ওপরে বিশ্বাস করে এই ফিল্ম বানান! আমি আপনাকে অত্যন্ত বিশ্বাসের সাথে এমনটা বলছি যে, এই ফিল্মের জন্য কেবল আমাদের দেশেই নয়... বরং বিদেশেও সফলতা আপনার চরণ স্পর্শ করবে।'' একে আপনারা প্রকৃতির চমৎকার বলুন বা সেই লেখকের দৃঢ় বিশ্বাস – আজ ওনার সেই ভবিষ্যবাণী সফল হয়ে উঠেছে আর ফিল্ম নির্মাতা চৌধুরী সাহেব এ্যাওয়ার্ড ফাংশনে সর্বশ্রেষ্ঠ ফিল্মের এ্যাওয়ার্ড নিতে চলেছেন। আমি এটা জানি যে, এত উন্নতি আর এত ভালো জ্ঞান সত্ত্বেও আজ সবাই সমালোচনা তো শুনতে চায়... কিন্তু সেটা অন্যের – লোকেরা প্রশংসাও শুনতে চায়... কিন্তু সেটা নিজেদের। এমন পরিস্থিতিতে জলি আঙ্কলের আস্থা এই ব্যাপারে রয়েছে যে, যদি জীবনে সুখী আর প্রসন্ন থাকতে হয়... তাহলে সবার আগে নিজেদের মন থেকে বদলার ভাবনার চারাগাছকে বরাবরের মত সমূলে উপড়ে ফেলুন!

■■■

আপনারা 'যোগী' হতে না পারলে কোন ব্যাপার নয়... কিন্তু আপনারা ইচ্ছে করলে সমাজের জন্য 'উপযোগী' অবশ্যই হতে পারেন!

56

ভুলের-পর-ভুল

মিশ্র জী বেশ কিছুদিন ধরে নিজের পোষা কুকুরটাকে বাড়ীতে ভালো ভাবে থাকা আর অতিথিদের সামনে ভালো ব্যবহার করার ট্রেনিং দিচ্ছিলেন। সকাল-সন্ধ্যায় কুকুরের সাথে ওনাকে এতটা মেহনত করতে দেখে ওনার পত্নী বললেন – "কেন ফালতু নিজের সময় নষ্ট করছ ? তুমি যত মেহনতই করে নাও না কেন... এ সর্বদা ভুলের-পর ভুলই করতে থাকবে। তুমি হাজার চেষ্টা করলেও এ কোনদিন তোমার ভাষা বুঝতে পারবে না।" মিশ্র জী নিজের পত্নীকে বললেন – "মানুষের সর্বদা চেষ্টা চালিয়ে যাওয়া উচিত। এত শীঘ্র হার মেনে নিয়ে বসে পড়া উচিত নয়।" মিশ্র জী-র পত্নী মজা করে বলে উঠলেন – "তুমি কি এই প্রবাদবাক্যটা শোননি যে, কুকুরের লেজ কোনদিনও সোজা হয় না!" মিশ্র জী নিজের পত্নীকে বললেন – "যখন আমাদের বিয়ে হয়েছিল, তখন তুমিও বাড়ীতে কোনদিনও সেজেগুজে থাকতে না। আমি ধীরে-ধীরে মেহনত করে তোমাকে যদি শুধরে নিতে পারি... তাহলে এ তো বেচারা এক ছোট্ট কুকুর! আজ নয়তো কাল, এ-ও সব কিছু শিখে নেবে।" ওনারা দুজন নিজের-নিজের যুক্তির সহায়তায় একে-অপরকে হার মানানোর চেষ্টা করছিলেন... এমন সময় বাড়ীর চাকর এসে জানাল যে, এক ব্যক্তি ড্রাইভারের চাকরীর জন্য এসেছে। মিশ্র জী সেই ব্যক্তির সাথে কথা বলার জন্য তাঁকে ভেতরে ডেকে পাঠালেন।

পরের মুহূর্তে দেখতে-শুনতে ভালো এক স্বাস্থ্যবান ব্যক্তি ওনার সামনে ড্রাইভারের চাকরীর জন্য দাঁড়িয়েছিল। তার গাড়ী চালানোর অভিজ্ঞতার ব্যাপারে কথা বলার সাথে-সাথে মিশ্র জী সেই ব্যক্তিকে প্রশ্ন করলেন – "তুমি গাড়ী চালানোর সময় ভুল করো না তো ? এমনটা যেন না হয় যে, আমাদের প্রায় দিনই নিজেদের সব কাজ-কর্ম ছেড়ে তোমার ভুলের জন্য চালান ভরতে কোর্ট-কাছারীর চক্কর কেটে বেড়াতে হয়।" ড্রাইভারের চাকরীর জন্য আসা সেই ব্যক্তি বলল –

"স্যার ! আজ পর্যন্ত তো আমার থেকে এমন কোন ভুল হয়নি... যাতে কাউকে এমন মুশ্কিলে পড়তে হয়েছে !"

চাকরীর বাকী সব শর্ত নির্দিষ্ট করার আগে মিশ্র জী বললেন – "ঠিক আছে। চলো, আগে তোমার গাড়ী চালানোর স্টাইল দেখা যাক।" মিশ্র জী-র পত্নী বললেন – "তোমার মাথায় কোন বুদ্ধি নেই। এর সাথে গাড়ীর ট্রাই নিতে আমি যাব।" এর একটু পরেই মিশ্র জী-র পত্নী হাঁফাতে-হাঁফাতে বাড়ী ফিরে এলেন আর উনি মিশ্র জী-কে বললেন – "এই লোকটাকে আমরা ড্রাইভার হিসেবে রাখতে পারি না। এ আজ প্রথম দিনেই 2 - 3 বার আমাকে শেষ করে ফেলার চেষ্টা করেছে।" মিশ্র জী বললেন – "এত শীঘ্র নিরাশ হয়ে পড়ো না... ওকে একটা সুযোগ আরও দাও।" ড্রাইভার অত্যন্ত নম্রতার সাথে বলল – "শুরুতে আমি গাড়ী কিছুটা আস্তে চালালে ম্যাডাম বললেন – "এ তুমি মোটর গাড়ী চালাচ্ছ, না কি গরুর গাড়ী ? এত দামী আর ভালো গাড়ী একটু ভালোমতন স্পীডে চালাও।" ওনার কথায় আমি গাড়ীর স্পীড কিছুটা বাড়িয়ে দিই। হ্যাঁ, রাস্তায় ভীড় থাকার কারণে আমাকে দু-এক বার হঠাৎ করে ব্রেক চাপতে হয়েছে... যার ফলে ম্যাডামের হয়তো একটু-আধটু ঝট্‌কা লেগে থাকতে পারে। কিন্তু এমন কোন ভুল হয়নি... যাতে এ্যাক্সিডেন্ট হতে পারত।"

ড্রাইভার মিশ্র জী-কে বলল – "স্যার! আপনার অনুমতি পেলে আমি আপনাকে একটা প্রশ্ন করতে চাই।" মিশ্র জী বললেন – "হ্যাঁ, করো ! আমি যখন তোমাকে এত প্রশ্ন করেছি... তখন তোমারও প্রশ্ন করার সম্পূর্ণ অধিকার রয়েছে।" ড্রাইভার বলল – "আমাদের দেশের নেতারা কোন ভুল করলে সেটাকে আইন হিসেবে মেনে নেওয়া হয়। কোন বৈজ্ঞানিক কোন ভুল করলে গোটা দুনিয়া সেটাকে নতুন আবিস্কার বলতে থাকে। কোন বিখ্যাত দর্জি পোশাক বানাতে কোন ভুল করে বসলে সেটাকে নতুন ফ্যাশনের নাম দেওয়া হয়। কোন অধ্যাপক কোন ভুল করে বসলে ছাত্র-ছাত্রীরা সেটাকে নতুন সিদ্ধান্ত হিসেবে মেনে নিয়ে সেটাই পড়তে থাকে। কিন্তু যখন আমাদের মত কোন গরীব কোন ভুল করে... তখন কেবল আমাদেরই কেন দোষী হিসেবে মানা হয় ?" মিশ্র জী বুঝতে পারলেন যে, এই ড্রাইভার ইশারায় হলেও... অত্যন্ত গভীর এক কথা বলে দিয়েছে। উনি ড্রাইভারকে কিছুক্ষন অপেক্ষা করার জন্য বলে বাইরে পাঠিয়ে দিলেন।

এবার মিশ্র জী নিজের পত্নীকে বললেন – "আমি এই ড্রাইভারের সাথে কথা বলার পরে একে চাকরীতে রাখার ফয়সালা করেছি।" এই শুনেই মিশ্র জী-র পত্নী নিজের পতির ওপরে ক্ষেপে উঠে বললেন – "আমি তোমাকে যা কিছু বললাম, তুমি সেসবে কান না দিয়ে এমন সাংঘাতিক একজন লোককে ড্রাইভার হিসেবে কি করে রাখতে পারো ?" মিশ্র জী নিজের পত্নীকে বললেন – "আমি আগেও অনেক বার তোমাকে এটা বুঝিয়েছি যে, অন্য কোন ব্যক্তির মূল্যাংকন করার আগে এক বার নিজের মূল্যাংকন করার চেষ্টা করা উচিত। কোন ব্যক্তিই কখনো ততটা বোকা হয় না... যতটা বোকা সে সেই সময় হয়, যখন সে অন্য কাউকে বোকা বানায়।"

মিশ্র জী-র এই কথা শুনে ওনার পত্নীর শরীরের রক্ত ফুটে উঠতে লাগল। উনি নিজের পতির উদ্দেশ্যে ভালো-মন্দ শুনিয়ে বললেন – "এই ড্রাইভার না জানি কয়েক মিনিটে তোমার কানে কি এমন ফুস্ মন্তর দিল যে, আমার কোন কথাই তোমার কানে উঠছে না।" মিশ্র জী বললেন – "আমি আজ পর্যন্ত তোমার সাথে তর্কে কখনো জিততে পারিনি... কিন্তু আজ আমি এতটা অবশ্যই বলব যে, তুমি সর্বদা নিজেকে সকল কাজে নিপুণ মনে করে অন্যদের দোষ-ত্রুটি খুঁজে বার করার চেষ্টা করো। এটা অনেকটা এই রকমের যে, আমরা নিজেদের মুখ পরিস্কার করার বদলে আয়না পরিস্কার করতে থাকি।" মিশ্র জী-র মুখে এই কটু সত্য শুনে জলি আঙ্কল আপনাদের এই পরামর্শ দিচেছন – "আপনারা একটার জায়গায় হাজার ভুল করুন... কিন্তু কখনো এক ভুলের পুনরাবৃত্তি করবেন না। যে ব্যক্তি ভুলের থেকে শিক্ষা গ্রহণ করে ভবিষ্যতে সতর্ক না হন... তাঁকে নিজের জীবনে ভুলের-পর-ভুল করে চলার অনেক বড় মূল্য চোকাতে হয়!"

■■■

অন্যদের দুঃখ দেখে যদি আপনাদেরও কষ্টের অনুভূতি হয়... তাহলে এটা ধরে নিন যে, ভগবান আপনাদের মানুষ হিসেবে গড়ে তুলে তুলে কোন ভুল করেননি!

57

খালি বাসনের আওয়াজ বেশী

মহক সিং আজ থেকে বহু বছর আগে গ্রাম ছেড়ে শহরে থাকার জন্য এসেছিলেন। পড়াশোনা শেষ করার পরে উনি শহরেই ভালো চাকরী পেয়ে যান। শহরে থেকে যাওয়ায় ওনার না কখনো নিজের পরিবারের লোকেদের কথা আর না কখনো নিজের গ্রামের কথা মনে পড়েছিল। আজ হঠাৎ খবরের কাগজে একটা খবর পড়ে ওনার মনে হল যে, এক বার নিজের বহু বছর পুরোন গ্রামে ঘুরে আসা যাক। উনি নিজের কিছু জরুরী জিনিষ-পত্র নিয়ে নিজের গ্রামের দিকে রওনা হয়ে পড়লেন। প্রথমে রেলগাড়ী আর তারপর বাসে চেপে সফর করার পরে উনি গ্রামের কাছে এক নদীর তীরে এসে পৌঁছলেন। মহক সিং এটা দেখে অবাক হয়ে উঠলেন যে, আজও লোকেরা নৌকায় চেপে নদী পার হচ্ছে। আজ পর্যন্ত সেই নদীর ওপরে কোন পুল তৈরী হয়নি। মহক সিং-ও নিজের মালপত্র নিয়ে নদীর ধারে দাঁড়িয়ে নৌকার অপেক্ষা করতে লাগলেন। এই ফাঁকে ওনার দৃষ্টি কাছেই দাঁড়িয়ে থাকা এক ভদ্রলোকের ওপরে পড়ল। মহক সিং-য়ের মনে পড়ে গেল যে, সেই ভদ্রলোক হচ্ছেন সেই শিক্ষক... যাঁর কাছে উনি ছোটবেলায় পড়াশোনা শিখেছিলেন। মহক সিং নিজের পরিচয় দিয়ে সেই ভদ্রলোককে নমস্কার জানালেন। মহক সিং সেই ভদ্রলোককে প্রশ্ন করলেন যে, উনি এখন কি করেন? সেই ভদ্রলোক জবাব দিলেন যে, তিনি এখনও গ্রামের বাচ্চাদের পড়ান। মহক সিং বললেন – "আপনি নিজের সারাটা জীবন এই পেশায় কাটিয়ে দিলেন... আপনি নিজের জীবন কবে তৈরী করবেন? এমনিতে আপনার পড়ানোর পদ্ধতি খুবই ভালো ছিল। ছোটবেলায় আপনি আমাদের যে ভাবে পড়াতেন... সেসব কিছু আমার আজও মনে আছে। হয়তো সেই পড়াশোনার জোরেই আজ আমি শহরে এক বড় সরকারী পদে চাকরী করতে পারছি।"

এর সাথে-সাথেই মহক সিং শহরে নিজের বাড়ী, অফিস আর নিজের পদমর্যাদার ব্যাপারে বাড়িয়ে-চড়িয়ে বলতে শুরু করে দিলেন। উনি নিজের ব্যাপারে বাড়িয়ে-চড়িয়ে বলছিলেন... এমন সময় ওনার ছোটবেলার এক বন্ধু সেখানে এসে উপস্থিত হলেন। তিনিও মহক সিং-য়ের কথা শুনে ওনার প্রতিষ্ঠার ব্যাপারে অনুমান লাগিয়ে নিলেন। যখন বেশ কিছুক্ষন পর্যন্ত কোন নৌকার দেখা পাওয়া গেল না, তখন মহক সিং-য়ের ছোটবেলার সেই বন্ধু বললেন – "আমার তো বাড়ী ফেরার তাড়া রয়েছে... তাই আমি

সাঁতরেই চলে যাচ্ছি।" সেই বন্ধু মহক সিং-কে প্রশ্ন করলেন – "তুমি সাঁতার জানো?" মহক সিং বললেন – "না। শহরে সাঁতার শেখার সুযোগই কখনো পাইনি।" বন্ধু বললেন – "অদ্ভূত ব্যাপার! তুমি কি এটা জানো না যে, সব জানোয়াররাও সহজেই সাঁতার কেটে নেয়। এর অর্থ হচ্ছে এই যে, তুমি জানোয়ারদের থেকেও অধম।" মহক সিং বললেন – "তুমি সাঁতার জানো... তাহলে তো সেটার অর্থ হচ্ছে এই যে, তুমি ঠিক কোন জানোয়ারের সমান।"

এই ফাঁকে মাঝি নৌকা নিয়ে ওনাদের কাছে চলে এল। মালপত্র ঠিক ভাবে রাখার পরে মাঝি নৌকা নিয়ে নদীতে এগিয়ে চলতে লাগল। কিছু দূর নৌকা চলার পরে মহক সিং নৌকার মাঝিকে প্রশ্ন করলেন – "আরে ভাই! তুমি লেখাপড়া কিছু শিখেছ... না কি অশিক্ষিতই থেকে গেছ?" মাঝি জবাব দিল – "বেশী পড়াশোনা করতে পারিনি... অল্প কিছুদিনের জন্য স্কুলে গিয়েছিলাম। তারপর পেটের ভাত জোগাড় করার জন্য নৌকা চালানো শুরু করে দিই।" মহক সিং মাঝিকে বললেন – "ইতিহাস আর ভূগোলের ব্যাপারে তোমার কোন জ্ঞান আছে?" সেই গরীব মাঝি উত্তর দিল – "না!" মহক সিং আবার বললেন – "তাহলে তো তোমার অর্দ্ধেক জীবনই বর্বাদ হয়ে পড়েছে। আচ্ছা, এটা বলো – তুমি হিসাব-কিতাব কিছু জানো?" মাঝি বলল – "না... আমি এসব কিছু শিখতে পারিনি।" এবার মহক সিং বললেন – "এর অর্থ হচ্ছে এই যে, তোমার জীবনের আশী শতাংশ বর্বাদ হয়ে পড়েছে।" পরের মুহূর্তেই নদীতে তুফান উঠল আর নৌকা নদীর মাঝখানে প্রচণ্ড দুলতে লাগল। এবার মাঝি প্রশ্ন করল – "সাহেব! আপনি সাঁতার জানেন তো?" মহক সিং জবাব দিলেন – "না ভাই, আমি সাঁতার জানি না।" মাঝি বলল – "তাহলে তো আপনার পুরো জীবনটাই বর্বাদ হয়ে পড়ল।" মহক সিং রেগে উঠে ওকে ভালো-মন্দ বলতে লাগলেন। এর কিছুক্ষন পরে তুফান শান্ত হয়ে পড়ল আর ওনারা সবাই সুরক্ষিত ভাবে নদীর অপর তীরে পৌঁছে গেলেন। নৌকা থেকে নামার সময়ও মহক সিং সেই মাঝিকে গালি-গালাজ করে চলেছিলেন।

শিক্ষক মহাশয় মহক সিং-কে থামিয়ে আর ওনাকে বুঝিয়ে বললেন – "কোন ব্যক্তির কখনো একটা বিদ্যা শিখে অহংকার করা উচিত নয়। প্রতিটি ব্যক্তির কাছেই কিছু-না-কিছু দক্ষতা অবশ্যই থাকে। আপনি যদি জীবনে ওপরের দিকে উঠতে চান... তাহলে সবার প্রথমে নিজের ভেতর থেকে অহংকারকে বার করে ফেলে দিন... কারণ ওপরে সেই উঠতে পারে, যে হাল্কা হয়। এই দুনিয়ায় অনেক লোক আপনার মত জ্ঞানের কথা জানেন, তাঁরা সেগুলো বলেনও আর লেখার কাজে ব্যবহারও করেন... কিন্তু কোন ব্যক্তি ততক্ষন পর্যন্ত সত্যিকারের জ্ঞানী হয়ে উঠতে পারে না... যতক্ষন না সে এই সব ব্যাপারে নিজের জীবনে প্রয়োগ করছে। শিক্ষক মহাশয়ের উদাহরণ শুনে জলি আজ্কলও মহক সিং-কে এই পরামর্শই দিচেছন – "যেসব ব্যক্তি নিজেদের ব্যাপারে বাড়িয়ে-চড়িয়ে বলেন... বিদ্বান লোকেরা তাঁদের জন্য এমনটা বলে গেছেন – খালি বাসনের আওয়াজ বেশী হয়!"

■■■

জ্ঞানী ব্যক্তি কখনোই নিজের প্রশংসায় গলে যান না আর না-ই সমালোচনায় রেগে ওঠেন!

58

তাহলে কি হবে ?

গুলশন জী-র ছেলে তিন বছরের পড়াশোনা শেষ করে আজ কানাডা থেকে দেশে ফিরে আসছে। ওনার পত্নী না জানি কবে থেকে এই দিনটা আসার জন্য অপেক্ষা করে ছিলেন। বাড়ীর কাজের লোকেদের ছেলের পছন্দ মত খাবার তৈরী করার অর্ডার আগে থেকেই দিয়ে দেওয়া হয়েছিল। যখন মাঝরাতে ছেলে এয়ারপোর্টে এসে পৌঁছল... তখন ও দেখল যে, বাড়ী থেকে ওকে রিসীভ করার জন্য এয়ারপোর্টে কেউ আসেনি। স্বাধীন চিন্তাধারার ছেলে ট্যাক্সি নিয়ে বাড়ী পৌঁছে গেল। ওর মা বললেন – "তোর বাবা বলেছিল যে, উনি ফ্যাক্টরী থেকে সোজা এয়ারপোর্ট চলে যাবেন... কিন্তু এখন আমার মনে হচ্ছে যে, কোন জরুরী কাজ এসে পড়ায় উনি যেতে পারেননি।" ছেলে বলল – "মা! তুমি এত চিন্তা কেন করছ ? আমি তো বাড়ী এসে গেছি।" মা বললেন – "তোর পছন্দের সব খাবার তৈরী করা হয়েছে। আমি এখুনি টেবিলে খাবার সার্ভ করছি।" ছেলে বলল – "মা! এখন আমার ক্ষিধে নেই। আমি অত্যন্ত ক্লান্ত হয়ে উঠেছি... এখন আমি ঘুমোতে চাই।"

পরের দিন সকালে যখন বাড়ীর সবাই ঘুম থেকে উঠে পড়ল... তখনও গুলশন জী-র ছেলে ঘুমিয়ে ছিল। গুলশন জী নিজের পত্নীকে বললেন – "ওকে তুলে দাও !" "ও কাল রাতে অত্যন্ত ক্লান্ত হয়ে উঠেছিল। তোমার যদি কোন জরুরী কাজ না থেকে থাকে, তাহলে ওকে আরও একটু ঘুমোতে দাও।" ওনার পত্নী বললেন। গুলশন জী নিজের ব্যাগ নিয়ে ফ্যাক্টরীর উদ্দেশ্যে রওনা হয়ে পড়লেন। এর একটু পরে যখন ছেলের ঘুম ভাঙল... তখন ও নিজের মা-কে বাবার ব্যাপারে প্রশ্ন করল। মা বললেন – "ওনার একটা জরুরী মীটিং ছিল... তাই উনি সক্কাল-সক্কাল ফ্যাক্টরী চলে গেছেন।" ছেলে আশ্চর্য হয়ে বলে উঠল – "কাল যখন আমি মাঝরাতে এয়ারপোর্টে বাবার জন্য অপেক্ষা করছিলাম... তখন তুমি বলেছিলে যে, জরুরী কাজ থাকার কারণে বাবা এয়ারপোর্টে আসতে পারেননি। আর তিন বছর

পরে আমি বাড়ী ফিরেছি আর বাবা আমার সাথে দেখা না করেই ফ্যাক্টরী চলে গেলেন। মা! তুমি আমাকে একটা জিনিষ বোঝাও যে, বাবা নিজের কোম্পানীর চেয়ারম্যান, না কি এক মামুলী ক্লার্ক! ? উনি যত বড় কোম্পানী চালাচ্ছেন, সেই হিসেবে ওনার মাসে খুব বেশী হলে এক বা দুবার অফিস যাওয়া উচিত।" মা জবাব দিলেন – "যে লোকটা সারাটা জীবনেও বদলাল না... সে এখন কি করে বদলাবে ? দিন হোক্ বা রাত... তোমার বাবা কেবল একটা জিনিষই দেখতে পান আর সেটা হচ্ছে ওনার ফ্যাক্টরী! তবে হ্যাঁ... এখন তুমি এসে গেছ। এবার হয়তো ফ্যাক্টরীর প্রতি ওনার মোহ কিছুটা কমে আসতে পারে!"

সেদিন অনেক রাতে যখন গুলশন জী বাড়ী ফিরলেন... তখন ওনার ছেলে নিজের বন্ধুদের সাথে বসে গল্প-গুজব করছিল। গুলশন জী ছেলেকে বললেন – "আমি তো কতদিন ধরে এই দিনটা আসার জন্য অপেক্ষা করছিলাম। এই দুনিয়ায় তুমিই হচ্ছ এমন একমাত্র ব্যক্তি... যার সাথে আমি মন খুলে সব কথা শেয়ার করতে পারি। তোমাকে চোখের সামনে এক-একটা দিন করে বড় হয়ে উঠতে দেখে আমার ভেতরে কয়েক গুণ শক্তি বেড়ে ওঠে। আজ আমার অত্যন্ত গর্ব হচ্ছে যে, তুমি দুনিয়ার সব থেকে ভালো কলেজ থেকে সফলতার সাথে নিজের পড়াশোনা শেষ করে দেশে ফিরে এসেছ।" গুলশন জী যখন নিজের ছেলেকে এই সব কথা বলছিলেন... তখন ওনার ছেলের মনোযোগ বাবার কথাগুলোর ওপরে কম আর নিজের কম্প্যুটারের ওপরে বেশী ছিল। গুলশন জী এবার কিছুটা তীক্ষ্ম ভাষায় বললেন – "এবার তুমি এই সব ফালতু কাজ বন্ধ করে দাও। এবার যত তাড়াতাড়ি হয়, নিজের দায়িত্ব বুঝে নিয়ে আমার বোঝা হাল্কা করতে আমাকে সহায়তা করো।"

নিজের বাবার কথা শুনে ছেলে বলল – "বাবা! আমিও যদি তোমার মত টাকা-পয়সা কামানোর এই রেসে শামিল হয়ে পড়ি... তাহলে কি হবে ?" গুলশন জী বললেন – "তাহলে আমি নিজের কোম্পানীকে দেশের নং 01 কোম্পানী বানিয়ে দেব। দেশের প্রতিটি বাজারে কেবল আমাদের কোম্পানীরই তৈরী মাল বিক্রী হবে।" ছেলে কিছুটা চিন্তা করার পরে আবার এক বার নিজের প্রশ্নের পুনরাবৃত্তি করল – "বাবা! তারপর কি হবে ?" "এক বার যখন আমরা পুরো বাজারের ওপরে কব্জা করে নেব... তখন সবাই তোমাকে সেলাম জানাবে। গোটা দুনিয়া এক সফল সেনাপতির মতই তোমার ইজ্জত করবে। দেখবে... যখন পকেটে প্রচুর ধন-দৌলত থাকবে... তখন তুমি সবার ওপরে নিজের আধিপত্য বিস্তার করতে পারবে। মীডিয়ার লোক থেকে শুরু করে প্রতিটি ছোট-বড় ব্যক্তি তোমাকে এক ঝলক দেখার জন্য আর তোমার অটোগ্রাফ নেওয়ার জন্য পাগল হয়ে উঠবে।" "বাবা! তুমি এক মিনিটের জন্য এটা ধরে নাও যে, তুমি যা কিছু চাইছ... সেসব তুমি পেয়ে গেলে। শুধু তাই নয়... ধরে নাও যে, শহরের সব থেকে বড় চার মাথার মোড়ের নাম বদলে তোমার নামে করে দেওয়া হল... তাতেও কি হয়ে পড়বে ?" এবার গুলশন জী বললেন – "তারপর তোমার আর কোন কাজ করার প্রয়োজন হবে না। তুমি আরামে

বাড়ী বসে যা কিছু করতে চাও, করতে পারবে।" ছেলে বলল – "বাবা! সেসব তো আমি এখনও করছি।"

মা ইশারায় ছেলেকে তর্ক করতে মানা করলেন। ছেলে পরিস্কার শব্দে মা-কে বলল – "বাবা যে ভ্রমের মধ্যে দিন কাটাচেছন... সেটা ওনার অহংকার ছাড়া আর কিছুই নয়। উনি নিজেকে বাইরে থেকে যতটা শক্তিশালী দেখানোর চেস্টা করছেন... আসলে ভেতরে-ভেতরে উনি ততটাই দুর্বল হয়ে পড়ছেন। তুমি বাবাকে একটু ভালো করে এটা বুঝিয়ে দাও যে, নিজের ফ্যাক্টরীর গোলামদের ফৌজের মত আমাকেও হুকুম দেওয়ার ভুল যেন উনি না করেন। না তো ওনার থেকে আমার কিছু চাই আর না-ই এই বাড়ী ছেড়ে চলে যেতে এতটুকু কস্ট হবে। গত তিনটে বছর একা-একা কাটিয়ে আমি দুনিয়া থেকে এতটা শিখে নিতে পেরেছি যে, আমি নিজের সকল সমস্যার সমাধান নিজেই করতে পারি।" ছেলের মুখে এতটা শুনেই গুলশন জী বললেন – "আমার তো তোমার ব্যবহার দেখেই এটা বুঝে নেওয়া উচিত ছিল যে, তোমার মত ছেলের ওপরে ভরসা করা মূর্খতা!" ছেলের চিন্তাধারা থেকে এটা স্পস্ট হয়ে উঠেছিল যে, সন্তুস্টি আর সাধাসিধে জীবনের থেকে বড় আর কোন সুখ হতে পারে না। ভগবান কিছু লোকেদের জীবনে সফলতা, খুশী, শান্তি আর বহুমূল্য খাজানা ভরে দেন। তবুও গুলশন জী-র মত চিন্তাধারার ব্যক্তিরা নিজেদের ক্ষিধে আর লোভের ওপরে নিয়ন্ত্রণ কেন রাখতে পারেন না? জলি আঙ্কল এই ব্যাপারে ভাবনা-চিন্তা করতে বাধ্য হয়ে উঠেছেন যে, যেসব লোকেরা এত কিছু পাওয়ার পরেও সন্তুস্ট হতে পারেন না... এমন লোকেদের কি হবে?

■■■

কখনো এত বড় ব্যবসায়ী হবেন না যে, আপনারা হাসতেই ভুলে যাবেন!

59

ফুলের গুচছ

এলাকার লোকেরা যেই এটা জানতে পারল যে, ভোটের প্রচারের জন্য মুখ্যমন্ত্রী তাদের এলাকায় আসছেন... সবাই ওনাকে কাছ থেকে দেখার জন্য উৎসাহে ভরে উঠল। আলাদা-আলাদা মত থাকার কারণে সবাই মুখ্যমন্ত্রীর ওপরে নিজের প্রভাব বিস্তার করার নতুন-নতুন পদ্ধতিও চিন্তা করতে লাগল। শুক্লা জী-কেও কলোনীর প্রধান ফোন করে জানালেন – "আজ সন্ধ্যায় মুখ্যমন্ত্রী আমাদের কলোনীতে আসছেন। ওনাকে স্বাগত জানানোর জন্য আমাদের প্রস্তুতি নিতে হবে... আপনি এখুনি একবার আমার বাড়ী চলে আসুন।" শুক্লা জী বললেন – "এমন নেতাকে স্বাগত জানিয়ে কি হবে... যিনি পাঁচ বছরে এক বার নিজের মুখ দেখান! সাধারণ জনতার কোন ভালো কাজ করা তো অনেক দূরের কথা... তাদের দুঃখ-কষ্টেও ওনাকে কখনো শামিল হতে দেখতে পাওয়া যায় না।" কলোনীর প্রধান বললেন – "আপনার নিশ্চয়ই কোথাও ভুল হচেছ। আমাদের মুখ্যমন্ত্রী তো বড়ই গান্ধীবাদী চিন্তাধারার নেতা!" শুক্লা জী ওনার কথায় বাধা দিয়ে বলে উঠলেন – "আমি খুব ভালো করেই জানি যে, উনি কেমন গান্ধীবাদী চিন্তাধারার নেতা! আপনি হয়তো এটা জানেন না যে, ওনার গান্ধীবাদী চিন্তাধারা হচেছ কেবল এইটুকু যে, জনতার কোন কথায় কান দিও না আর জনতা যতই চেঁচাতে থাকুক না কেন, তুমি মুখে কিছু বোল না। জনতা চেঁচিয়ে-চেঁচিয়ে একটা সময় ঠিকই চুপ করে যাবে।" প্রধান সাহেব তবুও হার না মেনে যে ভাবেই হোক্, শুক্লা জী-কে মুখ্যমন্ত্রীর স্বাগত সমারোহের প্রস্তুতি নেওয়ার জন্য রাজী করিয়ে ফেললেন।

যখন সবাই মুখ্যমন্ত্রীর স্বাগত সমারোহের ব্যবস্হা করার জন্য কলোনীর পার্কে একত্রিত হলেন... তখন সবার আগে এই ব্যাপারে তর্ক-বিতর্ক শুরু হয়ে পড়ল যে, ঠিক কোন্ প্রকারের ফুল দিয়ে মুখ্যমন্ত্রীকে স্বাগত জানানো হবে? সবাই নিজের-নিজের পছন্দের ফুলের ব্যাপারে জেদ ধরে বসেছিলেন যে, তাঁদের পছন্দের ফুল দিয়েই মুখ্যমন্ত্রীকে স্বাগত জানানো হোক্। এই ফাঁকে মুখ্যমন্ত্রীর সুরক্ষা কর্মচারীর

ফোন এসে গেল। সুরক্ষা কর্মচারী প্রধান সাহেবের সাথে মুখ্যমন্ত্রীর পরিচয় করানো থেকে শুরু করে ওনার বসার ব্যবস্থার ব্যাপারে সকল তথ্য সংগ্রহ করলেন। কিছুক্ষন আলোচনা করার পরে সেই অফিসার বললেন – "সুরক্ষার দৃষ্টিতে আপনাদের এলাকা থেকে কেবলমাত্র একজন ব্যক্তিই মুখ্যমন্ত্রীকে স্বাগত জানাতে পারবেন।" এই শুনেই মোহল্লা সমিতিতে বিবাদ আরও বেড়ে গউঠল। দূর থেকে এই সব কিছু দেখে চলে পার্কের মালী বলল – "আপনাদের মাঝে কথা বলার কোন অধিকার তো আমার নেই... কিন্তু আমি নিজের জীবনের একটা বড় অংশ এই সব ফুলেদের সাথে কাটিয়েছি। এজন্য আপনাদের সমস্যার বড় সহজ সমাধান আমি আপনাদের জানাতে পারি।" কিছু লোক আপত্তি জানালে শুক্লা জী বললেন – "আপনারা এক বার এর কথা শুনে তো নিন। ভালো লাগলে মানবেন আর ভালো না লাগলে আপনারা যেটা ভালো বোঝেন, সেটাই করবেন।" এবার সবাই রাজী হয়ে পড়লে মালী বলল – "আমার এটা দেখে অত্যন্ত ভালো লাগছে যে, আপনারা ফুল এত ভালবাসেন। আপনারা অনুমতি দিলে আমি আপনাদের দ্বারা নিয়ে আসা ফুল থেকে একটা করে ফুল নিয়ে একটা ফুলের গুচ্ছ বানিয়ে দিতে পারি। আপনাদের ভালো লাগলে প্রধান জী আপনাদের সবার তরফ থেকে সেই ফুলের গুচ্ছ দিয়ে মুখ্যমন্ত্রীকে স্বাগত জানাবেন।"

মালীর এমন প্রস্তাব সবার খুবই পছন্দ হল। সবাই নিজেদের দ্বারা আনা ফুল থেকে কিছু ফুল মালীকে দিয়ে দিলেন। এর একটু পরেই মালী সেই সব ফুল দিয়ে এক অত্যন্ত সুন্দর আর সুগন্ধ ছড়াতে থাকা ফুলের গুচ্ছ এনে প্রধান সাহেবের হাতে তুলে দিল। ফুলের গুচ্ছটার সৌন্দর্য দেখে সবাই আশ্চর্য হয়ে এমন চিন্তা করতে লাগলেন যে, এই ফুলগুলোই কি তাঁরা নিয়ে এসেছিলেন!? মালী সেই সব ফুলকে সেগুলোর রং আর আকার অনুসারে এমন ভাবে সাজিয়েছিল যে, সেখানে উপস্থিত প্রতিটি ব্যক্তি মালীর দক্ষতার প্রশংসা না করে থাকতে পারলেন না। কিছু লোক তো এতটাই অবাক হয়ে উঠেছিলেন যে, সত্যি-সত্যি কি আলাদা-আলাদা প্রকারের কিছু ফুলকে এক সাথে মিলিয়ে, এত সুন্দর ফুলের গুচ্ছ বানানো সম্ভব ?!

শুক্লা জী-র এলাকায় সকল ধর্ম-জাতি আর সম্প্রদায় এবং আলাদা-আলাদা চিন্তাধারার লোক থাকার কারণে সকল নেতারা নিজেদের সীটের ওপরে কব্জা বজায় রাখার জন্য নিজেদের সর্বশক্তি প্রয়োগ করতে লেগেছিলেন। প্রত্যেকেই ভোটারদের প্রলুব্ধ করার চেস্টায় লেগে ছিলেন। এবারের নির্বাচনকে কেন্দ্র করে সব থেকে মানসিক চাপে মুখ্যমন্ত্রী ছিলেন। উনি এটা খুব ভালো করেই জানতেন যে, এই রাজ্যের ইতিহাস এটা জানায় যে, জনতা কোন একজন মুখ্যমন্ত্রীর মাথায় পর-পর দুবার বিজয়ীর মুকুট পরায়নি। এমন অবস্থায় এখানকার বিভিন্ন শ্রেণীর লোকেদের এক সাথে কি করে খুশী করে তোলা যেতে পারে ? মনের মধ্যে এমন চিন্তা নিয়ে যখন মুখ্যমন্ত্রী মঞ্চে এলেন... তখন কলোনীর প্রধান সাহেব মুখ্যমন্ত্রীকে মালীর দ্বারা বানানো সেই ফুলের গুচ্ছ দ্বারা স্বাগত জানালেন। যতক্ষন পর্যন্ত প্রধান সাহেব

মুখ্যমন্ত্রীর সম্মানে বলে চললেন... মুখ্যমন্ত্রী লাগাতার সেই ফুলের গুচ্ছটার সৌন্দর্যের দিকে তাকিয়ে রইলেন।

এর পরে মুখ্যমন্ত্রী নিজের বক্তব্য শুরু করে বললেন – "এত বছর ধরে রাজনীতি করা সত্ত্বেও যে জিনিষটা আমি বুঝতে পারিনি... সেটা আজ আপনাদের দ্বারা দেওয়া এই ফুলের গুচ্ছ এক মুহূর্তের মধ্যে আমাকে বুঝিয়ে দিয়েছে। এখানে আসার আগে আমি এই চিন্তায় অস্থির হয়ে উঠেছিলাম যে, যদি এই এলাকার হিন্দুদের খুশী করে তোলার জন্য আমি মন্দিরে যাই... তাহলে শিখেদের মনে আঘাত লাগবে। আর আমি এই দুই ধর্মের লোকেদের যদি খুশী করে তুলতেও পারি... তাহলে মুসলমান ভোটাররা আমাকে ভোট দেবেন না। যখন কি আমি সত্যিকারের হৃদয়ে আপনাদের প্রত্যেকের সেবা করতে চাই। আজ আপনাদের দ্বারা দেওয়া এই ফুলের গুচ্ছ এটা প্রমাণ করে দিয়েছে যে, যদি আমরা সবাই জাত-পাত, রং-ভেদ, ছোট-বড় ইত্যাদির পার্থক্য ভুলে গিয়ে এক হয়ে পড়ি... তাহলে আমরা নিজেদের সমাজে সেই চমৎকার করে দেখাতে পারি, যেটা দেখে গোটা দুনিয়া আশ্চর্য হয়ে উঠবে। শেষে আমি পূর্ণ বিশ্বাসের সাথে আপনাদের একটা কথা বলতে পারি যে, যখনই আমরা সৎ পথে চলতে শুরু করি... প্রকৃতিও আমাদের পাশে থাকে!"

মুখ্যমন্ত্রীর ভাষণ শুনে জলি আঙ্কল আপনাদের কোন শিক্ষা প্রদান করার বদলে কেবল এইটুকুই বলছেন – "যদি আমাদের চিন্তাধারা ইতিবাচক হয়... তাহলে একটা ফুলের গুচ্ছও আমাদের মনের সকল সন্দেহ দূর করে আমাদের জীবনের প্রতিটি পক্ষকে প্রেমের সুগন্ধে ভরিয়ে তুলতে পারে!"

■■■

ভালো সমাজের কল্পনা করাটা ভালো জিনিষ... কিন্তু তার থেকেও ভালো জিনিষ হচ্ছে ভালো সমাজের নির্মাণে সহযোগ করা!

বাংলা বই

হিম্মৎ আছে!
কিরণ বেদী

সাহস করলে সব সম্ভব
কিরণ বেদি

ডায়নামিক মেমোরী
ইংলিশ স্পীকিং কোর্স

কম্প্যুটার কোর্স

কি করবেন যখন মা হবেন

টীন ফিটনেসের জন্য

4 সপ্তাহে ওজন কমান

5 অন্তিম কিলো কি ভাবে কমাবেন

সঠিক পথে পরিচালনা করার গল্প

লাল গ্রহ

মহান চাণক্য

চাণক্য নীতি

কৌটিল্য অর্থশাস্ত্র

কেন আমার বাচ্চা খাবার খায় না?

নিজের সন্তানকে চড় মারতে শিখুন
S.L.A.P.

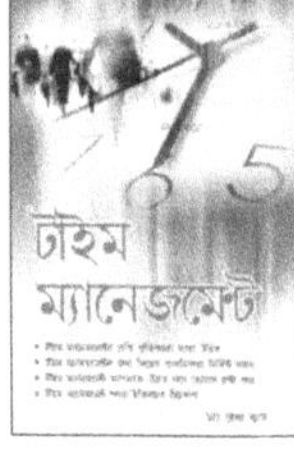
টাইম ম্যানেজমেন্ট

ভগবদ্গীতা
সফলতার সূত্র

ইতিবাচক চিন্তাধারার জাদু

পাওয়ার থিঙ্কিং
ডাঃ উজ্জ্বল পাটনী

ম্যানেজমেন্ট গুরু ভগবান শ্রীকৃষ্ণ

ডায়মণ্ড রাশিফল
2013

সম্পূর্ণ লক্ষ্য

জীবনর লক্ষ্য

ডায়নামিক মেমোরী
ইন্টারনেট এ্যাণ্ড ই-মেল

DISCOVER THE POWER WITHIN
স্ফুলিঙ্গ
যা জীবন বদলাবে!

www.ingramcontent.com/pod-product-compliance
Ingram Content Group UK Ltd.
Pitfield, Milton Keynes, MK11 3LW, UK
UKHW021659190726
13853UKWH00001B/360

9 789350 838181